Contenido

Lista de figuras

Prólogo

Este libro está pensado como un texto general de prácticas de las asignaturas Sistemas Operativos y Diseño de Sistemas Operativos, pudiendo cubrir tanto la parte introductoria de los aspectos de programación de sistemas como aspectos avanzados de programación y diseño de Sistemas Operativos (programación de shell scripts, programación con llamadas al sistema, programación de módulos del sistema operativo, etc.). Se pretende complementar los libros de teoría con prácticas resueltas y proyectos de prácticas que muestren el uso de los Sistemas Operativos y la programación de aplicaciones con llamadas al sistema sobre distintos sistemas operativos (Linux, UNIX, Windows, ...).

Obviamente, este libro resulta un complemento natural a los libros de Sistemas Operativos publicados por los autores, si bien **se puede usar de forma autónoma**, complementándolo con cualquier otro libro de teoría de Sistemas Operativos.

Motivación

La **motivación** para llevar a cabo este trabajo surge de la inexistencia, en inglés o español, de un libro que contenga un conjunto de prácticas de Sistemas Operativos resueltas y bien explicadas y que cubran todo el temario de teoría clásica de la materia así como el de diseño de Sistemas Operativos. La mayoría de los libros de Sistemas Operativos existentes se limitan a describir la teoría, sin desarrollar, en muchos casos, ejemplos prácticos de los casos estudiados y sin mostrar aspectos avanzados de los Sistemas Operativos. Por ello, en nuestra opinión, es necesario acudir al desarrollo de prácticas propias que cubran aspectos parciales de la teoría usando a veces versiones específicas, o reducidas, de los Sistemas Operativos. Esto supone un esfuerzo de cientos de horas de trabajo, por lo que suele resultar demasiado costoso si se quieren hacer prácticas realistas. La reducción de este esfuerzo, por cuestiones que no vienen al caso, suele dar como resultado proyectos prácticos que carecen de los aspectos pedagógicos adecuados para dichos cursos.

Nuestro libro se distingue por su afán de enfatizar y cubrir todos los aspectos del sistema operativo, reflejándolos con prácticas adecuadas. Además, se pretende hacer una descripción pedagógica de las prácticas, usando para ello fichas que permitirán conocer su complejidad, objetivos, tiempo de realización estimado, etc. Por ello, este libro incluye básicamente tres aspectos novedosos:

1. Una panoplia de prácticas que cubren todos los temas clásicos de la teoría. Se proponen varias prácticas por tema, lo que permitirá a los profesores cambiar o elegir las prácticas de forma cíclica.
2. Proyectos completos de prácticas, incluyendo enunciados, soluciones, etc.
3. Descripciones de las herramientas a usar para resolver las prácticas y enlaces web a los orígenes de las mismas.

En resumen, creemos que este libro está justificado, porque tiene cosas distintivas y novedosas frente a los libros de Sistemas Operativos existentes actualmente. Comparado con otros libros, el nuestro tiene la ventaja de cubrir un espectro más amplio de alumnos y profesores, porque cubre todos los temas de nivel introductorio, medio y de diseño de Sistemas Operativos.

Aplicación docente

Los Sistemas Operativos son una materia troncal en los planes de estudio de Informática, por lo que todos ellos incluyen uno o más cursos donde se estudian. La mayoría de libros del área usados en estos cursos, incluyen información teórica, pero muy pocos añaden aspectos prácticos. Sin embargo, en los planes de estudio se suele dedicar al menos un 35% a prácticas de laboratorio, cuya preparación y corrección cuesta a los profesores cientos de horas de preparación y cuya realización cuesta a cada alumno decenas de horas de trabajo, a veces usando una documentación deficiente.

Algunas de las asignaturas en que se puede usar este libro son:
- Introducción a los Sistemas Operativos.
- Sistemas Operativos.
- Diseño de Sistemas Operativos.
- Laboratorio de Sistemas Operativos.
- Sistemas Tolerantes a Fallos.
- Redes de comunicaciones.

Además de los aspectos anteriores, más relacionados con la actividad de los profesores, este libro se puede usar en el ámbito de la educación a distancia y la autoenseñanza porque permite a los alumnos desarrollar las prácticas de forma muy autónoma y porque presenta una visión integral del sistema operativo, desde la instalación hasta el desarrollo. Este libro está pensado como un libro de referencia para los alumnos, incluso en su futura vida profesional, puesto que cubre aspectos no tratados en los libros generales de sistemas operativos.

Aplicación profesional

Aunque más pensado para el mercado docente, este libro se puede aplicar muy bien al mercado profesional. Debido a la expansión de las computadoras, su uso actual se ha ampliado a todos los campos profesionales, desde ingeniería a sistemas de información, por lo que en muchos casos hay usuarios con poca formación que necesitan desarrollar aplicaciones sobre los sistemas operativos. Este libro, aun sin ser un vademécum de la materia, presenta casos concretos resueltos, por lo que se puede ajustar bien a los siguientes campos profesionales:
- Aplicaciones de sistema que necesiten desarrollar código de bajo nivel con interfaz al hardware o a otros lenguajes, como ensamblador, FORTRAN o C++.
- Administración de sistemas operativos y de redes de computadoras.
- Monitorización de sistemas operativos y de redes de computadoras.
- Aplicaciones cliente-servidor en sistemas distribuidos.
- Sistemas distribuidos y de comunicaciones, como protocolos de comunicaciones.
- Sistemas de almacenamiento en archivos.
- Sistemas de tiempo real y tolerantes a fallos.
- Desarrollo de aplicaciones en clusters de computadoras.

Contenidos

El libro se estructura en 8 capítulos, en cada uno de los cuales se presentan varios proyectos prácticos.

En cada capítulo se muestran:
- Ejemplos de uso de los servicios y llamadas al sistema a utilizar.
- Enunciados de los proyectos prácticos.
- Material de apoyo que se proporciona para realizar las prácticas.
- Información sobre las herramientas necesarias para realizar las prácticas.
- Información complementaria para este tema y los proyectos descritos.

Las prácticas propuestas en el libro se dividen en tres niveles: introducción, avanzado y diseño. Esta graduación permite conocer qué prácticas son más adecuadas para cada tipo de curso. Se incluye un apéndice sobre programación de Shell scripts y el entorno de desarrollo del lenguaje en los sistemas operativos LINUX y Windows.

En concreto, el libro incluye los siguientes capítulos:

1. Introducción a los sistemas operativos
2. Procesos
3. Gestión de memoria
4. Comunicación y sincronización de procesos
5. Entrada/salida
6. Gestión de archivos y directorios
7. Introducción a los sistemas distribuidos
8. Shell scripts

Página web

Este libro tiene asociada la página web:

http://www.sistemas-operativos.org

A través de esta página web se puede acceder a los materiales complementarios del libro, como:
- Material de ayuda para la realización de las prácticas.
- Más prácticas propuestas.
- Enlaces a compiladores gratuitos del lenguaje C.
- Etc.

Jesús Carretero, Félix García
Departamento de Informática

Escuela Politécnica Superior
Universidad Carlos III de Madrid
Madrid, España

Fernando Pérez
Departamento de Arquitectura
y Tecnología de Sistemas Informáticos
Facultad de Informática
Universidad Politécnica de Madrid
Madrid, España

1. Introducción a los sistemas operativos

En este capítulo de introducción se presentan tres posibles prácticas de introducción a los sistemas operativos que sirven de base para el resto del libro. Se plantea una práctica vinculada con la instalación de un sistema operativo, concretamente Linux. En segundo lugar, se presenta el minikernel, el entorno de prácticas que se utilizará en el libro para realizar prácticas de diseño de sistemas operativos. Por último, se muestran algunos aspectos básicos de la programación de módulos del núcleo en Linux, que servirá como base para las prácticas de este tipo que se proponen a lo largo del libro.

1.1   Práctica: Instalación del sistema operativo Linux

El objetivo de esta práctica es doble. Por una parte se pretende que el alumno aprenda a instalar un sistema operativo, de forma que entienda qué pasos hay que seguir a la hora de llevar a cabo dicha instalación. Por otro lado, el sistema operativo a instalar (Ubuntu Linux) se utilizará en numerosas prácticas descritas a lo largo del libro, por tanto, el alumno podrá disponer de una plataforma de trabajo desde el primer momento.

Linux es una evolución del sistema UNIX y, por tanto, posee las características típicas de los sistemas UNIX. Se trata de un sistema multiusuario y multitarea de propósito general. Algunas de sus características específicas más relevantes son las siguientes:

- Proporciona una interfaz POSIX.

- Tiene un código independiente del procesador en la medida de lo posible. Aunque inicialmente se desarrolló para procesadores Intel, se ha transportado a otras arquitecturas con un esfuerzo relativamente pequeño.

- Puede adaptarse a máquinas de muy diversas características. Como el desarrollo inicial se realizó en máquinas con recursos limitados, ha resultado un sistema que puede trabajar en máquinas con prestaciones muy diferentes.

- Permite incluir de forma dinámica nuevas funcionalidades al núcleo del sistema operativo gracias al mecanismo de módulos.

- Proporciona soporte para una gran variedad de tipos de sistemas de archivos, entre ellos los utilizados en Windows. También es capaz de manejar distintos formatos de archivos ejecutables.

- Proporciona soporte para multiprocesadores utilizando un esquema de multiproceso simétrico. Para aprovechar al máximo el paralelismo del hardware, se ha ido modificando progresivamente el núcleo con el objetivo de aumentar su concurrencia interna.

- Se distribuye de forma gratuita y su código fuente está disponible. Esto permite al alumno que quiera profundizar en el estudio de los sistemas operativos, analizar la estructura interna de Linux.

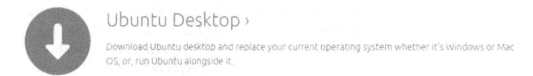

Figura 1.1 Descargar Ubuntu Desktop para instalar Ubuntu

La estructura de Linux tiene una organización monolítica, al igual que ocurre con la mayoría de las implementaciones de UNIX. A pesar de este carácter monolítico, el núcleo no es algo estático y cerrado sino que se pueden añadir y quitar módulos de código en tiempo de ejecución. Se trata de un mecanismo similar al de las bibliotecas dinámicas pero aplicado al propio sistema operativo. Se pueden añadir módulos que correspondan con nuevos tipos de sistemas de archivos, nuevos manejadores de dispositivos o gestores de nuevos formatos de ejecutables.

Un sistema Linux completo no sólo está formado por el núcleo monolítico sino también incluye programas del sistema como, por ejemplo, demonios y bibliotecas del sistema.

Debido a las dificultades que hay para instalar y configurar el sistema, existen diversas distribuciones de Linux que incluyen el núcleo, los programas y bibliotecas del sistema, así como un conjunto de herramientas de instalación y configuración que facilitan considerablemente esta ardua labor. Hay distribuciones tanto de carácter comercial como gratuitas. Algunas de las distribuciones más populares son *Slackware*, *Debian*, *Suse* y *Ubuntu*. Aunque el alumno, puede elegir cualquiera de ellas para el desarrollo de las prácticas que se describen en el libro, en este apartado se va a describir los pasos básicos a seguir para instalar la distribución *Ubuntu*.

1.1.1 Pasos a seguir para la instalación de la distribución *Ubuntu*

Ubuntu Linux es una distribución muy utilizada y fácil de instalar. En la página web http://www.ubuntu.com se puede encontrar toda la información relativa a dicha distribución. La imagen ISO de Ubuntu en versión Desktop para instalar se puede descargar de la web http://www.ubuntu.com/download. Lo más conveniente es descargar Ubuntu Desktop para proceder a su instalación. En esta sección solo se van a describir los pasos básicos a seguir para instalar la distribución desde la Web usando Ubutu Desktop. Antes de comenzar el proceso de instalación, es fundamental que conozca la configuración de su computadora (monitor, teclado, discos, información relacionada con la red, etc.).

1. Descargue Ubuntu Desktop y ejecútelo.Verá algo similar a la Figura 1.1.
2. A continuación parase la pantalla de instalación y lo primero que se debe hacer es seleccionar el idioma de la instalación. Vea la Figura 1.2. Seleccione el idioma y pulse el botón "Instalar Ubuntu".

3. En la siguiente pantalla, se nos muestran los requisitos recomendados y nos ofrece la opción de descargar las actualizaciones disponibles durante la instalación. Seleccionela para empezar con el sistema totalmente al día.

4. A continuación verá unas pantallas de configuraciones de instalación que especifica requisitos del sistema. La primera, selección de la zona horaria. Deslice la selección de zona hasta que cubra su país.

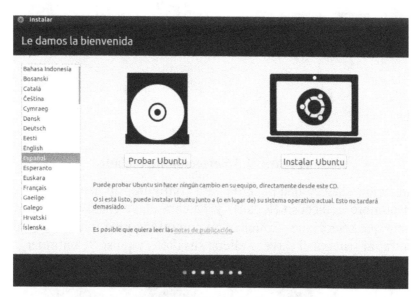

Figura 1.2 Selección del lenguaje e instalación

5. La siguiente pantalla nos permite instalar Ubuntu como único sistema operativo de un computador o instalarlo sobre un computador que ya tiene Windows (8 o 10). Seleccione la opción adecuada en su caso y pulse "Continuar".

6. Si eligió instalar Ubuntu junto a Windows, debe particionar el disco para decidir qué espacio asigna a cada sistema operativo. El instalador abre una ventana que muestra las particiones de disco que existen. Una será del sistema Windows y no se podrá usar. Es necesario seleccionar la partición para Ubuntu y mover la barra a izquierda o derecha para indicar el espacio a asignar a Ubuntu en el disco. ¡CUIDADO! Al instalar Ubuntu en los dos primeros casos perderá la información del disco. Haga antes copia de seguridad de losdatos útiles.

7. La ventana siguiente le permite elegir la configuración de su teclado, es decir, modelo y tipo de teclado (véase la Figura 1.3). Seleccione Español para España o Español (Latinoamericano) para países de América.

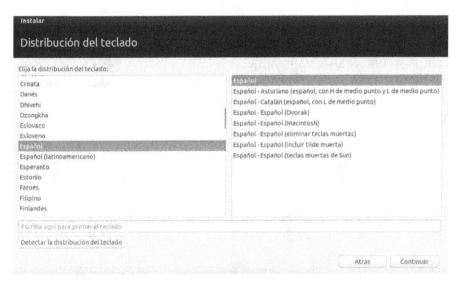

Figura 1.3 Selección de teclado

8. A continuación aparece una pantalla para configurar un usuario en el sistema, indicando también nombre de acceso (logan) y palabra clave (password). Vea la Figura 1.4. Es importante que seleccione "Solicitar mi contraseña para iniciar sesión". En otro caso se podrá entrar al sistema si clave. Rellene sus datos y pulse "Continuar".

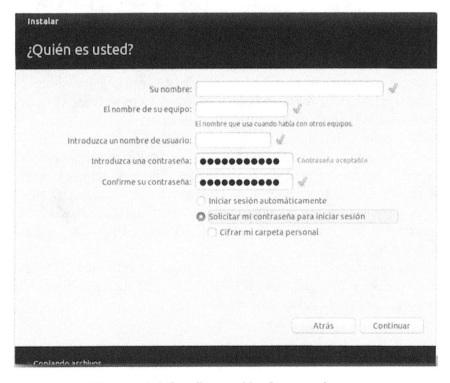

Figura 1.4 Configuración de usuario

En este momento la instalación del sistema se lleva a cabo. Verá que se están copiando todos los archivos y mientras tanto aparecen algunos consejos sobre el uso de Ubuntu LINIX.

Cuando la instalación termine debe reiniciar el sistema. Arranque desde Ubuntu y ya tiene un sistema LINUX listo para realizar sus prácticas.

1.2 El minikernel: Un entorno para el desarrollo de prácticas de diseño de sistemas operativos

El principal problema que surge cuando se pretenden realizar prácticas en asignaturas que estudian los aspectos internos de los sistemas operativos (como, por ejemplo, "Diseño de sistemas operativos") es decidir en qué entorno se llevan a cabo.

La elección más obvia es utilizar un sistema operativo real del que se disponga su código fuente (tales como MINIX o Linux) y realizar modificaciones en el mismo para incluir nuevas funcionalidades. Este enfoque es el más realista pero, sin embargo, presenta algunos problemas que dificultan considerablemente su aplicación práctica:

- Los inconvenientes que encuentra el alumno al tener que trabajar directamente sobre la "máquina desnuda". El alumno no va a poder recurrir a las herramientas habituales de depuración y se va a tener que enfrentar con un tedioso y complejo ciclo de reinicio del equipo cada vez que un error en su práctica cause que el sistema se colapse. Nótese que estos errores incluso podrían afectar al buen funcionamiento del sistema causando que pierda su configuración o incluso datos.
- La ejecución directa de la práctica sobre el hardware también afecta al instructor, ya que le provoca considerables dificultades a la hora de evaluar la práctica.
- La necesidad de que cada alumno disponga de un equipo para el desarrollo de la práctica, lo que puede resultar inviable en cursos con un número elevado de alumnos.

Adicionalmente, en el caso de sistemas concebidos para su utilización en la vida real, como Linux, el código de los mismos es demasiado complejo debido a las "oscuras" optimizaciones que suelen estar presentes en este tipo de sistemas. En el caso de MINIX, al tratarse de un sistema diseñado con un objetivo pedagógico, su uso directo es más viable. Sin embargo, sigue presentando las deficiencias expuestas anteriormente.

Ante esta situación se han creado algunos entornos que emulan el comportamiento del sistema operativo y del hardware subyacente en el contexto de uno o varios procesos convencionales del sistema operativo nativo. Este enfoque es más adecuado para las características de las prácticas de este tipo de asignaturas, puesto que, dado que no se trabaja directamente sobre el hardware, permite, por un lado, que los alumnos puedan desarrollar sus programas de una forma convencional y, por otro, facilita al instructor la evaluación de los trabajos prácticos. Asimismo, posibilita que todos los alumnos puedan desarrollar las prácticas en un único equipo. Evidentemente, como en todo entorno emulado, se pierde parte de la experiencia que se podría obtener trabajando directamente en un sistema real.

Uno de los entornos de este tipo más conocidos y utilizados es el sistema NACHOS desarrollado en la universidad de Berkeley. Aunque este sistema proporciona un entorno con una serie de características interesantes, en nuestra opinión presenta algunas deficiencias (como, por ejemplo, la necesidad de usar un compilador cruzado o su carácter determinista) que hacen que hayamos considerado que era conveniente crear nuestro propio entorno denominado *minikernel*.

De todas formas, es importante señalar que consideramos que el uso de un entorno de este tipo no elimina la necesidad de que el alumno entre en contacto con un sistema operativo real, como, por ejemplo, Linux. Al contrario, creemos que se debería fomentar este aspecto haciendo que el alumno estudie algunos fragmentos del código del sistema operativo que se consideren especialmente interesantes y relativamente abarcables (como, por ejemplo, el planificador de procesos). Asimismo, para aquellos alumnos que estén especialmente interesados o motivados, se deberían plantear prácticas optativas de programación de algún módulo interno de un sistema operativo real, como Linux, tal como explicaremos en la última sección de este capítulo y plantearemos a lo largo del libro. Sin embargo, nuestra experiencia docente dicta que, dada la complejidad de este tipo de prácticas, no sería adecuado hacer que todos los alumnos las realizasen obligatoriamente.

1.2.1 Características del minikernel

El minikernel se basa en la idea del "hardware virtual". En este apartado se explica brevemente este concepto para, de esta forma, comprender mejor las características de este entorno. Esta explicación está destinada principalmente al instructor, de manera que le permita conocer mejor cuál es el fundamento de este entorno de prácticas. Queda a criterio del instructor el pedir al alumno que lea esta sección, si considera que puede facilitarle una mejor comprensión del entorno, o que la obvie, en caso de que considere que su lectura podría ser incluso contraproducente y crea que es preferible que el alumno vea el entorno subyacente como una "caja negra".

Una de las funciones del sistema operativo es crear una abstracción del hardware (o sea, "vestir" a la máquina desnuda), ofreciendo una máquina extendida sobre la que ejecutan las aplicaciones. La idea es invertir este proceso, o sea, colocar una capa encima del sistema operativo (a la que podemos denominar "hardware virtual") que cree una máquina "real" sobre la extendida. Dicho de otra forma, un nivel de software que realice un proceso inverso al del sistema operativo, o sea, una "concreción" en lugar de una abstracción.

Veamos, como ejemplo, la interrupción de reloj. Un sistema UNIX la abstrae como la señal SIGALRM. Esta abstracción es más general que la interrupción real ya que, a partir de un único temporizador real, crea múltiples temporizadores (uno por proceso).

La inversión de la abstracción (la "concreción") consiste en que la capa del hardware virtual cree una interrupción de reloj "virtual" a partir de la señal SIGALRM recibida por esta capa. Por tanto, realmente no se trata de una simulación propiamente dicha, ya que no se puede decir que se ha simulado una interrupción de reloj, ya que realmente la ha habido: el dispositivo genera una interrupción de reloj, que provoca una señal SIGALRM hacia el hardware virtual, que, a su vez, la transforma en una interrupción hacia el nivel superior.

Esto no se restringe a las interrupciones. Así, por ejemplo, siguiendo con el ejemplo del reloj, el sistema operativo en su arranque debe escribir en los registros de entrada/salida del controlador de reloj para establecer su frecuencia de interrupción. La capa de hardware virtual exporta una operación similar a la del hardware real permitiendo que el software que se ejecuta encima de ella (o sea, el sistema operativo que está encima del hardware virtual) pueda realizar la misma operación. Esta misma idea se aplica a otros eventos como, por ejemplo, los siguientes:

- La interrupción del terminal y la lectura del carácter tecleado se "concretan" a partir de SIGIO y la lectura asíncrona de la entrada estándar, respectivamente. Nótese nuevamente el proceso de abstracción y concreción: el controlador del teclado genera una interrupción que el sistema operativo nativo abstrae en la señal SIGIO, que, a su vez, la capa de hardware virtual concreta en una interrupción virtual de teclado.

- Las excepciones se generan a partir de las señales correspondientes (por ejemplo, a partir de la señal SIGFPE se produce la excepción aritmética).

La figura 1.5 intenta ilustrar este proceso de abstracción y concreción.

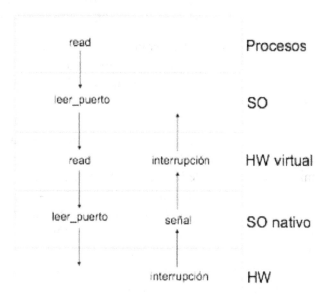

Figura 1.5 Proceso de abstracción y concreción usado en el hardware virtual

Es importante resaltar los distintos niveles de ejecución que conviven al trabajar en este entorno, que, como se puede apreciar en la figura anterior, se corresponden con los siguientes:

- Los programas de usuario del minikernel.
- El sistema operativo del minikernel.
- El hardware virtual.
- El sistema operativo nativo.
- El hardware real.

El minikernel está, por tanto, organizado como dos subsistemas independientes:

- La capa que implementa el hardware virtual y que, en principio, queda oculta al alumno que sólo conoce su interfaz. Esta subsistema ofrece unos servicios similares a los proporcionados por el módulo HAL (*Hardware Abstraction Layer*, Nivel de abstracción del hardware) presente en muchos sistemas operativos reales.
- La capa del sistema operativo propiamente dicha. Este es el nivel donde trabajará el alumno para incluir las diversas funcionalidades que se le vayan requiriendo.

En este mismo concepto de hardware virtual se basan otros sistemas que no tienen un perfil pedagógico, sino experimental (como Xen) o comercial (como VMware).

Esta separación nítida entre el nivel del hardware y del software que existe en el minikernel proporciona al alumno una visión más realista frente a otros entornos, como MINIX/Solaris (un entorno donde se ha implementado MINIX dentro del ámbito de un proceso Solaris), en los que no existe tan clara distinción entre niveles. Además, permite al alumno trabajar directamente sobre el hardware para desarrollar desde cero las funcionalidades del sistema operativo que se le pidan.

A continuación, se presentan algunas características adicionales de este entorno:

- La capa de hardware virtual se implementa usando los servicios POSIX del sistema operativo subyacente, no haciendo uso en ningún momento de código ensamblador. Actualmente, está transportada a Linux y Digital UNIX, pero puede adaptarse a otros sistemas UNIX que cumplan el estándar POSIX.

- No requiere el uso de un compilador cruzado. Tanto los programas de usuario como el código del sistema operativo se compilan usando el compilador nativo de la máquina. Los programas de usuario son programas convencionales con la única peculiaridad de que usan los servicios del minikernel en vez de los de UNIX. Para ser preciso, hay que explicar que realmente tanto el sistema operativo como los programas de usuario se generan como bibliotecas dinámicas en vez de como ejecutables, pero se trata de un aspecto de implementación interna que no afecta a los usuarios del entorno.

- Asimismo, tanto los programas de usuario como el código del sistema operativo ejecutan sobre el procesador nativo. A diferencia de otros entornos, como NACHOS, donde los procesos de usuario ejecutan sobre la simulación de un procesador (un MIPS en el caso de NACHOS).

- Aunque no hay protección real entre el sistema operativo y los procesos de usuario, ni de éstos entre sí, ya que todos ejecutan en el entorno del mismo proceso, sí existe protección en cuanto a la visibilidad de los símbolos. Así, un proceso de usuario no puede acceder directamente a símbolos definidos en el sistema operativo, ni a la inversa. Se podría decir que se trata de módulos desacoplados entre sí.

- En la versión actual, sólo se incluyen dos dispositivos de entrada/salida: el reloj y el terminal.

Con respecto a este último punto, hay que hacer notar que, evidentemente, aplicando nuevamente la idea del hardware virtual, se podría dotar al minikernel de más dispositivos de entrada/salida (así, por ejemplo, a partir de un archivo y de un *socket* del sistema operativo nativo, se podrían crear un disco y una conexión de red "virtuales", respectivamente). Aunque se han hecho algunos trabajos en esa línea, la experiencia docente nos ha mostrado que este tipo de dispositivos más sofisticados conlleva desarrollar un software mucho más complejo (piense, por ejemplo, en un disco que requiere tanto el manejador como el propio sistema de archivos), que hace que tenga más sentido usar otro tipo de entorno de prácticas diseñado específicamente para ese tipo de dispositivo concreto.

Por todo ello, este entorno se ha mostrado especialmente efectivo para el desarrollo de prácticas vinculadas con la gestión de procesos y de la entrada/salida de bajo nivel vinculada con dispositivos sencillos, como son el reloj y el terminal. Concretamente, este entorno permite al alumno ver de una forma muy práctica en qué consiste realmente la multiprogramación, puesto que el mismo tiene que programar esa "magia" que hace que se ejecuten concurrentemente varios procesos en un único procesador siguiendo el ritmo que marcan las interrupciones del sistema.

Hay que resaltar que la multiprogramación y, en general, la concurrencia son probablemente los temas más importantes en la enseñanza de los sistemas operativos, aunque también son los más complejos de entender. Es muy difícil conseguir comprender lo que ocurre cuando se están ejecutando concurrentemente varias actividades. Esta dificultad se acentúa notablemente cuando se está trabajando en el nivel más bajo del sistema operativo. Por un lado, en este nivel la mayoría de los eventos son asíncronos. Por otro, en él existe una gran dificultad para la depuración, dado el carácter no determinista del sistema y la falta de herramientas de depuración adecuadas.

Este entorno de prácticas pretende precisamente enfrentar al alumno con toda esta problemática. Es importante resaltar desde el principio las dificultades que se encontrará para la realización de las prácticas en este entorno. Sin embargo, aunque parezca un poco sorprendente, enfrentarse con esos problemas es a su vez un objetivo de las mismas.

Como resumen, hay que resaltar que en las prácticas que se desarrollarán en este entorno se van plasmar muchos de los conceptos estudiados en la teoría de sistemas operativos, tales como:

- El arranque del sistema operativo.
- El manejo de las interrupciones.
- El manejo de las excepciones.
- El manejo de las llamadas al sistema.
- La multiprogramación.
- El cambio de contexto.
- La planificación de procesos.
- La sincronización entre procesos.
- Los manejadores de entrada/salida.

1.2.2 Descripción del entorno de desarrollo

El entorno de desarrollo de la práctica intenta imitar dentro de lo que cabe el comportamiento y estructura de un sistema real. En una primera aproximación, en este entorno se pueden diferenciar tres componentes principales (que se corresponden con los tres subdirectorios que presenta la jerarquía de archivos del entorno):

- El programa cargador del sistema operativo (directorio `boot`).
- El entorno propiamente dicho (directorio `minikernel`), donde se incluye tanto el sistema operativo (módulo `kernel`) como el hardware virtual subyacente (módulo `HAL`).
- Los programas de usuario (directorio `usuario`).

Aunque la decisión final queda en manos del instructor, para no causar cierta confusión al alumno, se recomienda no entregarle el código fuente del programa cargador (programa `boot`), ni de la capa de hardware virtual (módulo `HAL`). De esta forma, el alumno tiene una visión de estos módulos como "cajas negras", lo que le permite centrarse en el desarrollo del código del sistema operativo (módulo `kernel`), sin perderse en detalles innecesarios.

A continuación, se describe cada una de estas partes.

Carga del sistema operativo

De forma similar a lo que ocurre en un sistema real, en este entorno existe un programa de arranque que se encarga de cargar el sistema operativo en memoria y pasar el control a su punto de entrada inicial. Este procedimiento imita el modo de arranque de los sistemas operativos reales que se realiza desde un programa cargador.

El programa cargador se encuentra en el subdirectorio `boot` y, en un alarde de originalidad, se denomina `boot`. Para arrancar el sistema operativo y con ello el entorno de la práctica, se debe ejecutar dicho programa pasándole como argumento el nombre del archivo que contiene el sistema operativo. Así, suponiendo que el directorio actual corresponde con el subdirectorio `boot` y que el sistema operativo está situado en el directorio `minikernel` y se denomina `kernel`, se debería ejecutar:

```
boot ../minikernel/kernel
```

Nótese que no es necesario ejecutar el programa de arranque desde su directorio. Así, si se está situado en el directorio base del entorno, se podría usar el siguiente mandato:

```
boot/boot minikernel/kernel
```

Una vez arrancado, el sistema operativo continuará ejecutando mientras haya procesos de usuario que ejecutar. Nótese que este comportamiento es diferente al de un sistema real, donde el administrador tiene que realizar alguna operación explícita para parar la ejecución del sistema operativo. Sin embargo, este modelo de ejecución resulta más conveniente tanto para el alumno, a la hora de depurar su práctica, como para el instructor, en el momento de la evaluación.

El módulo HAL

El objetivo principal de este módulo es implementar la capa del hardware y ofrecer servicios que permitan al sistema operativo su manejo. Las principales características de este "hardware" son las siguientes:

- El "procesador" tiene los dos modos de ejecución clásicos: modo privilegiado o núcleo, en el que se ejecuta código del sistema operativo, y modo usuario, que corresponde con la ejecución del código de procesos de usuario.
- El procesador sólo pasa de modo usuario a modo privilegiado debido a la ocurrencia de algún tipo de interrupción.
- En el sistema hay dos dispositivos de entrada/salida basados en interrupciones: el terminal y el reloj.
- El terminal es de tipo proyectado en memoria, lo que significa que, realmente, está formado por dos dispositivos independientes: la pantalla y el teclado. La salida de datos a la pantalla del terminal se realiza escribiendo directamente en su memoria de vídeo, no implicando el uso de interrupciones. La entrada de datos mediante el teclado, sin embargo, está dirigida por las interrupciones que se producen cada vez que se pulsa una tecla.

- El reloj temporizador tiene una frecuencia de interrupción programable. Además de este temporizador que interrumpe periódicamente, hay un reloj alimentado con una batería donde se mantiene la hora mientras el equipo está apagado. Este reloj mantiene la hora como el número de milisegundos transcurridos desde el 1 de enero de 1970.
- El tratamiento de las interrupciones se realiza mediante el uso de una tabla de vectores de interrupción. Hay seis vectores disponibles que corresponden con:
  - *Vector 0*: Excepción aritmética.
  - *Vector 1*: Excepción por acceso a memoria inválido.
  - *Vector 2*: Interrupción de reloj.
  - *Vector 3*: Interrupción del terminal.
  - *Vector 4*: Llamada al sistema.
  - *Vector 5*: Interrupción software. Más adelante, se explicará el uso de este tipo de interrupción generada por programa.

  Los dos primeros se corresponden con excepciones, los dos siguientes con interrupciones de entrada/salida y los dos últimos con interrupciones generadas por programa mediante la ejecución de la instrucción correspondiente, ya sea cuando está ejecutándose en modo usuario (interrupción de llamada al sistema) o cuando está en modo privilegiado (interrupción software).
- Se trata de un procesador con múltiples niveles de interrupción que, de mayor a menor prioridad, son los siguientes:
  - *Nivel 3*: Interrupción de reloj.
  - *Nivel 2*: Interrupción del terminal.
  - *Nivel 1*: Interrupción software o llamada al sistema.
  - *Nivel 0*: Ejecución en modo usuario.
- En cada momento el procesador ejecuta en un determinado nivel de interrupción y sólo admite interrupciones de un nivel superior al actual.
- Inicialmente, el procesador ejecuta en modo privilegiado y en el nivel de interrupción máximo, por lo que todas las interrupciones están inhibidas.
- Cuando el procesador ejecuta en modo usuario (código de los procesos de usuario), ejecuta con un nivel 0, lo que hace que estén habilitadas todas las interrupciones.
- Cuando se produce una interrupción, sea del tipo que sea, el procesador realiza el tratamiento habitual, esto es, almacenar el contador de programa y el registro de estado en la pila, poner el procesador en modo privilegiado, fijar el nivel de interrupción de acuerdo con el tipo de interrupción recibida y cargar en el contador de programa el valor almacenado en el vector correspondiente. Evidentemente, al tratarse de operaciones realizadas por el hardware, todas estas operaciones no son visibles al programador del sistema operativo.
- La finalización de una rutina de interrupción conlleva la ejecución de una instrucción de retorno de interrupción que restaurará el nivel de interrupción y el modo de ejecución previos.
- Se dispone de una instrucción que permite modificar explícitamente el nivel de interrupción del procesador.
- Se trata de un procesador con mapas de entrada/salida y memoria separados. Por tanto, hay que usar instrucciones específicas de entrada/salida para acceder a los puertos de los dispositivos. Hay que aclarar que, realmente, sólo hay un puerto de entrada/salida que

corresponde con el registro de datos del teclado, el cual, cuando se produce una interrupción, contiene la tecla pulsada.

- El procesador dispone de seis registros de propósito general de 32 bits, que, en principio, sólo se tendrán que usar explícitamente para el paso de parámetros en las llamadas al sistema.

Además de incluir funcionalidad relacionada con el hardware, este módulo también proporciona funciones de más alto nivel vinculadas con la gestión de memoria. Con ello, se pretende que el alumno se centre en los aspectos relacionados con la gestión de procesos y la entrada/salida, y no en los aspectos relacionados con la gestión de memoria.

Las funciones ofrecidas por el módulo HAL al sistema operativo se pueden clasificar en las siguientes categorías:

- Operaciones vinculadas a la iniciación de los controladores de dispositivos. En su arranque el sistema operativo debe asegurarse de que los controladores de los dispositivos se inician con un estado adecuado. El módulo HAL ofrece una función de este tipo por cada uno de los dos dispositivos existentes. Además, se proporciona un servicio que permite leer la hora del reloj del sistema.
  - o Iniciación del controlador de teclado.

    ```
    void iniciar_cont_teclado();
    ```

  - o Iniciación del controlador de reloj. Se especifica como parámetro cuál es la frecuencia de interrupción deseada (número de interrupciones de reloj por segundo).

    ```
    void iniciar_cont_reloj(int ticks_por_seg);
    ```

  - o Lectura de la hora almacenada en el reloj del sistema. Normalmente, el sistema operativo lee este valor en el arranque, pero luego el mismo se encarga de mantener la hora actualizada. Nótese que el tipo long long int es una extensión presente en el compilador de C de GNU que permite especificar tipos cuyo tamaño es el doble que el de un entero convencional (por tanto, normalmente 64 bits).

    ```
    unsigned long long int leer_reloj_CMOS();
    ```

- Operaciones relacionadas con las interrupciones. En su fase de arranque, el sistema operativo debe iniciar el controlador de interrupciones a un estado válido y deberá instalar en la tabla de manejadores sus rutinas de tratamiento para cada uno de los vectores que hay en el sistema. Asimismo, se proporciona un servicio para cambiar explícitamente el nivel de interrupción del procesador y otro para activar una interrupción software.
  - o Iniciación del controlador de interrupciones.

    ```
    void iniciar_cont_int();
    ```

o Instalación de un manejador de interrupciones. Instala la función manejadora `manej` en el vector correspondiente a `nvector`. Existen varias constantes que facilitan la especificación del número de vector.

```
#define EXC_ARITM 0    /* excepción aritmética */
#define EXC_MEM 1      /* excepción en acceso a memoria
*/
#define INT_RELOJ 2    /* interrupción de reloj */
#define INT_TERMINAL 3 /* interrupción terminal */
#define LLAM_SIS 4     /* vector para llamadas */
#define INT_SW 5       /* vector para int software */

void instal_man_int(int nvector, void (*manej)());
```

o Esta función fija el nivel de interrupción del procesador devolviendo el previo. Permite establecer explícitamente un determinado nivel de interrupción, lo que habilita las interrupciones con un nivel superior e inhabilita las que tienen un nivel igual o inferior. Devuelve el nivel de interrupción anterior para así, si se considera oportuno, poder restaurarlo posteriormente usando esta misma función. Están definidas tres constantes que representan los tres niveles de interrupción del sistema.

```
#define NIVEL_1 1 /* Int. Software */
#define NIVEL_2 2 /* Int. Terminal */
#define NIVEL_3 3 /* Int. Reloj */

int fijar_nivel_int(int nivel);
```

o Esta función ejecuta la instrucción hardware que produce una interrupción software, que será tratada cuando el nivel de interrupción del procesador lo posibilite.

```
void activar_int_SW();
```

o Esta función consulta el registro de estado salvado por la interrupción actual y permite conocer si previamente se estaba ejecutando en modo usuario, devolviendo un valor verdadero en tal caso.

```
int viene_de_modo_usuario();
```

• Operaciones de gestión de la información de contexto del proceso. En el contexto del proceso (tipo `contexto_t`), se almacena una copia de los registros del procesador con los valores correspondientes a la última vez que ejecutó este proceso. Se ofrecen funciones para crear el contexto inicial de un nuevo proceso, así como para realizar un cambio de contexto, o sea, salvar el contexto de un proceso y restaurar el de otro.
  o Este servicio crea el contexto inicial del proceso estableciendo los valores iniciales de los registros contador de programa (parámetro `pc_inicial`) y puntero de pila, a partir de la dirección inicial de la pila (parámetro `inicio_pila`) y su tamaño

(parámetro `tam_pila`). Además, recibe como parámetro una referencia al mapa de memoria del proceso (parámetro `memoria`), que se debe haber creado previamente. Esta función devuelve un contexto iniciado de acuerdo con los valores especificados (parámetro de salida `contexto_ini`). Es importante resaltar que la copia del registro de estado dentro del contexto se inicia con un nivel de interrupción 0 y con un modo de ejecución usuario. De esta forma, cuando el sistema operativo active el proceso por primera vez mediante un cambio de contexto, el código del proceso se ejecutará en el modo y nivel de interrupción adecuados.

```
void      fijar_contexto_ini(void      *memoria,      void
*inicio_pila,   int   tam_pila,   void   *pc_inicial,
contexto_t *contexto_ini);
```

o Esta rutina salva el contexto de un proceso y restaura el de otro. Concretamente, la salvaguarda consiste en copiar el estado actual de los registros del procesador en el parámetro de salida `contexto_a_salvar`. Por su parte, la restauración implica copiar el contexto recibido en el parámetro de entrada `contexto_a_restaurar` en los registros del procesador. Nótese que, al terminar la operación de restauración, se ha "congelado" la ejecución del proceso que invocó esta rutina y se ha "descongelado" la ejecución del proceso restaurado justo por donde se quedó la última vez que ejecutó, ya sea en otra llamada a `cambio_contexto`, si ya ha ejecutado previamente, o desde su contexto inicial, si ésta es la primera vez que ejecuta. El proceso "congelado" no volverá a ejecutar, y, por tanto, no retornará de la llamada a la función de `cambio_contexto`, hasta que otro proceso llame a esta misma rutina especificando como contexto a restaurar el de este proceso. Hay que resaltar que, dado que también se salva y restaura el registro de estado, se recuperará el nivel de interrupción que tenía previamente el proceso restaurado. Si no se especifica el proceso cuyo contexto debe salvarse (primer parámetro nulo), sólo se realiza la restauración.

```
void   cambio_contexto(contexto_t   *contexto_a_salvar,
contexto_t *contexto_a_restaurar);
```

- Funciones relacionadas con el mapa de memoria del proceso. Como se ha explicado previamente, el módulo `HAL`, además de las funciones vinculadas directamente con el hardware, incluye operaciones de alto nivel que gestionan todos los aspectos relacionados con la gestión de memoria. Se ofrecen servicios que permiten realizar operaciones tales como crear el mapa de memoria del proceso a partir del ejecutable y liberarla cuando sea oportuno, así como para crear la pila del proceso y liberarla.
  o Esta rutina crea el mapa de memoria a partir del ejecutable especificado (parámetro `prog`). Para ello, debe procesar el archivo ejecutable y crear las regiones de memoria (código y datos) correspondientes. Devuelve un identificador del mapa de memoria creado, así como la dirección de inicio del programa en el parámetro de salida `dir_ini`.

```
void *crear_imagen(char *prog, void **dir_ini);
```

o Este servicio libera una imagen de memoria previamente creada (parámetro `mem`).

```
void liberar_imagen(void *mem);
```

o Esta rutina reserva una zona de memoria para la región de pila. Se especifica como parámetro el tamaño de la misma, devolviendo como resultado la dirección inicial de la zona reservada.

```
void *crear_pila(int tam);
```

o Este servicio libera una pila previamente creada (parámetro `pila`).

```
void liberar_pila(void *pila);
```

- Operaciones misceláneas. En este apartado se agrupan una serie de funciones de utilidad diversa.
  o Rutinas que permiten leer y escribir, respectivamente, en los registros de propósito general del procesador.

```
int leer_registro(int nreg);

int escribir_registro(int nreg, int valor);
```

  o Esta función lee y devuelve un byte del puerto de entrada/salida especificado (parámetro `dir_puerto`). El único puerto disponible en el sistema corresponde con el terminal.

```
#define DIR_TERMINAL 1

char leer_puerto(int dir_puerto);
```

  o Ejecuta la instrucción `HALT` del procesador que detiene su ejecución hasta que se active una interrupción.

```
void halt();
```

  o Esta función permite escribir en la pantalla los datos especificados en el parámetro `buffer` y cuyo tamaño corresponde con el parámetro `longi`. Para ello, copia en la memoria de vídeo del terminal dichos datos. La rutina de conveniencia `printk` se apoya en la anterior y permite escribir datos con formato, al estilo del clásico `printf` de C. Nótese que se ha usado el mismo nombre que la rutina de las mismas características disponible en MINIX y Linux (el nombre `printk` proviene de un apócope de `print kernel`).

```
void escribir_ker(char *buffer, unsigned int longi);
```

```
int printk(const char *, ...);
```

o Esta función escribe el mensaje especificado (parámetro `mens`) por la pantalla y termina la ejecución del sistema operativo. Una rutina con este mismo nombre (en inglés, evidentemente) y la misma funcionalidad está disponible en la mayoría de los sistemas UNIX.

```
void panico(char *mens);
```

El módulo *kernel*

Este es el módulo que contiene la funcionalidad del sistema operativo y, por tanto, es en él donde se centrará el trabajo del alumno. Queda a criterio del instructor decidir qué se le entrega al alumno como versión inicial de este módulo. Una opción sería no proporcionarle nada. En este caso, el alumno debería programar desde cero el sistema operativo, incluyendo la iniciación de los dispositivos, la instalación de los manejadores de interrupción, la funcionalidad para crear un proceso, etc. Sin embargo, nuestra experiencia docente recomienda una estrategia menos drástica, que consiste en proporcionar al alumno una versión inicial del sistema operativo que incluya una funcionalidad básica. Esta versión básica permite al alumno familiarizarse con el entorno, lo que no resulta fácil al principio, y, dado que agiliza el arranque del trabajo práctico, permite que el instructor pueda plantear prácticas más ambiciosas. En esta sección se presenta esta versión inicial recomendada, aunque hay que reiterar que es el instructor el que tiene la última palabra sobre cuál será el punto de partida del alumno.

A continuación, se describen las principales características del sistema inicial. Hay que resaltar que, dado que esta descripción se incluye en el primer capítulo del libro, ésta sólo se ocupa de aspectos generales de esta versión inicial del sistema operativo. En el capítulo dedicado a los procesos se comentarán en detalle otros aspectos de este módulo.

- Iniciación. Una vez cargado el sistema operativo, el programa cargador pasa control al punto de entrada del mismo (en este caso, a la función `main` de este módulo). En este momento, el sistema inicia sus estructuras de datos, los dispositivos hardware e instala sus manejadores en la tabla de vectores. En último lugar, crea el proceso inicial `init` y lo activa pasándole el control. Nótese que durante esta fase el procesador ejecuta en modo privilegiado y las interrupciones están inhibidas (nivel de interrupción 3). Sin embargo, cuando se activa el proceso `init` restaurándose su contexto inicial, el procesador pasa a ejecutar en modo usuario y se habilitan automáticamente todas las interrupciones (nivel 0), puesto que en dicho contexto inicial se ha establecido previamente que esto sea así. Obsérvese que, una vez invocada la rutina de cambio de contexto, no se puede volver nunca a esta función ya que no se ha salvado el contexto del flujo actual de ejecución. A partir de ese momento, el sistema operativo sólo se ejecutará cuando se produzca una llamada al sistema, una excepción o una interrupción de un dispositivo.
- Tratamiento de interrupciones externas. Las únicas fuentes externas de interrupciones son el reloj y el terminal. Las rutinas de tratamiento instaladas únicamente muestran un mensaje por la pantalla indicando la ocurrencia del evento. En el caso de la interrupción del teclado, la rutina además usa la función `leer_puerto` para obtener el carácter

tecleado. En estas rutinas habrá que incluir progresivamente la funcionalidad pedida en las distintas prácticas.

- Tratamiento de interrupción software. Como ocurre con las interrupciones externas, la rutina de tratamiento sólo muestra un mensaje por la pantalla.
- Tratamiento de excepciones. Las dos posibles excepciones presentes en el sistema tienen un tratamiento común, que depende de en qué modo ejecutaba el procesador antes de producirse la excepción. Si estaba en modo usuario, se termina la ejecución del proceso actual. En caso contrario, se trata de un error del propio sistema operativo. Por tanto, se invoca la rutina `panico` para terminar su ejecución.
- Llamadas al sistema. Existe una única rutina de interrupción para todas las llamadas (rutina `tratar_llamsis`). Tanto el código numérico de la llamada como sus parámetros se pasan mediante registros. Por convención, el código se pasa en el registro 0 y los parámetros en los siguientes registros (parámetro 1 en registro 1, parámetro 2 en registro 2, y así sucesivamente hasta 5 parámetros). Asimismo, el resultado de la llamada se devuelve en el registro 0. La rutina `tratar_llamsis` obtiene el código numérico de la llamada e invoca indirectamente a través de `tabla_servicios` a la función correspondiente. Esta tabla guarda en cada posición la dirección de la rutina del sistema operativo que lleva a cabo la llamada al sistema cuyo código corresponde con dicha posición. Para ilustrar el modo de operación de esta rutina, a continuación, se presenta su código:

```
static void tratar_llamsis(){
    int nserv, res;

    nserv=leer_registro(0);
    if (nserv<NSERVICIOS)
        res=(tabla_servicios[nserv].fservicio)();
    else
        res=-1;    /* servicio no existente */
    escribir_registro(0,res);
    return;
}
```

- En la versión inicial sólo hay tres llamadas disponibles. La función asociada con cada una de ellas está indicada en la posición correspondiente de `tabla_servicios` y, como se ha comentado previamente, será invocada desde `tratar_llamsis` cuando el valor recibido en el registro 0 así lo indique. Las llamadas disponibles en esta versión inicial son las siguientes:

```
#define CREAR_PROCESO 0
#define TERMINAR_PROCESO 1
#define ESCRIBIR 2

servicio tabla_servicios[NSERVICIOS]={
        {sis_crear_proceso},
        {sis_terminar_proceso},
        {sis_escribir}};
```

Hay que resaltar que la rutina de tratamiento de una llamada no recibe sus parámetros de forma convencional (o sea, en la pila), sino que debe tomarlos de los registros del procesador. Sin embargo, el resultado sí lo devuelve de la manera tradicional (mediante la sentencia `return`), puesto que `tratar_llamsis` se encarga posteriormente de copiarlo al registro 0. A continuación, se describen someramente las tres llamadas existentes en la versión inicial de este sistema operativo.

- *Crear proceso*. Crea un proceso que ejecuta el programa almacenado en el archivo especificado como parámetro. Esta llamada devolverá un -1 si hay un error y un 0 en caso contrario. A continuación, se presenta el código de esta llamada, para así ilustrar cómo se accede a los parámetros de la llamada mediante la función `leer_registro`.

```
int sis_crear_proceso(){
    char *prog;
    int res;

    prog=(char *)leer_registro(1);
    res=crear_tarea(prog);
    return res;
}
```

Obsérvese que, en este caso, el código que realiza el tratamiento real de la llamada no se ha incluido en la propia función, sino que se ha delegado a una función auxiliar. Puesto que esta rutina auxiliar se invoca de manera convencional, va a recibir los parámetros de la forma habitual, como se puede observar en su prototipo:

```
static int crear_tarea(char *prog);
```

Esta delegación en una función auxiliar puede utilizarse para generar un código más estructurado, pero su uso principal aparece cuando se requiere que una determinada operación pueda ser invocada tanto desde una llamada al sistema como internamente. Esto ocurre con la operación de crear un proceso que, además de corresponder con una llamada al sistema, se necesita invocar internamente para crear al primer proceso. La llamada al sistema simplemente recoge los parámetros de los registros y realiza una llamada convencional a la función auxiliar.

- *Terminar proceso*. Completa la ejecución de un proceso liberando todos sus recursos.
- *Escribir*. Escribe un mensaje por la pantalla haciendo uso de la función `escribir_ker` proporcionada por el módulo `HAL`. Recibe como parámetros la información que se desea escribir y su longitud. Devuelve siempre un 0.

Los programas de usuario

En el subdirectorio usuario existen inicialmente un conjunto de programas de ejemplo que usan los servicios del minikernel. De especial importancia es el programa init, puesto que es el primer programa que arranca el sistema operativo. En un sistema real este programa consulta archivos de configuración para arrancar otros programas que, por ejemplo, se encarguen de atender a los usuarios (procesos de login). De manera relativamente similar, en nuestro sistema, este proceso hará el papel de lanzador de otros procesos, aunque en nuestro caso no se trata de procesos que atiendan al usuario, puesto que el sistema no proporciona inicialmente servicios para leer del terminal. Se tratará simplemente de programas que realizan una determinada labor y terminan.

Asimismo, tanto el instructor como el propio alumno podrán desarrollar los programas que consideren oportunos para evaluar las prácticas o para probar el correcto funcionamiento de la funcionalidad que el alumno añade al sistema, respectivamente.

Como ocurre en un sistema real, los programas tienen acceso a las llamadas al sistema como rutinas de biblioteca. Para ello, existe una biblioteca estática, denominada libserv.a, que contiene las funciones de interfaz para las llamadas al sistema.

```
int crear_proceso(char *programa);

int terminar_proceso();

int escribir(char *texto, unsigned int longi);
```

Los programas de usuario no deben usar llamadas al sistema operativo nativo, aunque sí podrán usar ciertas funciones de la biblioteca estándar de C, como, por ejemplo, strcpy o memcpy, siempre que éstas no realicen, a su vez, llamadas al sistema.

La biblioteca libserv.a está almacenada en el subdirectorio usuario/lib y está compuesta de dos módulos:

- serv. Contiene las rutinas de interfaz para las llamadas. Se apoya en una función del módulo misc denominada llamsis, que es la que realmente ejecuta la instrucción de llamada al sistema. Para hacer accesible a los programas una nueva llamada, el alumno deberá modificar este archivo para incluir la rutina de interfaz correspondiente.
- misc. Como intenta indicar su nombre, este módulo contiene un conjunto diverso de funciones de utilidad. Dado el carácter "oscuro" de algunas de estas rutinas, se recomienda no proporcionar al alumno el código fuente de este módulo, aunque queda a criterio del instructor. A continuación, se detallan las funciones de utilidad presentes en este módulo:
  - La función trap que contiene la instrucción que causa una llamada al sistema.
  - Las funciones leer_registro y escribir_registro que, respectivamente, permiten leer y escribir en los registros del procesador. Son idénticas a las proporcionadas en el módulo HAL, pero destinadas a ser utilizadas por los programas de usuario para pasar los parámetros de las llamadas al sistema.
  - Aunque se pueden implementar las funciones de interfaz de las llamadas usando directamente la función trap y las funciones que permiten leer y escribir en los registros, se proporciona una manera más sencilla basándose en la función llamsis. Esta función de conveniencia facilita la invocación de una llamada al

19

sistema ocupándose de la tediosa labor de rellenar los registros con los valores adecuados e invocando, a continuación, la función `trap`. A continuación, se muestra la estructura simplificada de esta función para que se pueda comprender mejor su funcionamiento:

```
int llamsis(int llamada, int nargs, ... /* argumentos
*/)
{
        int i;

        escribir_registro(0, llamada);

        for (i=1; nargs; nargs--, i++) {
                escribir_registro(i, args[i]);
        }

        trap();
        return leer_registro(0);
}
```

Usando esta función de conveniencia, las rutinas de interfaz de las llamadas se simplifican considerablemente. Así, por ejemplo, la llamada a `crear_proceso` queda de la siguiente forma:

```
int crear_proceso(char *prog){
        return llamsis(CREAR_PROCESO, 1, (int)prog);
}
```

o La definición de la función `printf` que, evidentemente, se apoya en la llamada al sistema `escribir`, de la misma manera que el `printf` en un sistema UNIX se apoya en la llamada `write`.

o Por último, está definida la función `start`, que va constituir el punto real de arranque del programa (o sea, la dirección a la que apuntará el contador de programa inicial en el arranque del programa). Esta rutina se encarga de invocar a la función `main`, que, a todos los efectos, es el punto de arranque del programa para el usuario. Este artificio, utilizado en casi todos los sistemas operativos, permite asegurarse de que el programa siempre invoca la llamada al sistema de finalización (`terminar_proceso`) al terminar: si no lo hecho la función `main`, lo hará `start` al terminar la función `main`.

Todos los programas de usuario utilizan el archivo de cabecera `usuario/include/servicios.h` que contiene los prototipos de las funciones de interfaz a las llamadas al sistema, así como el de la función `printf`.

1.2.3 Consideraciones generales sobre las prácticas basadas en el minikernel

En los capítulos de procesos, comunicación de procesos y entrada/salida, además de en este mismo, se propondrán prácticas de diseño basadas en este entorno. En este apartado se exponen algunos comentarios generales sobre las prácticas que se pueden plantear en este entorno.

En primer lugar, hay que resaltar que las prácticas que se proponen en los distintos capítulos son sólo una muestra del tipo de prácticas que se pueden desarrollar en este entorno. Una vez que el instructor se familiarice con el mismo, puede modificar a su gusto las prácticas propuestas en este libro o plantear sus propias prácticas. La imaginación es el único límite.

Dado que todas las prácticas propuestas parten del mismo código de apoyo e implican modificar los mismos archivos, en las próximas secciones se explicarán estos aspectos para evitar tener que repetirlos en el enunciado de cada práctica específica.

Por último, hay que resaltar que el orden de presentación de estas prácticas a lo largo del libro no implica que el alumno tenga que respetarlo a la hora de desarrollarlas. El criterio del instructor y las preferencias del propio alumno pueden estimar un orden alternativo a la hora de acometer estas prácticas. Asimismo, puede plantearse una forma de trabajo incremental, de manera que se tome como punto de partida de cada práctica la solución de las prácticas previamente realizadas en este entorno, o utilizar siempre como punto de partida la versión inicial proporcionada como material de apoyo. La primera opción tiene la ventaja de que el alumno alcanza un mayor grado de satisfacción al sentir cómo va creando de la nada un sistema operativo con una complejidad apreciable. La única pega es que el tamaño del código va creciendo progresivamente, dificultado la depuración del mismo.

1.2.4 Código fuente de apoyo

El código de apoyo para el conjunto de prácticas basadas en el minikernel es, evidentemente, el código del propio minikernel. En la página web del libro aparecen dos versiones del mismo: una completa destinada al instructor (`minikernel_instructor.tgz`) y otra que contiene el material de apoyo que recomendamos que se suministre al alumno (`minikernel.tgz`). En este segundo "paquete" no se incluye el código fuente de algunos módulos (por ejemplo, del módulo `HAL`) y se proporciona una versión inicial del sistema operativo tal como la descrita en la sección anterior. Dado que el instructor dispone de todo el material, puede crear su propio "paquete" de material de apoyo con el contenido que considere oportuno. En esta sección se describe el material de apoyo recomendado que contiene el siguiente árbol de archivos:

- `Makefile`. *Makefile* general del entorno. Invoca a los archivos *Makefile* de los subdirectorios subyacentes.
- `boot`. Este directorio está relacionado con la carga del sistema operativo. Contiene el siguiente archivo:
  - `boot`. Programa de arranque del sistema operativo.
- `minikernel`. Este directorio contiene todos los archivos correspondientes a la capa hardware y al sistema operativo:
  - `Makefile`. Permite generar el ejecutable del sistema operativo.
  - `kernel`. Archivo que contiene el ejecutable del sistema operativo.
  - `HAL.o`. Archivo objeto que contiene la capa del hardware.

- o `kernel.c`. Archivo que contiene la funcionalidad del sistema operativo. Este archivo **debe ser modificado** por el alumno para incluir la funcionalidad pedida en cada práctica.
- o `include`. Subdirectorio que contiene los archivos de cabecera usados por el entorno:
    - `HAL.h`. Archivo que contiene los prototipos de las funciones del módulo `HAL`. Este archivo **no debe ser modificado** por el alumno.
    - `const.h`. Archivo que contiene algunas constantes útiles, como, por ejemplo, los vectores de interrupción existentes en el sistema.
    - `llamsis.h`. Archivo que contiene los códigos numéricos asignados a cada llamada al sistema. Este archivo **debe ser modificado** por el alumno para incluir nuevas llamadas.
    - `kernel.h`. Contiene definiciones usadas por el módulo `kernel.c` como, por ejemplo, la tabla de servicios. Este archivo **debe ser modificado** por el alumno.
- • `usuario`. Este directorio contiene diversos programas de usuario.
    - o `Makefile`. Permite compilar los programas de usuario.
    - o `init.c`. Primer programa que ejecuta el sistema operativo. El alumno puede modificarlo a su conveniencia para que éste invoque los programas que se consideren oportunos
    - o `*.c`. Programas de prueba. El alumno puede modificar a su gusto los ya existentes o incluir nuevos.
    - o `include`. Subdirectorio que contiene los archivos de cabecera usados por los programas de usuario:
        - `servicios.h`. Archivo que contiene los prototipos de las funciones que sirven de interfaz a las llamadas al sistema. **Debe ser modificado** por el alumno para incluir la interfaz a las nuevas llamadas.
    - o `lib`. Este directorio contiene los módulos que permiten generar la biblioteca que utilizan los programas de usuario. Su contenido es:
        - `Makefile`. Genera la biblioteca de servicios.
        - `libserv.a`. La biblioteca de servicios.
        - `serv.c`. Archivo que contiene la interfaz a los servicios del sistema operativo. Este archivo **debe ser modificado** por el alumno para incluir la interfaz a las nuevas llamadas.
        - `misc.o`. Contiene otras funciones de biblioteca auxiliares.

1.2.5 Recomendaciones generales

Es importante que el alumno se familiarice con el entorno antes de abordar las distintas prácticas que se proponen en el libro. Se deben llegar a entender las relaciones entre los distintos componentes del sistema.

Es recomendable dotar al alumno de libertad a la hora de diseñar el sistema, siempre que proporcione la funcionalidad pedida por cada práctica.

Las características del entorno hacen que la utilización del depurador no sea de gran ayuda. Por ello, se recomienda el desarrollo de funciones de depuración que muestren por la pantalla el contenido de diversas estructuras de datos.

Otro aspecto que conviene resaltar es que, debido al esquema de compilación usado en la práctica, puede ocurrir que un error de programación (como, por ejemplo, usar `pintf` en vez de `printf`) aparezca simplemente como un *warning* en la fase de compilación y montaje. El error como tal no aparecerá hasta que se ejecute el sistema. En resumen, vigile los *warnings* que se producen durante la compilación.

1.2.6 Documentación a entregar

El alumno deberá entregar los archivos del entorno que ha modificado, junto con una memoria que describa el trabajo realizado:

- `memoria.txt`: Memoria de la práctica. En ella se deben comentar los aspectos del desarrollo de cada práctica que el alumno considere más relevantes.
- `minikernel/kernel.c`: Archivo que contiene la funcionalidad del sistema operativo.
- `minikernel/include/llamsis.h`: Archivo que contiene el código numérico asignado a cada llamada.
- `minikernel/include/kernel.h`: Archivo que contiene definiciones usadas por el sistema operativo.
- `usuario/include/servicios.h`: Archivo que contiene los prototipos de las funciones de interfaz a las llamadas.
- `usuario/lib/serv.c`: Archivo que contiene las definiciones de las funciones de interfaz a las llamadas.

1.2.7 Bibliografía

- J. Carretero, F. García, P. de Miguel y F. Pérez
  Sistemas operativos: una visión aplicada
  2ª edición. McGraw-Hill 2007
- D.P. Bovet y M. Cesati
  Understanding the Linux Kernel
  3ª edición. O´Reilly 2005

1.3 Práctica: Introducción de una nueva llamada al sistema en el minikernel

1.3.1 Objetivo de la práctica

El objetivo principal de esta práctica es lograr que el alumno se familiarice con el entorno del minikernel. Hay que resaltar que la práctica apenas conlleva esfuerzo de programación. Sin embargo, al tratarse del primer contacto con el entorno, el alumno puede encontrar ciertas dificultades hasta que consiga entender cómo está organizado el mismo.

- NIVEL: Diseño

- HORAS ESTIMADAS: 5

1.3.2 Descripción de la funcionalidad pedida

Pasos para la inclusión de una nueva llamada al sistema

Dado que en la práctica se pretende incluir una nueva llamada al sistema, a continuación, se presentan los pasos típicos que hay que llevar a cabo en este sistema para hacerlo. Suponiendo que el nuevo servicio se denomina `nueva`, éstos son los pasos a realizar:

- Incluir en `minikernel/kernel.c` una rutina (que podría denominarse `sis_nueva`) con el código de la nueva llamada.
- Incluir en `tabla_servicios` (archivo `minikernel/include/kernel.h`) la nueva llamada en la última posición de la tabla.
- Modificar el archivo `kernel/include/llamsis.h` para incrementar el número de llamadas disponibles y asignar el código más alto a la nueva llamada.
- Una vez realizados los pasos anteriores, el sistema operativo ya incluiría el nuevo servicio, pero sólo sería accesible desde los programas usando código ensamblador. Por lo tanto, es necesario modificar la biblioteca de servicios (archivo `usuario/lib/serv.c`) para que proporcione la interfaz para el nuevo servicio. Se debería también modificar el archivo de cabecera que incluyen los programas de usuario (`usuario/include/servicios.h`) para que dispongan del prototipo de la función de interfaz.
- Por último, hay que crear programas de prueba para este nuevo servicio y, evidentemente, modificar `init` para que los invoque. Asimismo, se debería modificar el archivo `Makefile` para facilitar la compilación de este nuevo programa. Evidentemente, si se usan los programas de prueba contenidos en la distribución inicial, no es necesario realizar este paso.

Llamada al sistema `obtener_id_pr`

Se debe añadir una nueva llamada, denominada `obtener_id_pr`, que devuelva el identificador del proceso que la invoca. Como puede observarse, se trata de un servicio que realiza un trabajo muy sencillo. Sin embargo, esta primera tarea servirá para familiarizarse con el mecanismo que se usa para incluir una nueva llamada al sistema. El prototipo de la función de interfaz sería el siguiente:

```
int obtener_id_pr();
```

Hay que resaltar que, aunque en este primer capítulo no se ha explicado cómo se realiza la gestión de procesos en la versión inicial del sistema operativo, esta carencia no resulta problemática para realizar esta práctica. Sólo se necesita saber que el bloque de control del proceso actual está siempre apuntado por la variable de tipo puntero `p_proc_actual` y que, dentro del mismo, hay un campo que contiene el identificador de proceso (campo `id`). En el próximo capítulo se estudiará con detalle la gestión de procesos en este entorno.

1.4 Práctica: Introducción a la programación de módulos del núcleo de Linux

El minikernel ofrece un entorno didáctico, con un nivel de complejidad relativamente controlado, que resulta adecuado para el desarrollo de prácticas que plantean el diseño de algún componente interno del sistema operativo. Sin embargo, para aquellos cursos más avanzados, puede resultar interesante enfrentar al alumno con todas las dificultades que implica desarrollar software destinado a ser incorporado dentro de un sistema operativo real. En el caso de Linux, este reto es especialmente atractivo dado el carácter abierto del mismo, la disponibilidad de su código fuente y la enorme cantidad de información disponible al respecto. Otro aspecto que hace especialmente interesante a Linux para este tipo de trabajo práctico es la posibilidad de incorporar dinámicamente (es decir, en tiempo de ejecución) código al sistema operativo mediante el mecanismo de los módulos del núcleo.

En esta sección se describen los pasos básicos que requiere el desarrollo de un módulo del núcleo de Linux: se mostrará el código de un módulo muy básico, mostrando las peculiaridades que aparecen en la programación de este tipo de componentes, y explicando, a continuación, cómo se compila y, finalmente, de qué manera se incorpora al sistema operativo (es decir, se *carga* en el sistema). Dada la disponibilidad de documentación de calidad y de libre acceso sobre esta temática, en este libro no se plantea proporcionar una guía sobre la programación de módulos de núcleo; simplemente, se pretende presentar unos conceptos básicos sobre el tema que permitan al lector tomar contacto con esta tecnología.

1.4.1 Un módulo básico

A continuación, se incluye el código de un módulo muy básico que supongamos que, por ejemplo, estaría contenido en un fichero denominado `modulo_basico`:

```
#include <linux/init.h>
#include <linux/module.h>
MODULE_LICENSE("Dual BSD/GPL");
static int entero = 1;
static char *cadena = "test";
module_param(entero, int, S_IRUGO);
module_param(cadena, charp, S_IRUGO);
static int __init inicio(void) {
        printk(KERN_ALERT "Cargando modulo: ");
        printk(KERN_ALERT "entero %d cadena %s\n", entero, cadena);
        return 0;
}
static void __exit fin(void) {
        printk(KERN_ALERT "Descargando modulo\n");
}
module_init(inicio);
module_exit(fin);
```

De este código, se podrían resaltar los siguientes aspectos:

- Los módulos del núcleo no usan la biblioteca estándar de C. Dado que un módulo ejecuta dentro del sistema operativo y que, por otro lado, un número considerable de las funciones de la biblioteca estándar de C invocan internamente llamadas al sistema, no es factible usar como tal dicha biblioteca. El núcleo proporciona un API específica que, lógicamente, está accesible a través de ficheros de cabecera diferentes a los de un programa C convencional.

- Dado el carácter abierto de Linux, un módulo debe declarar, mediante la macro `MODULE_LICENSE`, la licencia de uso del mismo.

- Un módulo no tiene asociada una función `main`, sino que debe definir mediante las macros `module_init` y `module_exit`, cuál de sus funciones se ejecutará cuando el módulo se cargue en el sistema (en este ejemplo, `inicio`) y cuál en el momento que se descargue (en el ejemplo, `fin`), respectivamente. Nótese que en dichas funciones, aunque no es obligatorio, es recomendable usar, respectivamente, las etiquetas `__init` y `__exit`, que permiten optimizar la gestión del módulo (un fragmento de código etiquetado con `__init` puede descargarse después de completarse la carga, puesto que ya no se necesita, mientras que uno marcado con `__exit` puede eliminarse si el módulo nunca va a descargarse).

- Obsérvese el uso de la función `printk`: el `printf` del núcleo, que, además de tener una funcionalidad más reducida, permite especificar el nivel de urgencia del mensaje que se imprime.

- Un último aspecto a resaltar es el paso de parámetros a un módulo. Como cualquier componente software, un módulo puede recibir parámetros. Para ello, dentro del módulo, se va a definir una variable global convencional por cada parámetro que reciba el módulo con el tipo de datos que corresponda (en el ejemplo, hay una variable de tipo entero y una cadena de caracteres). Para indicar que esas variables convencionales son parámetros del módulo, hay que usar la macro `module_param(variable, tipo, permisos)` para denotar que la variable definida previamente actuará como un parámetro, especificando su nombre, su tipo y los permisos de acceso a la misma desde fuera del núcleo (el valor 0 indica que no podrá ser consultada ni modificada desde fuera del núcleo; en caso de que se le otorguen permisos, se crea una entrada por cada variable en el directorio `/sys/module/nombre_del_modulo/parameters`, siendo `nombre_del_modulo` el nombre del módulo, para permitir su acceso según los permisos especificados). Más adelante, se explicará cómo pasarle los parámetros al módulo en el momento de cargarlo. Nótese que si no se especifica el parámetro en la carga del módulo, la variable contendrá el valor inicial definido en el propio programa. Aunque no se ha usado en el ejemplo, la macro `MODULE_PARM_DESC` permite asociar una descripción de texto a la variable.

1.4.2 Compilación del módulo

Para compilar este fichero, se puede usar el siguiente fichero `Makefile` (nótese que en la última línea debe incluirse un tabulador):

```
obj-m := modulo_basico.o

all:
        make -C /lib/modules/$(shell uname -r)/build M=$(PWD) modules
```

Con este fichero `Makefile`, bastaría con ejecutar el mandato `make` para compilar el módulo. Tenga en cuenta que no es necesario ser super-usuario para invocar este mandato. Como resultado del mismo, se generan diversos ficheros entre los que destaca aquel que contiene el código objeto del módulo que tiene asociada la extensión `ko` (por *kernel object*), que en el ejemplo sería `modulo_basico.o`.

El mandato `modinfo` (`/sbin/modinfo`) permite obtener información del módulo compilado (por ejemplo, su licencia o qué parámetros espera recibir):

```
modinfo ./modulo_basico.ko
```

1.4.3 Carga del módulo

La carga del módulo requiere el uso del mandato `insmod` (`/sbin/insmod`). Esta operación, dado que incorpora código al núcleo del sistema operativo, requiere actuar como super-usuario, ya sea ejecutando dicho mandato desde la cuenta del `root` o utilizando el mandato `sudo`:

```
insmod ./modulo_basico.ko

sudo insmod ./modulo_basico.ko
```

Para pasarle parámetros, basta con especificar el nombre de cada variable y el valor asignado a la misma:

```
sudo insmod modulo_basico.ko entero=8 cadena=yo
```

Para comprobar si el módulo se ha cargado, puede usarse el mandato `lsmod`, que muestra todos los módulos cargados en el sistema entre los que debe aparecer el nombre de nuestro módulo.

Dado que la única funcionalidad del módulo es imprimir información, para comprobar su buen funcionamiento, es necesario comprobarlo. Dependiendo de la configuración del sistema operativo y del nivel de urgencia de los mensajes impresos, éstos podrían aparecer en la consola del sistema o no. En cualquier caso, los mensajes siempre se almacenan en el *log* del sistema que está accesible a través del mandato `dmesg`.

Por último, para descargar el módulo debe usar el mandato `rmmod` (`/sbin/rmmod`):

```
rmmod modulo_basico
```

1.4.4 Desarrollo de un primer módulo del núcleo

Como primer trabajo práctico de este tipo, se plantea desarrollar un módulo que reciba como parámetros un número entero y una cadena de caracteres, y cuya labor sea imprimir dicha cadena tantas veces como indica el número entero.

Una vez cargado el módulo, compruebe con `dmesg` que ha llevado a cabo correctamente su labor y verifique que se ha creado el directorio `/sys/module/nombre/parameters`.

1.4.5 Bibliografía

- Jonathan Corbet, Alessandro Rubini, y Greg Kroah-Hartman. *Linux Device Drivers*. O'Reilly Media, 3ª edición, 2005

2. Procesos

En este capítulo se presentan las prácticas relacionadas con la gestión de procesos en sistemas operativos. El capítulo tiene dos objetivos básicos: describir los servicios que da el sistema operativo y proponer un conjunto de prácticas que permita cubrir los aspectos básicos y de diseño de procesos y procesos ligeros. De esta forma, se pueden adaptar las prácticas del tema a distintos niveles de conocimiento.

2.1 Servicios de procesos

En esta sección se describen los servicios del sistema operativo necesarios para hacer las prácticas que se proponen en las secciones siguientes. Se describen los principales servicios que ofrece POSIX para la gestión de procesos, procesos ligeros y planificación. También se presentan los servicios que permiten trabajar con señales y temporizadores

2.1.1 Servicios POSIX para la gestión de procesos

En esta sección se describen los principales servicios que ofrece POSIX para la gestión de procesos. Estos servicios se han agrupado según las siguientes categorías: identificación de procesos, el entorno de un proceso, creación de procesos y terminación de procesos.

Identificación de procesos

POSIX identifica cada proceso por medio de un entero único denominado *identificador de proceso* de tipo `pid_t`. Los servicios relativos a la identificación de los procesos son los siguientes:

Obtener el identificador de proceso

Este servicio devuelve el identificador del proceso que realiza la llamada. Su prototipo en lenguaje C es el siguiente:

```
pid_t getpid(void);
```

Obtener el identificador del proceso padre

Devuelve el identificador del proceso padre. Su prototipo es el que se muestra a continuación.

```
pid_t getppid(void);
```

Obtener el identificador de usuario real

Este servicio devuelve el identificador de usuario real del proceso que realiza la llamada. Su prototipo es:

```
uid_t getuid(void);
```

Obtener el identificador de usuario efectivo

Devuelve el identificador de usuario efectivo. Su prototipo es:

```
uid_t geteuid(void);
```

Obtener el identificador de grupo real

Este servicio permite obtener el identificador de grupo real. El prototipo que se utiliza para invocar este servicio es el siguiente:

```
gid_t getgid(void);
```

Obtener el identificador de grupo efectivo

Devuelve el identificador de grupo efectivo. Su prototipo es:

```
gid_t getegid(void);
```

El entorno de un proceso

El entorno de un proceso viene definido por una lista de variables que se pasan al mismo en el momento de comenzar su ejecución. Estas variables se denominan variables de entorno, y son accesibles a un proceso a través de la variable externa `environ`, declarada de la siguiente forma:

```
extern char **environ;
```

Obtener el valor de una variable de entorno

El servicio **getenv** permite buscar una determinada variable de entorno dentro de la lista de variables de entorno de un proceso. La sintaxis de esta función es:

```
char *getenv(const char *name);
```

Definir el entorno de un proceso

El servicio **setenv** permite fijar el entono de un proceso. La sintaxis de esta función es:

```
char *setenv(char **env);
```

Gestión de procesos

A continuación se describen los principales servicios relacionados con la gestión de procesos.

Crear un proceso

La forma de crear un proceso en un sistema operativo que ofrezca la interfaz POSIX es invocando el servicio `fork`. El sistema operativo trata este servicio realizando una clonación del proceso que lo solicite. El proceso que solicita el servicio se convierte en el proceso padre del nuevo proceso, que es, a su vez, el proceso hijo.

El prototipo de esta función es el siguiente:

```
pid_t fork();
```

La llamada devuelve en el proceso hijo un cero y en el proceso padre el identificador del proceso hijo.

Ejecutar un programa

El servicio exec de POSIX tiene por objetivo cambiar el programa que está ejecutando un proceso. En POSIX existe una familia de funciones exec, cuyos prototipos se muestran a continuación:

```
int excl(char *path, char *arg, ...);

int execv(char *path, char *argv[]);

int execle(char *path, char *arg, ...);
int execve(char *path, char *argv[], char *envp[]);
int execlp(char *file, const char *arg, ...);
int execvp(char *file, char *argv[]);
```

Terminar la ejecución de un proceso

Cuando un programa ejecuta dentro de la función main la sentencia return(valor), ésta es similar a exit(valor). El prototipo de la función exit es:

```
void exit(int status);
```

Espera por la finalización de un proceso hijo
Permite a un proceso padre esperar hasta que termine la ejecución de un proceso hijo (el proceso padre se queda bloqueado hasta que termina un proceso hijo). Existen dos formas de invocar este servicio:

```
pid_t wait(int *status);
pid_t waitpid(pid_t pid, int *status, int options);
```

Ambas llamadas esperan la finalización de un proceso hijo y permiten obtener información sobre el estado de terminación del mismo.

2.1.2 Servicios POSIX de gestión de procesos ligeros

En esta sección se describen los principales servicios POSIX relativos a la gestión de procesos ligeros. Estos servicios se han agrupado de acuerdo a las siguientes categorías:

- Atributos de un proceso ligero.
- Creación e identificación de procesos ligeros.

- Terminación de procesos ligeros.

Atributos de un proceso ligero

Cada proceso ligero en POSIX tiene asociado una serie de atributos que representan sus propiedades. Los valores de los diferentes atributos se almacenan en un objeto atributo de tipo `pthread_attr_t`. Existen una serie de servicios que se aplican sobre el tipo anterior y que permiten modificar los valores asociados a un objeto de tipo atributo. A continuación se describen las principales funciones relacionadas con los atributos de los procesos ligeros.

Crear atributos de un proceso ligero

Este servicio permite iniciar un objeto atributo que se puede utilizar para crear nuevos procesos ligeros. El prototipo de esta función es:
```
int pthread_attr_init(pthread_attr_t *attr);
```

Destruir atributos

Destruye el objeto de tipo atributo pasado como argumento a la misma. Su prototipo es:

```
int pthread_attr_destroy(pthread_attr_t *attr);
```

Asignar el tamaño de la pila

Cada proceso ligero tiene una pila cuyo tamaño se puede establecer mediante esta función cuyo prototipo es el siguiente:

```
int pthread_attr_setstacksize(pthread_attr_t *attr, int stacksize);
```

Obtener el tamaño de la pila

El prototipo del servicio que permite obtener el tamaño de la pila de un proceso es:

```
int pthread_attr_getstacksize(pthread_attr_t *attr, int stacksize);
```

Establecer el estado de terminación

El prototipo de este servicio es:

```
int pthread_attr_setdetachstate(pthread_attr_t *attr,
int detachstate);
```

Si el valor del argumento `detachstate` es `PTHREAD_CREATE_DETACHED`, el proceso ligero que se cree con esos atributos se considerará como independiente y liberará sus recursos cuando finalice su ejecución. Si el valor del argumento `detachstate` es `PTHREAD_CREATE_JOINABLE`, el proceso ligero se crea como no independiente y no liberará sus recursos cuando finalice su ejecución. En este caso es necesario que otro proceso ligero espere por su finalización. Esta espera se consigue mediante el servicio `pthread_join`, que se describirá más adelante.

Obtener el estado de terminación

Permite conocer el estado de terminación que se especifica en un objeto de tipo atributo. Su prototipo es:

```
int pthread_attr_getdetachstate(pthread_attr_t *attr, int
*detachstate);
```

Creación, identificación y terminación de procesos ligeros

Los servicios relacionados con la creación e identificación de procesos ligeros son los siguientes:

Crear un proceso ligero

Este servicio permite crear un nuevo proceso ligero que ejecuta una determinada función. Su prototipo es:

```
int pthread_create(pthread_t *thread, pthread_attr_r *attr, void
* (*start_routine) (void *), void *arg);
```

El primer argumento de la función apunta al identificador del proceso ligero que se crea, este identificador viene determinado por el tipo `pthread_t`. El segundo argumento especifica los atributos de ejecución asociados al nuevo proceso ligero. Si el valor de este segundo argumento es `NULL`, se utilizarán los atributos por defecto, que incluyen la creación del proceso como no independiente. El tercer argumento indica el nombre de la función a ejecutar cuando el proceso ligero comienza su ejecución. Esta función requiere un sólo parámetro que se especifica con el cuarto argumento, `arg`.

Obtener el identificador de un proceso ligero

Un proceso ligero puede averiguar su identificador invocando este servicio, cuyo prototipo es el siguiente:

```
pthread_t pthread_self(void)
```

Esperar la terminación de un proceso ligero

Este servicio es similar al `wait`, pero a diferencia de éste, es necesario especificar el proceso ligero por el que se quiere esperar, que no tiene porqué ser un proceso ligero hijo. El prototipo de la función es:

```
int pthread_join(pthread thid, void **value);
```

La función suspende la ejecución del proceso ligero llamante hasta que el proceso ligero con identificador `thid` finalice su ejecución. La función devuelve en el segundo argumento el valor que pasa el proceso ligero que finaliza su ejecución en el servicio `pthread_exit`, que se verá a continuación. Únicamente se puede solicitar el servicio `pthread_join` sobre procesos ligeros creados como no independientes.

Finalizar la ejecución de un proceso ligero

Es análogo al servicio `exit` sobre procesos. Su prototipo es:

```
int pthread_exit(void *value)
```

Incluye un puntero a una estructura que es devuelta al proceso ligero que ha ejecutado la correspondiente llamada a `pthread_join`, lo que es mucho más genérico que el parámetro que permite el serivicio `wait`.

2.1.3 Servicios POSIX para la gestión de señales y temporizadores

En esta sección se describen los principales servicios POSIX relativos a la gestión de señales. Los más importantes son el envío y la captura de señales.

Algunas señales como `SIGSEGV` o `SIGBUS` las genera el sistema operativo cuando ocurren ciertos errores. Otras señales se envían de unos procesos a otros utilizando el siguiente servicio:

Enviar una señal

Permite enviar una señal a un proceso. El prototipo de este servicio en lenguaje C es el siguiente:

```
int kill(pid_t pid, int sig);
```

Envía la señal `sig` al proceso o grupo de procesos especificado por `pid`.

Armar una señal

El servicio que permite armar una señal es:

```
int sigaction(int sig, struct sigaction *act, struct sigaction *oact);
```

Esta llamada tiene tres parámetros: el número de señal para la que se quiere establecer el manejador, un puntero a una estructura de tipo `struct sigaction` para establecer el nuevo manejador y un puntero a una estructura también del mismo tipo que almacena información sobre el manejador establecido anteriormente.

Esperar por una señal

Cuando se quiere esperar la recepción de una señal se utiliza el siguiente servicio `pause`. Este servicio bloquea al proceso que la invoca hasta que llegue una señal. Su prototipo es:

```
int pause(void);
```

Este servicio no permite especificar el tipo de señal por la que se espera, por lo tanto, cualquier señal no ignorada saca al proceso del estado de bloqueo.

Activar un temporizador

Para activar un temporizador se debe utilizar el servicio:

```
unsigned in alarm (unsigned int seconds);
```

Esta función envía al proceso la señal SIGALRM después de pasados el número de segundos especificados en el parámetro seconds. Si seconds es igual a cero se cancelará cualquier petición realizada anteriormente.

2.2   Práctica: Monitorización de procesos en LINUX.

2.2.1   Objetivos de la práctica

El objetivo de esta práctica es que el alumno pueda monitorizar los procesos existentes en una máquina LINUX y que sea capaz de observar los eventos del sistema significativos para estos objetos. Para ello se usarán dos mandatos de LINUX: ps y top. Ambos mandatos son sencillos, pero muy potentes en cuanto a la monitorización de procesos.

- NIVEL: Introducción.
- HORAS ESTIMADAS: 6.

2.2.2   Descripción de la funcionalidad que debe desarrollar por el alumno

El sistema operativo Linux tienen un sistema de archivos situado en el directorio /proc. En este directorio se almacena información del sistema y de cada uno de los procesos activos en el mismo. Hay un subdirectorio por cada proceso y dentro del mismo se indica cuánta memoria ha consumido el proceso, los archivos abiertos, sus conexiones, etc. Casi todos los mandatos de LINUX relacionados con la monitorización local o remota (ps, top, sar, vmstat, etc.) obtienen su información de este directorio.

La práctica tiene dos partes:

1.- Monitorización de los procesos existentes en el sistema. En el caso de la práctica, el alumno debe monitorizar en primer lugar los procesos existentes en el sistema. Para ello se usará el mandato ps con distintas opciones:
- ax: muestra todos los procesos activos en el sistema.
- u: muestra la identidad del usuario que creó los procesos.
- f: muestra las relaciones padre-hijo en la jerarquía de procesos.

Cuando se ejecuta el mandato ps -axuf se obtiene una pantalla de salida como la que se muestra en la Figura 2.1 donde cada uno de los campos tiene un significado bien preciso: usuario, identificador del proceso, porcentaje de CPU consumida, porcentaje de memoria ocupada, etc... Para averiguar el significado de todas ellas, el alumno puede consultar la ayuda de LINUX (man ps).

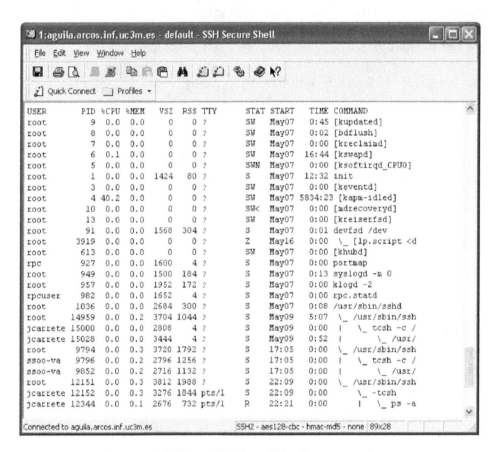

Figura 2.1 Pantalla de salida de ps -axuf

Para probar el efecto de la ejecución del mandato ps, repítalo después de ejecutar varias veces un navegador de Internet. A continuación guarde la salida de ps -axuf en el archivo pslog.txt, estudie la jerarquía de procesos y responda a las siguientes preguntas:

- ¿Cuántos procesos hay en ejecución en el sistema?
- ¿Cuántos usuarios hay conectados al sistema?
- ¿Cuántos procesos son del usuario root?
- ¿Cuántos navegadores hay abiertos?
- Describa una jerarquía de procesos de un usuario conectado. ¿Qué shell está ejecutando?
- ¿Cuál es el proceso que más tiempo de CPU ha consumido?
- ¿Cuál es el proceso que más espacio de memoria ha consumido?
- ¿Qué procesos llevan más tiempo arrancados?
- ¿En qué fecha y hora arrancó el sistema?

2.- Monitorización de los procesos que consumen más CPU en el sistema. La segunda parte de la parte de la práctica consiste en monitorizar la situación del sistema en un determinado momento y de los procesos que consumen más CPU en un momento dado. Para ello se usará el mandato top, que arroja una pantalla de salida como la de la Figura 2.2, y se volcarán los resultados al archivo toplog.txt.

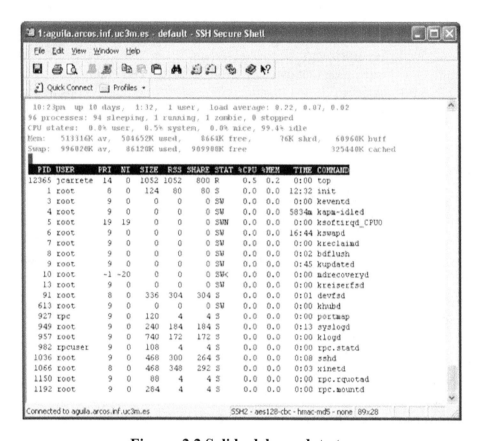

Figura 2.2 Salida del mandato top

Esta segunda parte tiene cuatro partes:

1. Control de la situación del sistema. En la cabecera de salida del mandato *top* se muestran datos de la fecha de monitorización y de la situación del sistema. Describa en la memoria de la práctica qué indican estos datos. ¿Qué ha hecho la computadora la mayor parte del tiempo?

2. Monitorización del efecto de un programa que consume CPU. Programe una pequeña aplicación en C que incluya un bucle infinito. Ejecútela y observe su efecto en la pantalla de *top*. Incluya el programa de prueba y describa su efecto en la memoria.

3. Monitorización del efecto de un programa que consume memoria. Programe una pequeña aplicación en C que incluya un bucle que consuma mucha memoria con `malloc` y no la libere. Ejecútela y observe su efecto en la pantalla de *top*. Incluya el programa de prueba y describa su efecto en la memoria.

4. Monitorización del efecto de un programa que genera entrada. Programe una pequeña aplicación en C que incluya un bucle que pida un entero por la entrada estándar. Ejecútela y observe su efecto en la pantalla de *top*. Incluya el programa de prueba y describa su efecto en la memoria.

2.2.3 Recomendaciones generales

Antes de empezar con la monitorización de todo el sistema de archivos, se recomienda monitorizar acciones sencillas. La ejecución de mandatos de LINUX es un buen ejemplo.

Para conocer el comportamiento de los mandatos propuestos se puede consultar el manual de LINUX para los mismos (`man ps` y `man top`, respectivamente).

2.2.4 Entrega de documentación

Se recomienda que el alumno entregue los siguientes archivos:

- `autores`: archivo con los datos de los autores.
- `Memoria.doc`: memoria de la práctica.
- `pslog.txt`: archivo que contiene el resultado de la sesión de monitorización con `ps`.
- `toplog.txt`: archivo que contiene el resultado de la sesión de monitorización con `top`.
- Programas de prueba para `top`: `bucle.c`, `memoria.c` y `entrada.c`, respectivamente.

2.2.5 Bibliografía

- Afzal. *Introducción a UNIX*. Prentice-Hall, 1997.
- Newham and B. Rosenblatt. *Learning the bash shell.*. Sebastopol: O'Reilly, 1995
- *The UNIX System*. S.R. Bourne. Addison-Wesley, 1983.
- J. Carretero, F. García, J. Fernández y A. Calderón. *Diseño e Implementación de Programas en Lenguaje C* , Prentice-hall, 2002, Madrid, España.

2.3 Práctica: Descubrir la jerarquía de procesos

2.3.1 Objetivos de la práctica

El objetivo es que el alumno pueda apreciar de forma práctica el carácter jerárquico de los procesos en UNIX. Asimismo, esta práctica permitirá que el alumno se familiarice con la programación de *scripts* en UNIX, puesto que la solución al problema planteado se acometerá usando un *script*.

NIVEL: Introducción
HORAS ESTIMADAS: 10

2.3.2 Descripción de la funcionalidad que debe desarrollar el alumno

Se plantea desarrollar un *script*, denominado `arbol_proc`, que, dada una lista de identificadores de proceso recibida como argumento, deberá mostrar por la salida estándar la jerarquía de procesos descendientes de cada uno de los procesos de la lista. A continuación, se describen las características que debe incluir el programa:

- El *script* debe utilizar el mandato `ps` para obtener la lista de procesos existentes en ese instante, de manera que pueda determinar los procesos descendientes. Se deberán usar las opciones del mandato `ps` que permitan obtener toda la jerarquía implicada. Un aspecto importante es que el *script* sólo debe invocar una vez el mandato `ps` durante su ejecución, ya que si se invocase varias veces, el estado obtenido podría ser incoherente.
- Con respecto al control de errores, si alguno de los identificadores pasados como argumento no se corresponde con ningún proceso del sistema, el programa continuará su ejecución devolviendo al final un 1. En caso contrario, se devolverá al final un 0.
- El *script* debe ignorar la señal SIGQUIT y terminar ordenadamente cuando recibe la señal SIGINT. La terminación ordenada implica borrar todos los archivos intermedios que haya podido usar este *script* antes de terminar. Dependiendo de cómo se implemente el programa, puede que éste tenga que crear archivos intermedios para guardar información entre diferentes pasos del algoritmo. Si es así, estos archivos se crearán en el directorio desde donde se ejecuta el mandato y nunca deben sobrevivir a la terminación del mismo, sea cual sea la causa de dicha terminación.
- Por lo que se refiere al formato de salida, el programa debe generar una línea en la salida estándar por cada proceso tratado. La primera línea corresponderá con el primer proceso de la lista de argumentos. A continuación, se escribirá una línea por cada proceso descendiente de dicho proceso, siguiendo un recorrido del árbol en profundidad (si un proceso tiene un hijo, la línea correspondiente al hijo se generará antes que la del proceso hermano). Una vez terminada toda la jerarquía del primer proceso pasado como argumento, se repetirá el tratamiento con los restantes.

El formato de la línea que se escribe por cada proceso es el siguiente:

+...+ PID PID-PADRE NOMBRE

El número de símbolos + se corresponderá con el nivel del proceso dentro de la jerarquía de procesos descendientes, siendo el nivel de los procesos pasados como argumentos cero (o sea, no se escribe ningún + en la línea correspondiente a estos procesos). En cuanto al nombre, se podría escribir sólo el nombre del programa que está ejecutando el proceso o incluir también los argumentos del mismo.

Una vez implementado este *script*, se puede plantear que el alumno complete la práctica con la siguiente funcionalidad:

- Añadir un nuevo modo de operación de forma que en vez de mostrar los procesos descendientes, encuentre los procesos antecedentes de los recibidos como argumentos. Para especificar el modo de operación, en vez de utilizar una opción en la línea de mandatos, se usará el propio nombre del *script*. En el caso de que el programa se ejecute con el nombre `arbol_proc`, se comportará como se ha descrito inicialmente, mostrando la jerarquía descendente. Sin embargo, si el nombre es `arbol_proc_asc`, mostrará la ascendente. Hay que resaltar que se trata de un único programa con dos nombres diferentes. En cuanto a las líneas que escribirá el mandato en su modo de operación ascendente, serán idénticas al caso anterior pero sustituyendo el signo + por un -.

2.3.3 Recomendaciones generales

Para realizar el programa se recomienda consultar la página de manual del *shell*, donde se encuentra casi todo lo necesario para realizar la práctica. Asimismo, se debe estudiar en detalle el funcionamiento del mandato `ps`, ya que en él se centra esta práctica.

Se recomienda usar algunas utilidades de depuración que proporciona el *shell*. Por ejemplo, el mandato `set -x` hace que el *shell* imprima los mandatos y sus argumentos según se van ejecutando.

2.3.4 Entrega de documentación

Se recomienda que el alumno entregue los siguientes archivos:
* `memoria.txt`: memoria de la práctica.
* `arbol_proc:` archivo que contiene el *script*.

2.3.5 Bibliografía

* A. Afzal. *Introducción a UNIX*. Prentice-Hall, 1997.
* C. Newham and B. Rosenblatt. *Learning the bash shell.*. Sebastopol : O'Reilly , 1995
* S.R. Bourne. *The UNIX System.* Addison-Wesley, 1983.

2.4 Práctica: Gestión de señales en POSIX

2.4.1 Objetivos de la práctica

Esta práctica permite al alumno familiarizarse con los servicios para la gestión de señales en POSIX .

* NIVEL: Introducción
* HORAS ESTIMADAS: 4

2.4.2 Descripción de la funcionalidad que debe desarrollar el alumno

En el material de apoyo de la práctica se proporciona al alumno un archivo objeto que incluye la definición de tres funciones, cuyo prototipo se muestra a continuación:

```
void modulo1(void);
void modulo2(void);
void modulo3(void);
```

La ejecución de cada una de estas funciones puede provocar de forma aleatoria la generación de las siguientes señales: SIGFPE, SIGPIPE, SIGSEGV, SIGBUS y SIGILL. El alumno deberá realizar un programa que calcule la tasa de fallos, es decir, la tasa de señales que se generan, en cada una de las funciones anteriores. Para ello se puede utilizar como base, un fragmento de código similar al mostrado a continuación para cada una de las funciones:

```
#define INTENTOS 1000
for(i = 0;i < INTENTOS; i++) {

    // llamada a la función
    modulo_I();

    < Contabilizar si se ha generado una señal y de qué tipo >
}
< Imprimir la tasa de señales de cada tipo (porcentaje) que se ha
generado en el bucle anterior >
```

Para alcanzar la funcionalidad descrita en la práctica, el alumno deberá gestionar correctamente las señales que se generan en el programa.

2.4.3 Código fuente de apoyo

Para facilitar la realización de la práctica se dispone del fichero practica_2.4.tgz, disponible en la página web del libro, que contiene código fuente de apoyo. Al extraer su contenido se crea el directorio practica_2.4 donde se debe desarrollar la práctica. Dentro de este directorio se encuentran los siguientes ficheros:

- Makefile: archivo fuente para la herramienta make. No debe ser modificado. Con él se consigue la recompilación automática de los archivos fuente cuando se modifiquen. Basta con ejecutar el mandato make para que el programa se compile de forma automática.
- modulos.o: archivo objeto que contiene la definición de las funciones: modulo1, modulo2 y modulo3.
- modulos.h: archivo de cabecera que contiene la declaración de las funciones: modulo1, modulo2 y modulo3.

2.4.4 Recomendaciones generales

Es importante estudiar el funcionamiento de los servicios que ofrece el estándar POSIX para la gestión de señales. En la Sección 2.4 se presenta una breve descripción de los mismos.

2.4.5 Entrega de documentación

El alumno deberá encargarse de entregar los siguientes archivos:

- memoria.txt: memoria de la práctica
- gestion.c: código fuente en C con el programa que gestiona las señales que se producen en las funciones modulo1, modulo2 y modulo3 y que calcula la tasa de errores de las tres funciones individuales.

2.4.6 Bibliografía

- F. García, J. Carretero, J. Fernández, A. Calderón. *Lenguaje de programación C: diseño e implementación de programas.* Prentice-Hall, 2002.

- J. Carretero, F. García, P. de Miguel, F. Pérez . *Sistemas Operativos: una visión aplicada.* McGraw-Hill, 2001.

- K. A. Robbins, S. Robbins. *UNIX Programación Práctica.* Prentice-Hall, 1997

2.5 Práctica: Intérprete de mandatos sencillo

Esta práctica permite al alumno familiarizarse con los servicios para la gestión de procesos que proporciona POSIX. Asimismo, se pretende que conozca cómo es el funcionamiento interno de un intérprete de mandatos en UNIX/Linux.

2.5.1 Objetivos de la práctica

El alumno deberá diseñar y codificar, en lenguaje C y sobre sistema operativo UNIX/Linux, un programa que actúe como intérprete de mandatos sencillo.

Con la realización de este programa el alumno adquirirá valiosos conocimientos de programación en entorno UNIX. Tanto en el uso de las llamadas al sistema operativo (`fork`, `exec`, `signal`, etc.), como en el manejo de herramientas como el visualizador de páginas de manual `man`, el compilador de C `cc`, el regenerador de programas `make`, etc. El desarrollo de esta práctica se hará de forma incremental. En este capítulo se realizará la funcionalidad necesaria para ejecutar mandatos sencillos, es decir, no se incluye la ejecución de mandatos conectados mediante tuberías. Esta parte se dejará para el capítulo 4.

NOTA: Durante la lectura de este documento encontrará la notación "`man -s# xxxxx`", que sugiere usar el mandato `man` de UNIX/Linux para obtener información sobre el comando xxxxx de la sección #.

- NIVEL: Intermedio
- HORAS ESTIMADAS: 18

2.5.2 Descripción de la funcionalidad que debe desarrollar el alumno

El intérprete de mandatos a desarrollar o *minishell* utiliza la entrada estándar (descriptor de archivo 0), para leer las líneas de mandatos que interpreta y ejecuta. Utiliza la salida estándar (descriptor de archivo 1) para presentar el resultado de los mandatos ejecutados. Y utiliza la salida de error estándar (descriptor de archivo 2) para notificar los errores que se puedan producir. Si ocurre un error en alguna llamada al sistema, se utilizará para notificarlo la función de biblioteca `perror`.

Un aspecto importante de todo intérprete de mandatos, incluido el que se debe desarrollar en esta práctica, se centra en cómo obtener la línea de mandatos que introduce el usuario. Para obtener dicha línea se proponen dos posibles alternativas:

1. Que el alumno programe la funcionalidad necesaria para obtener las líneas de mandatos que teclea el usuario.
2. Que el alumno utilice un analizador que se proporciona al alumno en la página Web del libro (véase la sección Código fuente de apoyo). En la siguiente sección se describe el empleo de este analizador.

2.5.2.1 Uso del analizador proporcionado al alumno para obtener la línea de mandatos

Para el desarrollo de esta práctica se proporciona al alumno un *analizador* que permite leer los mandatos introducidos por el usuario. El alumno sólo deberá preocuparse de implementar el intérprete de mandatos. Este analizador es capaz de procesar cualquier línea de mandatos introducida por el usuario, es decir, mandatos simples, mandatos conectados por tuberías, redirecciones y mandatos en *background*. Las redirecciones se consiguen con las siguientes sintaxis:

        `< archivo` Utiliza `archivo` como entrada estándar del mandato.
        `> archivo` Utiliza `archivo` como salida estándar del mandato.
        `>& archivo` Usa `archivo` como salida de error estándar.

Para obtener la línea de mandatos tecleada por el usuario debe utilizarse la función `obtener_mandato` cuyo prototipo se muestra a continuación:

```
int obtener_mandato(char ****argvs, char **file_in,
         char **file_out, char **file_err, int *bg);
```

La llamada devuelve 0 en caso de teclear `Control-D (EOF)`, -1 si se encontró un error. Si se ejecuta con éxito la llamada devuelve el número de mandatos introducido. Es decir:

- para `ls -l` devuelve 1
- para `ls -l | sort| lpr` devuelve 3

El argumento `argvs` permite tener acceso a todos los mandatos introducidos por el usuario. Los archivos utilizados para la redirección se pueden obtener a partir de los siguiente argumentos:

- `file_int` apuntará al nombre del archivo a utilizar en la redirección de entrada en caso de que exista o `NULL` si no hay ninguno.
- `file_out` apuntará al nombre del archivo a utilizar en la redirección de salida en caso de que exista o `NULL` si no hay ninguno.
- `file_err` apuntará al nombre del archivo a utilizar en la redirección de la salida de error en caso de que exista o `NULL` si no hay ninguno.

El argumento `bg` es 1 si el mandato o secuencia de mandatos debe ejecutarse en *background* y cero en caso contrario.

Si el usuario teclea `ls -l | sort > fichero`. Los argumentos anteriores tendrán la disposición que se muestra en la Figura 2.3.

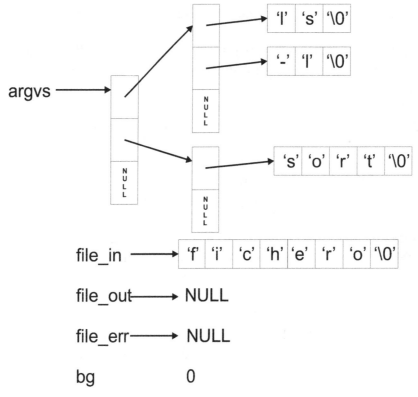

Figura 2.3 Obtención de la línea de mandatos

En el archivo `main.c` (archivo que debe rellenar el alumno con el código del *minishell*) tiene la siguiente estructura:

```c
char ***argvs;
char **arg;
char *file_in;
char *file_out;
char *file_err;
char bg;
int  mandatos;
int  i, j;


while((mandatos = obtener_mandato(&argvs, &file_in, &file_out,
&file_err, &bg))!= EOF)
{
    if (mandatos < 1)
        continue;


   for (i = 0; i < mandatos; i++)
     {
        argv = args[i];        /* mandatos simple */

        for (j = 0; argv[j] != NULL; j++)
```

```
            printf("%s ", argv[j]);   /* argumento del mandato
        simple */
    printf("\n");
    }

 if (file_in != NULL)
        printf("< %s\n", file_in); /* Redirección de entrada */

  if (file_out != NULL)
        printf("> %s\n", file_out); /* redirección de salida */

  if (file_err)
        printf(">& %s\n", file_err); /* redirección de salida de
        error */

  if (bg)
        printf("&\n");             /* mandato en background */
}
```

Se recomienda al alumno que, sin modificar este archivo, compile y ejecute el *minishell*, introduciendo diferentes mandatos y secuencias de mandatos para comprender claramente cómo acceder a cada uno de los mandatos de una secuencia.

Desarrollo del *minishell*

Como se ha comentado al principio de la sección, el desarrollo del *minishell* se hará de forma incremental y se completará su funcionalidad en los capítulos 4 y 5. En este capítulo se desarrollará la siguiente funcioalidad:

1. *Ejecución de mandatos simples* del tipo `ls -l`, `who`, etc. En este caso se asumirá que la función `obtain_order`, que se proporciona al alumno, devuelve como valor 2. Asimismo el argumento a ejecutar se obtendrá en `args[0]`. No se contemplará la ejecución de secuencias de mandatos conectados a través de tuberías.

2. *Ejecución de mandatos simples en background*. En esta fase se debe incluir la posibilidad de que el usuario pueda ejecutar mandatos en *background* (usando el carácter & al final del mismo), de manera que no tenga que esperar por la finalización del mismo para introducir un nuevo mandato. Por lo tanto, cuando el *minishell* detecta que de un mandato en *background* (variable `bg` con valor 1), no deberá esperar la terminación del proceso hijo creado para su ejecución, sino que escribirá inmediatamente el *prompt*, invocando de nuevo a la función `obtain_order`. Uno de los aspectos que se tendrá en cuenta en esta versión es el relacionado con el manejo de señales. El proceso correspondiente al propio intérprete, así como los correspondientes a mandatos en *background*, deben ejecutarse con las señales generadas desde el teclado (`SIGINT`, `SIGQUIT`) ignoradas, de forma que no mueran por la generación de las mismas. Por el contrario, los mandatos lanzados en *foreground* deben morir se le llegan estas señales, por lo tanto en este caso la acción para estas señales debe ser la acción tomada por defecto. La ejecución de mandatos en *background* implica que mientras el minishell está esperando por la terminación de un mandato que no se ha lanzado en *background*, pueden llegarle notificaciones de la

terminación de un mandato previo ejecutado en *background*. En ese caso, el programa imprimirá un mensaje indicando que un mandato en *background* ha terminado (especificando el identificador de proceso) y continuará esperando por la terminación del mandato que no está en *background*.

El *minishell* desarrollado en este capítulo tampoco debrá incluir la redirección de los mandatos a archivos.

2.5.3   Código fuente de apoyo

Para facilitar la realización de esta práctica se dispone del archivo `practica_2.5.tgz`, disponible en la página web del libro, que contiene código fuente de apoyo. Al extraer su contenido se crea el directorio `practica_2.5` donde se debe desarrollar la práctica. Dentro de este directorio se encuentran los siguientes archivos:

*   `Makefile`: archivo fuente para la herramienta `make`. No debe ser modificado. Con él se consigue la recompilación automática sólo de los archivos fuente que se modifiquen.
*   `Archivos del analizador`: archivos que incluyen el código del analizador que se encarga de procesar los mandatos introducidos por el usuario.
*   `main.c`:   archivo fuente de C que muestra como usar el *analizador*. Este archivo es el que se *debe modificar*. Se recomienda estudiar detalladamente para la correcta comprensión del uso de la función de interfaz, `obtener_mandato`.

2.5.4   Entrega de documentación

El alumno deberá entregar los siguientes archivos:

*   `memoria.txt`: memoria de la práctica.
*   `main.c`: código fuente del *minishell*, implementando todas la funcionalidades que se requieren.

2.5.5   Bibliografía

*   F. García, J. Carretero, J. Fernández, A. Calderón. *Lenguaje de programación C: diseño e implementación de programas*. Prentice-Hall, 2002 .
*   J. Carretero, F. García, P. de Miguel, F. Pérez. *Sistemas Operativos: una visión aplicada*. McGraw-Hill, 2001
*   K. A. Robbins, S. Robbins. *UNIX Programación Práctica*. Prentice-Hall, 1997.
*   M.J. Rochkind . *Advanced UNIX Programming*. Prentice-Hall, 1985.

2.6   Gestión de procesos en el minikernel

En el capítulo anterior, se presentaron las características generales del sistema operativo inicial que se recomienda proporcionar al alumno como material de apoyo. En esta sección se mostrará con más detalle cómo se realiza la gestión de procesos en este sistema operativo básico.

Asimismo, se presentarán una serie de aspectos teóricos requeridos para poder abordar las prácticas de gestión de procesos que se proponen en este capítulo.

2.6.1 Los procesos en el minikernel

La versión inicial de este módulo incluye una gestión de procesos básica que corresponde con un sistema monoprogramado. Para ser más precisos, hay que aclarar que en este sistema inicial, aunque se puedan crear y cargar en memoria múltiples programas, el proceso en ejecución continúa hasta que termina, ya sea voluntaria o involuntariamente debido a una excepción. Obsérvese que ninguna de las tres llamadas al sistema disponibles inicialmente puede causar que el proceso pase a un estado de bloqueado. A continuación, se presentan las principales características de la gestión de procesos en este sistema operativo inicial:

- La tabla de procesos (`tabla_procs`) es un vector de tamaño fijo de BCPs.
- El BCP contiene los siguientes campos:

```
typedef struct BCP_t {
    int id;            /* ident. del proceso */
    int estado;        /* TERMINADO|LISTO|EJECUCION|BLOQUEADO*/
    contexto_t contexto_regs;  /* copia de regs. de UCP */
    void * pila;       /* dir. inicial de la pila */
    BCPptr siguiente;     /* puntero a otro BCP */
    void *info_mem; /* descriptor del mapa de memoria */
} BCP;
```

Evidentemente, el alumno tendrá que incluir nuevos campos en el BCP cuando así lo requiera.

- El BCP dispone de un puntero (`siguiente`) que permite que el sistema operativo construya listas de BCPs que tengan alguna relación entre sí. En esta versión inicial sólo aparece una lista de este tipo, la cola de procesos listos (`lista_listos`), que agrupa a todos los procesos listos para ejecutar, incluido el que está ejecutándose actualmente.
- El tipo usado para la cola de listos (tipo `lista_BCPs`) permite construir listas con enlace simple, almacenando referencias al primer y último elemento de la lista. Para facilitar su gestión, se ofrecen funciones que permiten eliminar e insertar BCPs en una lista de este tipo. Este tipo puede usarse para otras listas del sistema operativo (por ejemplo, para un semáforo). Hay que resaltar que estas funciones están programadas de manera que, cuando se quiere cambiar un BCP de una lista a otra, hay que usar primero la función que elimina el BCP de la lista original y, a continuación, llamar a la rutina que lo inserta en la lista destino. Asimismo, conviene hacer notar que, por simplicidad, el uso de listas basadas en el tipo `lista_BCPs` exige que un BCP no pueda estar en dos listas simultáneamente. Si se quiere plantear un esquema en el que

se requiera que un BCP esté en más de una lista, se deberá implementar un esquema de listas alternativo.

- La variable `p_proc_actual` apunta al BCP del proceso en ejecución. Como se comentó previamente, este BCP está incluido en la cola de listos.
- Con respecto a la creación de procesos, la rutina realiza los pasos típicos implicados en la creación de un proceso: buscar una entrada libre, crear el mapa de memoria a partir del ejecutable, reservar la pila del proceso, crear el contexto inicial, rellenar el BCP adecuadamente, poner el proceso como listo para ejecutar e insertarlo al final de la cola de listos.
- La liberación de un proceso cuando ha terminado voluntaria o involuntariamente implica liberar sus recursos (imagen de memoria, pila y BCP), invocar al planificador para que elija otro proceso y hacer un cambio de contexto a ese nuevo proceso. Nótese que, dado que no se va a volver a ejecutar este proceso, se especifica un valor nulo en el primer argumento de `cambio_contexto`.
- Por lo que se refiere a la planificación, dado que la versión inicial de este módulo se corresponde con un sistema monoprogramado, el planificador (función `planificador`) no se invoca hasta que termina el proceso actual. El algoritmo que sigue el planificador es de tipo FIFO: simplemente selecciona el proceso que esté primero en la cola de listos. Nótese que, si todos los procesos existentes estuviesen bloqueados (situación imposible en la versión inicial), se invocaría la rutina `espera_int` de la que no se volvería hasta que se produjese una interrupción.
- Hay que resaltar que en este sistema operativo no existe un proceso nulo. Si todos los procesos existentes están bloqueados en un momento dado, lo que no es posible en la versión inicial, es el último en bloquearse el que se queda ejecutando la rutina `espera_int`. Esto puede resultar sorprendente al principio, ya que se da una situación en la que la cola de listos está vacía, pero sigue ejecutando el proceso apuntado por `p_proc_actual,` aunque esté bloqueado. La situación es todavía más chocante cuando termina el proceso actual estando los restantes procesos bloqueados, puesto que en este caso es el proceso que ha terminado el que se queda ejecutando el bucle de la función planificador hasta que se desbloquee algún proceso. Obsérvese que alguien tiene que mantener "vivo" al sistema operativo mientras no hay trabajo que hacer.

2.6.2 Consideraciones sobre la implementación de procesos

La implementación de la gestión de procesos presenta numerosos aspectos de bajo nivel relativamente complejos que, además, no suelen tratarse en los libros de propósito general sobre sistemas operativos. Sin embargo, para acometer prácticas de diseño realistas sobre esta temática, hay que tratar con estos aspectos. Esta sección presenta los conceptos que consideramos que se requieren para afrontar las prácticas planteadas.

Sincronización dentro del sistema operativo

El sistema operativo es un programa con un alto grado de concurrencia. Esto puede crear problemas de sincronización muy complejos. Este hecho ha causado que los sistemas operativos sean tradicionalmente un módulo software con una tasa de errores apreciable. A continuación, se estudian los dos problemas de concurrencia que se presentan típicamente dentro del sistema operativo, analizando sus posibles soluciones.

El primer escenario sucede cuando ocurre una interrupción con un nivel de prioridad superior, mientras se está ejecutando código del sistema operativo vinculado con el tratamiento de una llamada, una excepción o una interrupción. Se activará la rutina de tratamiento correspondiente, que puede entrar en conflicto con la labor que ha dejado a medias el flujo de ejecución interrumpido. Piense, por ejemplo, en una llamada o rutina de interrupción que manipula la lista de listos que es interrumpida por una interrupción que también modifica esta estructura de datos. Puede ocurrir una condición de carrera que deje corrupta la lista.

La solución habitual es elevar el nivel de interrupción del procesador durante el fragmento correspondiente para evitar la activación de la rutina de interrupción conflictiva. Es importante, y como tal recomendamos que lo tenga en cuenta el instructor a la hora de evaluar las prácticas, intentar elevar el nivel interrupción del procesador justo lo requerido y minimizar el fragmento durante el cual se ha elevado explícitamente dicho nivel. Así, por ejemplo, en un fragmento de código del sistema operativo donde se manipula el *buffer* del terminal, bastaría con inhibir la interrupción del terminal, pudiendo seguir habilitada la interrupción de reloj.

En el segundo escenario, sucede que, mientras se está realizando una llamada al sistema, se produce un cambio de contexto a otro proceso (por ejemplo, debido a que se ha terminado la rodaja del proceso actual). Este proceso a su vez puede ejecutar una llamada al sistema que entre en conflicto con la llamada previamente interrumpida. Se produce, por tanto, la ejecución concurrente de dos llamadas al sistema. Esta situación puede causar una condición de carrera. Así, por ejemplo, dos llamadas concurrentes que intenten crear un proceso podrían acabar obteniendo el mismo BCP libre. Un poco más adelante, en la sección dedicada a los cambios de contexto involuntarios, se analizará cuál es la solución típica ante este tipo de problemas.

Hay que resaltar que el estudio de los problemas de concurrencia en el segundo caso es más complejo que en el primero. En el primero, el análisis sería el siguiente:

- Hay que estudiar cada parte del código de una llamada al sistema para ver si puede verse afectada por la ejecución de una rutina de interrupción. Si una determinada parte del código de la llamada se ve afectado por la rutina de interrupción de nivel N, durante ese fragmento se elevará el nivel de interrupción del procesador al valor N.
- Se debe hacer un proceso similar con cada rutina de interrupción: se estudia su código y se comprueba si en alguna parte puede verse afectado por una interrupción de nivel superior. En caso afirmativo, se eleva el nivel de interrupción para evitar el problema de condición de carrera.

Así, en el caso del "procesador" del minikernel, habría que analizar los siguientes conflictos:

- El código de cada llamada al sistema (y de la rutina de tratamiento de la interrupción software) con la rutina del terminal y del reloj.
- El código de la rutina de tratamiento de la interrupción del terminal con la rutina del reloj.
- No habría que analizar posibles conflictos durante la ejecución de la rutina de tratamiento de la interrupción del reloj, ya que tiene máxima prioridad.

En el caso de los problemas de sincronización debido a la ejecución concurrente de llamadas, el análisis de conflictos es mucho más amplio, ya que, en principio, habría que analizar las posibles interferencias entre todas las llamadas al sistema. Dada la dificultad y envergadura del análisis, la solución habitual, como se verá un poco más adelante, es adoptar una solución que resuelve drásticamente este conflicto: impedir que se ejecuten llamadas al sistema concurrentemente.

Los cambios de contexto

Un concepto básico dentro de la gestión de procesos es el de cambio de contexto, o sea, la operación que cambia el proceso asignado al procesador. Es importante distinguir entre dos tipos de cambio de contexto:

- Cambio de contexto voluntario: se produce cuando el proceso en ejecución pasa al estado de bloqueado debido a que tiene que esperar por algún tipo de evento. Sólo pueden ocurrir dentro de una llamada al sistema. No pueden darse nunca en una rutina de interrupción, ya que ésta generalmente no está relacionada con el proceso que está actualmente ejecutando. Obsérvese que el proceso deja el procesador puesto que no puede continuar. La terminación de un proceso, ya sea de forma normal o debido a una excepción, también es un cambio de contexto voluntario.
- Cambio de contexto involuntario: se produce cuando el proceso en ejecución tiene que pasar al estado de listo ya que debe dejar el procesador por algún motivo (por ejemplo, debido a que se le ha acabado su rodaja de ejecución o porque hay un proceso más urgente listo para ejecutar). Nótese que en este caso el proceso podría seguir ejecutando.

El objetivo de esta sección es mostrar cómo se concretan estos cambios de contexto cuando se está programando la gestión de procesos del sistema operativo.

Cambios de contexto voluntarios

Con respecto a los cambios de contexto voluntarios, el programador del sistema operativo va a realizar una programación que podríamos considerar normal, pero va a incluir llamadas a la rutina `cambio_contexto` cuando así se requiera. Así, por ejemplo, el pseudo-código de una llamada que lee del terminal podría ser como el siguiente:

```
leer() {
    ................................
    Si no hay datos disponibles
        proc_anterior = proc_actual;
        proc_anterior-> estado= BLOQUEADO;
        Mover proc_anterior de listos a lista del terminal
            proc_actual = planificador();
        cambio_contexto(proc_anterior, proc_actual);
    ................................

}
```

Dado que este código se repite mucho dentro del sistema operativo con la única diferencia de a qué lista se mueve el proceso, normalmente se suele codificar una función para encapsular esta funcionalidad (podría llamarse, por ejemplo, `bloquear`). Nótese que, como se comentó previamente, este tipo de cambios de contexto sólo pueden darse dentro de una llamada, por lo que sólo se podrá llamar a `bloquear` desde el código de una llamada. El ejemplo previo quedaría de la siguiente forma:

```
Si no hay datos disponibles
        bloquear();
```

Además, se pueden resaltar los siguientes aspectos sobre los cambios de contexto voluntarios:

- Cuando el proceso por fin vuelva a ejecutar lo hará justo después de la llamada al cambio de contexto.
- Una determinada llamada al sistema puede incluir varias llamadas a `bloquear`, puesto que podría tener varias condiciones de bloqueo.
- El código de la función `bloquear` deberá elevar al máximo el nivel del interrupción del procesador puesto que está modificando la lista de procesos listos y es prácticamente seguro que todas las rutinas de interrupción manipulan esta lista.
- El proceso no volverá a ejecutar hasta que se produzcan dos eventos:
  - En primer lugar, deberá producirse el evento que desbloquee el proceso, incluyéndolo en la lista de listos.
  - En un segundo término, un proceso en ejecución va a hacer un cambio de contexto, voluntario o involuntario, y llama al planificador que, por fin, elige al proceso anterior, que continuará ejecutando justo después de donde se quedó.
- Obsérvese que en una operación de cambio de contexto siempre se repite la misma situación: hay un proceso que se queda "congelado" en la llamada y le "pasa el testigo" a otro que se quedó "congelado" previamente en una llamada al cambio de contexto, o bien es la primera vez que ejecuta.

De la misma manera que ocurre con la función `bloquear`, habitualmente, las operaciones que hay que llevar a cabo para desbloquear un proceso se suelen encapsular en una función `desbloquear` que generalmente recibe como parámetro la lista donde está el proceso que se quiere desbloquear. Así, en el ejemplo anterior del terminal, la rutina de interrupción del terminal incluiría algo como lo siguiente:

```
int_terminal() {
    ..............................
    Si hay procesos esperando
        desbloquear(lista del terminal);
    ..............................
}
```

Nótese que la rutina `desbloquear` podría ser invocada tanto desde una llamada al sistema como desde una interrupción y que, dado que manipula la lista de procesos listos, debería ejecutarse gran parte de la misma con el nivel de interrupción al máximo.

Cambios de contexto involuntarios

Una llamada al sistema o una rutina de interrupción pueden desbloquear a un proceso más importante o pueden indicar que el proceso actual ha terminado su turno de ejecución. Esta situación puede ocurrir dentro de una ejecución anidada de rutinas de interrupción. Así, por ejemplo, una interrupción de reloj que indica el final del turno de ejecución puede llegar mientras se está tratando una interrupción del terminal que, a su vez, interrumpió la ejecución de una llamada al sistema. Para evitar los problemas de sincronización entre llamadas explicados previamente, la mayoría de los sistemas operativos difieren este cambio de contexto involuntario hasta que termine todo el trabajo del sistema operativo. Por tanto, en el ejemplo planteado, terminaría, en primer lugar, la rutina de interrupción del reloj. A continuación, proseguiría la rutina de interrupción del terminal en el punto donde se quedó. Por último, cuando ésta terminase, se reanudaría la llamada al sistema y, al final de la misma, justo antes de continuar la ejecución del proceso en modo usuario, se produciría el cambio de contexto involuntario. De esta forma, se evitan las llamadas al sistema concurrentes.

La cuestión es cómo implementar este esquema de cambio de contexto retardado. La solución más elegante es utilizar la interrupción software. Algunos procesadores proporcionan este mecanismo, que consiste en una instrucción especial, que sólo puede ejecutarse en modo privilegiado, que causa una interrupción de mínima prioridad (o sea, una instrucción que tiene un comportamiento similar a la instrucción de TRAP, pero que se usa sólo en modo privilegiado). Como veremos a continuación, las características de este mecanismo le hacen idóneo para realizar el cambio de contexto retardado. Por ello, se ha incluido dentro del hardware proporcionado por el minikernel (y, por eso, en los procesadores que no disponen de este mecanismo se simula por software).

Con la interrupción software el cambio de contexto involuntario es casi trivial: cuando dentro del código de una llamada o una interrupción se detecta que hay que realizar, por el motivo que sea, un cambio de contexto involuntario, se activa la interrupción software. Dado que se trata de una interrupción del nivel mínimo, su rutina de tratamiento no se activará hasta que el nivel de interrupción del procesador sea 0 (o sea, modo usuario). Si había un anidamiento de rutinas de interrupción, todas ellas habrán terminado antes de activarse la rutina de la interrupción software. Esta rutina de tratamiento se encargará de realizar el cambio de contexto involuntario, que se producirá justo cuando se pretendía: en el momento en el que el sistema operativo ha terminado su trabajo.

Para terminar, hay que comentar un aspecto sutil de los cambios de contexto involuntarios. Supóngase una situación como la siguiente:

- Un proceso invoca una llamada al sistema (como, por ejemplo, una llamada que lee del terminal).
- Mientras se está ejecutando la llamada al sistema, se produce una interrupción que genera un cambio de contexto involuntario activando para ello la interrupción software.
- Finaliza la rutina de interrupción reanudándose la llamada interrumpida.
- El mecanismo de interrupción software nos asegura que cuando termine esta llamada se realizará el cambio retardado. Sin embargo, puede que esta llamada no termine por el momento debido a que se produce un cambio de contexto voluntario por bloqueo (siguiendo con el ejemplo, se ha detectado que el *buffer* del terminal está vacío).

Supongamos que se da esa situación y continúa ejecutando otro proceso justo después de la llamada al cambio de contexto donde se quedó la última vez.

- Este otro proceso termina la llamada al sistema donde se quedó "congelado" en su última ejecución y, justo al retornar de la misma, cuando el nivel de interrupción vuelve a 0, salta la interrupción software.

Si se analiza la situación, se puede detectar que no tiene sentido hacer un cambio de contexto involuntario en la rutina de la interrupción software, ya que el proceso que debía dejar el procesador ya lo hizo previamente de forma voluntaria. Dado que, en la mayoría de los procesadores (incluido el del minikernel) una vez activada la interrupción software no se puede desactivar, para evitar esta situación, además de la interrupción software, se usa una variable para indicar si hay un cambio de contexto involuntario pendiente:

- Cuando se detecta que hay que realizar el cambio involuntario, además de activar la interrupción software, se anota el hecho en la variable.
- Si antes de procesarse la interrupción software se realiza un cambio de contexto voluntario, se desactiva la variable.
- La rutina de tratamiento de la interrupción software consulta la variable y sólo realiza el cambio de contexto si ésta está activa.

2.7 Práctica: Inclusión de una llamada bloqueante de temporización en el minikernel

2.7.1 Objetivos de la práctica

Esta práctica pretende incidir en varios aspectos fundamentales dentro del concepto de multiprogramación. Por un lado, el alumno podrá aprender cómo se implementa un cambio de contexto de tipo voluntario, con su correspondiente bloqueo y desbloqueo. Por otro, permite conocer cómo implementar una temporización, lo que podría considerarse también como parte del tema de entrada/salida. Asimismo, la práctica hace que el alumno tome contacto con los problemas de sincronización que existen dentro del sistema operativo debido a la ejecución concurrente de múltiples actividades asíncronas.

- NIVEL: Diseño
- HORAS ESTIMADAS: 8

2.7.2 Descripción de la funcionalidad que debe desarrollar el alumno

Se debe incluir una nueva llamada, denominada `dormir`, que permita que un proceso pueda quedarse bloqueado un plazo de tiempo. Su prototipo es el siguiente:

```
int dormir(unsigned int segundos);
```

El plazo se especifica en segundos como parámetro de la llamada. La inclusión de esta llamada significará que el sistema pasa a ser multiprogramado, ya que cuando un proceso la invoca pasa al estado bloqueado durante el plazo especificado y se deberá asignar el procesador al proceso elegido por el planificador. Nótese que en el sistema sólo existirán cambios de contexto voluntarios y, por lo tanto, sigue sin ser posible la existencia de llamadas al sistema concurrentes. Sin embargo, dado que la rutina de interrupción del reloj va a manipular listas de BCPs, es necesario revisar el código del sistema para detectar posibles problemas de sincronización en el manejo de estas listas y, como se vio en la sección previa, solventarlos elevando el nivel de interrupción en los fragmentos de código correspondientes. Aunque el alumno pueda implementar esta llamada como considere oportuno, a continuación se sugieren algunas pautas:

- Modificar el BCP para incluir algún campo relacionado con esta llamada.
- Definir una lista de procesos esperando plazos.
- Incluir la llamada que, entre otras labores, debe poner al proceso en estado bloqueado, reajustar las listas de BCP correspondientes y realizar el cambio de contexto.
- Añadir a la rutina de interrupción la detección de si se cumple el plazo de algún proceso dormido. Si es así, debe cambiarle de estado y reajustar las listas correspondientes.
- Revisar el código del sistema para detectar posibles problemas de sincronización y solucionarlos adecuadamente.

Dado que se trata de un error muy habitual en esta práctica, se debería comprobar que si dos procesos se duermen "simultáneamente" (las dos llamadas a dormir se ejecutan sin que se produzca una interrupción de reloj entre ellas) el mismo plazo de tiempo, se deberán despertar en la misma interrupción de reloj.

2.8 Práctica: Planificación round-robin en el minikernel

2.8.1 Objetivos de la práctica

Con esta práctica el alumno se verá enfrentado con la problemática asociada a los cambios de contexto involuntarios y aprenderá a cómo usar el mecanismo de la interrupción software para resolverlos. Asimismo, seguirá completando la funcionalidad típica asociada al manejador del reloj, añadiéndole funcionalidad relacionada con la planificación.

- NIVEL: Diseño
- HORAS ESTIMADAS: 8

2.8.2 Descripción de la funcionalidad que debe desarrollar el alumno

Se va a sustituir el algoritmo de planificación FIFO presente en la versión inicial del sistema operativo por un algoritmo de tipo *round-robin*, donde el tamaño de la rodaja será igual a la constante TICKS_POR_RODAJA. Con la inclusión de este algoritmo, aparecen cambios de contexto involuntarios, lo que causa un gran impacto sobre los problemas de sincronización dentro del sistema al poderse ejecutar varias llamadas de forma concurrente. Para solventar estos problemas, como se vio previamente, no se van a permitir los cambios de contexto involuntarios mientras el proceso está ejecutando en modo sistema. Para lograr este objetivo, la solución planteada se va a basar en el mecanismo de interrupción software. Así, en la rutina de tratamiento de la interrupción software se realizará el cambio de contexto del proceso actual pasándolo al final de la cola de listos. Además, la implementación del *round-robin* debe cubrir los siguientes aspectos:

- Al asignar el procesador a un proceso, se le debe conceder siempre una rodaja completa, con independencia de si la rodaja previa la consumió completa o no. Por tanto, cuando un proceso se desbloquea y pasa a ejecutar se le asignará una rodaja completa, no lo que le restaba de la anterior.
- Si un proceso que tiene pendiente un cambio de contexto involuntario se bloquea como parte de la ejecución de una llamada, no se debe aplicar dicho cambio de contexto. Si se cumple la rodaja mientras un proceso está haciendo una llamada al sistema, se activa que hay un cambio de contexto involuntario pendiente, pero si cuando el proceso continúa con la llamada se queda bloqueado, se deberá desactivar este cambio pendiente para no aplicarlo a otro proceso.

2.9 Práctica: Planificación por prioridades en el minikernel

2.9.1 Objetivos de la práctica

Con esta práctica el alumno continúa aumentado sus conocimientos sobre cómo programar algoritmos de planificación de procesos, debiéndose enfrentar con nuevos tipos de cambios de contexto involuntarios.

- NIVEL: Diseño
- HORAS ESTIMADAS: 8

2.9.2 Descripción de la funcionalidad que debe desarrollar el alumno

El objetivo de esta práctica es incluir en el minikernel un algoritmo de planificación basado en prioridades con las siguientes características:

- Es un esquema de prioridades estáticas de carácter expulsivo. No existe el concepto de rodaja de tiempo y, por tanto, un proceso en ejecución seguirá ejecutando hasta que termine, se bloquee, o se desbloquee un proceso con mayor prioridad.
- La prioridad es un valor entero entre 10 (mínima) y 50 (máxima).
- Cada proceso inicialmente tiene asociada una prioridad heredada del padre.
- El proceso `init` tiene inicialmente la prioridad mínima.
- Un proceso puede cambiar su prioridad mediante la llamada:

```
int fijar_prio(unsigned int prio);
```

Devuelve 0 si no hay error y -1 en caso contrario (si el valor `prio` no está en el intervalo de prioridades válidas).

- La prioridad no sólo se usará como criterio de reparto del procesador, sino que también se deberá aplicar cuando varios procesos compiten por un recurso de uso exclusivo. Si hay varios procesos bloqueados esperando para usar un determinado recurso, cuando éste quede libre, deberá obtenerlo el proceso más prioritario. En las prácticas planteadas hasta ahora, no se ha producido este tipo de situación de competencia por un recurso. Sin embargo, sí aparecerá en las prácticas propuestas en capítulos posteriores. Así, por ejemplo, puede darse entre procesos bloqueados en un semáforo o en procesos esperando que se tecleen datos en un terminal.

La inclusión de este esquema de prioridades tiene varias repercusiones sobre el código del minikernel. Se pueden destacar las dos siguientes:

- El planificador, que hasta ahora era trivial, se complica ya que debe buscar el proceso con mayor prioridad.
- Aparecen nuevos tipos de cambios de contexto involuntarios. Siempre que se despierte un proceso, ya sea como consecuencia de una interrupción o de una llamada, podría ocurrir que tenga más prioridad que el actual. Puesto que en el minikernel no se permiten los cambios de contexto involuntarios mientras el proceso está ejecutando en modo sistema, cuando se despierte un proceso que tenga mayor prioridad que el actual, se anotará que hay cambio de contexto involuntario pendiente y se aplicará el mecanismo de las interrupciones software.

2.10 Práctica: Planificación tipo Linux 2.0 en el minikernel

2.10.1 Objetivos de la práctica

El objetivo de esta práctica es enfrentar al alumno con un algoritmo de planificación inspirado en uno real, concretamente el de Linux en su versión 2.0, para que, así, el alumno puede apreciar la complejidad de los algoritmos reales. Se ha seleccionado este algoritmo porque a pesar de corresponder a un esquema real, su complejidad es significativamente menor que los algoritmos de planificación usados actualmente en Linux.

- NIVEL: Diseño
- HORAS ESTIMADAS: 8

2.10.2 Descripción de la funcionalidad que debe desarrollar el alumno

A continuación, se va a añadir al esquema implementado en la práctica anterior un mecanismo de prioridades dinámicas similar al usado en Linux, concretamente, en su versión 2.0, para los procesos de propósito general. El esquema tendrá las siguientes características:

- La prioridad efectiva de un proceso se calcula a partir de su prioridad base (con las mismas características que en la práctica anterior) y su perfil de ejecución.
- La prioridad efectiva inicial de un proceso es igual a su prioridad base.
- En este esquema existen las rodajas de tiempo pero su tamaño es proporcional a la prioridad efectiva del proceso (por ejemplo, si un proceso tiene una prioridad efectiva de 40, su rodaja corresponde con 40 interrupciones de reloj).
- En cada interrupción de reloj se decrementa la prioridad efectiva del proceso actual. Si llega a cero, el proceso en ejecución deja el procesador y se selecciona el proceso con mayor prioridad efectiva.
- Cuando la prioridad efectiva de todos los procesos listos para ejecutar sea igual a cero, se realiza un reajuste de las prioridades de **todos los procesos** mediante la siguiente fórmula:

```
prioridad efectiva = prioridad efectiva / 2 + prioridad base
```

- Como ocurría en la práctica anterior, siempre que se despierta un proceso hay que comparar su prioridad efectiva con la del actual y activar un cambio de contexto involuntario en caso de que sea mayor.

2.11 Práctica: Implementación de hilos (threads) en el minikernel

2.11.1 Objetivos de la práctica

Una de las principales dificultades que encuentra el alumno al enfrentarse con el concepto de proceso ligero (o *thread*) es conseguir distinguir esta nueva entidad del concepto de proceso convencional. Generalmente, al alumno le resulta difícil saber qué información comparten los procesos ligeros del mismo proceso y cuál es específica de cada proceso ligero. El objetivo es que el alumno pueda resolver de forma práctica estas dudas y, para ello, nada mejor que tener que implementar desde cero un esquema de procesos ligeros sobre un sistema inicial que no los proporciona, como ocurre en la versión inicial del minikernel.

- NIVEL: Diseño
- HORAS ESTIMADAS: 14

2.11.2 Descripción de la funcionalidad que debe desarrollar el alumno

La inclusión de procesos ligeros en el minikernel sólo requiere incluir una nueva llamada al sistema para crear un proceso ligero, a la que se denominará `crear_thread`, cuyo prototipo será el siguiente:

```
int crear_thread(void *dir_funcion);
```

Esta rutina crea un flujo de ejecución que ejecuta la rutina que empieza en la dirección `dir_funcion`. Devuelve 0 si no hay error y -1 en caso contrario (por ejemplo, si se ha alcanzado el número máximo de procesos ligeros en el sistema).

No va a existir una primitiva específica para terminar un proceso ligero, sino que, por simplicidad, va a usarse la primitiva `terminar_proceso`. El nuevo significado de esta primitiva es el siguiente:

- El sistema operativo llevará la cuenta del número de procesos ligeros que tiene cada proceso (como mínimo 1, el flujo implícito que se crea al llamar a `crear_proceso`).
- Cuando el sistema operativo recibe una llamada `terminar_proceso`, termina la ejecución del proceso ligero actual y decrementa el número de procesos ligeros del proceso. Si este valor llega a cero, el proceso completo termina.
- No es necesario que una función que va a ser ejecutada desde un proceso ligero incluya al final un `terminar_proceso` ya que el entorno de apoyo se encarga de incluirlo automáticamente.

Un ejemplo del uso de estas primitivas sería el siguiente:

```
#include "servicios.h"
int f(){
```

```
      .......
  }


  inf g(){

    .......

    terminar_proceso(); /* no es necesario incluirlo */

  }


  int main(){

    .......

    crear_thread(f);

    .......

    crear_thread(g);

    .......

  }
```

Algunos aspectos que hay que tener en cuenta a la hora de incluir procesos ligeros son los siguientes:

- Hay que diseñar las estructuras de datos adecuadas para crear esta nueva abstracción. Un posible diseño sería el siguiente:
    - Definir, además del vector de BCP, un vector de procesos ligeros (un vector de descriptores de *thread*, BCT) con un tamaño máximo MAX_THREADS (por ejemplo, 32) que almacenará la información de todos los procesos ligeros existentes en el sistema.
    - Si se considera necesario, los procesos ligeros de un mismo proceso podrían estar enlazados en una lista apuntada desde el BCP.
    - El BCT debe incluir una referencia al BCP correspondiente para poder acceder a la información global del proceso.
    - Será necesario determinar qué aspectos están vinculados al proceso (almacenados en el BCP) y cuáles están relacionados con un proceso ligero (almacenados en el BCT).
- El planificador pasa de planificar procesos convencionales a hacerlo sobre procesos ligeros. Todas las listas de planificación (lista de listos, listas de bloqueados, etc.) son ahora listas de BCT en vez de BCP.
- Es importante que se preste atención a la diferencia que hay entre crear el primer proceso ligero de un proceso, que se crea implícitamente dentro de crear_proceso, y crear los sucesivos procesos ligeros del mismo, que se hará en la llamada crear_thread.

2.12 Práctica: Módulo del núcleo que muestra la jerarquía de procesos

2.12.1 Objetivo de la práctica

Se plantea desarrollar un módulo que al cargarse imprima en la consola información sobre algunos de los procesos existentes en un determinado momento en un sistema Linux. Para facilitar el desarrollo de este módulo, se plantea una serie de fases de carácter incremental.

Por simplicidad, durante el desarrollo del módulo, se van a obviar todos los problemas relacionados con la sincronización. Por ese motivo, dicho módulo presenta condiciones de carrera cuando se ejecuta en un multiprocesador o, incluso, en un sistema monoprocesador donde Linux esté configurado como un núcleo expulsivo (con la opción CONFIG_PREEMPT activa en el menú correspondiente durante el proceso de configuración del núcleo mediante make config). El lector interesado puede revisar el capítulo dedicado a la sincronización (capítulo 5) del libro recomendado en la bibliografía, que está disponible de forma gratuita.

2.12.2 Primera versión: información del proceso actual

Se plantea programar una primera versión tal que al cargarse el módulo imprima en la consola (printk) el identificador de proceso, su estado y el nombre de programa asociado al proceso actual. Esta información está definida en <linux/sched.h>:

- El puntero al proceso actual está almacenado en la variable global current, que hace referencia al tipo struct task_struct.
- Este tipo se corresponde con el BCP y, entre otros muchos campos, contiene los tres que se pretenden imprimir: el identificador tgid, el estado (state) y el nombre del programa que se ejecuta (comm).

2.12.3 Segunda versión: información de los antecesores del proceso actual

En esta segunda versión, después de la información del proceso actual, se imprimirá esa misma información del padre (campo parent). Justo, a continuación, se puede generalizar siguiendo la cadena de sucesivos padres hasta el proceso inicial, que se caracteriza porque el campo parent apunta a sí mismo.

2.12.4 Tercera versión: información de los antecesores de un proceso dado

La tercera versión del módulo recibe como parámetro en el momento de su carga un identificador de proceso (*pid*) y, siguiendo la funcionalidad desarrollada previamente, muestra la información de ese proceso, de su padre, de su abuelo, y así sucesivamente hasta el proceso inicial. En caso de recibir como parámetro un 0, se imprimirá esa misma información pero tomando como base el proceso actual (o sea, se comportaría igual que la versión anterior).

Esta nueva versión requiere poder obtener la estructura task_struct del proceso cuyo identificador ha sido recibido como parámetro. En versiones anteriores de Linux existían funciones que proporcionaban directamente esta funcionalidad requerida (find_task_by_pid y find_task_by_vpid). Sin embargo, en las versiones actuales, debido a la complejidad asociada a la gestión de los identificadores de proceso, hay que usar varias funciones para lograr este objetivo.

Para obtener el BCP a partir del PID, se puede usar primero la función `find_vpid`, que obtiene una estructura de tipo `struct pid` a partir del valor numérico recibido y, a continuación, aplicar la función `pid_task` especificando como segundo parámetro la constante `PIDTYPE_PID`.

2.12.5 Cuarta versión: información de hijos de un proceso dado

La cuarta versión del módulo plantea imprimir también la jerarquía de procesos descendente; es decir, dado un proceso, imprimir la información de todos sus hijos.

El módulo imprimirá la información descendente sólo cuando reciba como parámetro un número negativo, correspondiendo el valor absoluto del mismo con el identificador del proceso del que se pretende visualizar sus procesos hijos.

Para acceder a los procesos hijos, existe en el BCP un campo `children` que se corresponde con una lista de todos los hijos del proceso, que usa el tipo de lista genérica de Linux denominado `list_head`. El lector podrá encontrar abundante información sobre qué funciones de manejo de listas proporciona Linux. En la referencia bibliográfica de esta práctica (concretamente, en la sección 11.5), disponible de manera gratuita, puede obtenerse toda la información requerida al respecto.

2.12.6 Quinta versión: información de todos los sucesores de un proceso dado

Esta versión final va a imprimir toda la jerarquía descendente de un proceso, es decir, se debe imprimir también los hijos de los hijos, y así sucesivamente hasta llegar a las *hojas* del árbol de procesos.

2.12.7 Bibliografía

- Jonathan Corbet, Alessandro Rubini, y Greg Kroah-Hartman. *Linux Device Drivers*. O'Reilly Media, 3ª edición, 2005

3. Gestión de memoria

En este capítulo se presentan, en primer lugar, las llamadas de gestión de memoria. A continuación, se plantean una serie de prácticas que intentan que el lector entienda de forma aplicada conceptos estudiados en la teoría de sistemas operativos, tales como el mapa de memoria del proceso, la proyección de archivos en memoria, las bibliotecas dinámicas o la memoria virtual.

3.1 Servicios de gestión de memoria

El estándar POSIX define servicios de gestión de memoria para realizar la proyección y desproyección de archivos (`mmap`, `munmap`). El servicio `mmap` tiene el siguiente prototipo:

```
caddr_t mmap (caddr_t direc, size_t longitud, int protec,
      int indicador, int descriptor, off_t despl);
```

El primer parámetro indica la dirección del mapa donde se quiere que se proyecte el archivo. Generalmente, se especifica un valor nulo para indicar que se prefiere que sea el sistema el que decida dónde proyectar el archivo. En cualquier caso, la función devolverá la dirección de proyección utilizada.

El parámetro `descriptor` se corresponde con el descriptor del archivo que se pretende proyectar (que debe estar previamente abierto) y los parámetros `despl` y `longitud` establecen qué zona del archivo se proyecta: desde la posición `despl` hasta `desp + longitud`.

El argumento `protec` establece la protección sobre la región que puede ser de lectura (`PROT_READ`), de escritura (`PROT_WRITE`), de ejecución (`PROT_EXEC`) o cualquier combinación de ellas. Esta protección debe ser compatible con el modo de apertura del archivo. Por último, el parámetro `indicador` permite establecer ciertas propiedades en la región:

- `MAP_SHARED`. La región es compartida. Las modificaciones sobre la región afectarán al archivo. Un proceso hijo compartirá esta región con el padre.
- `MAP_PRIVATE`. La región es privada. Las modificaciones sobre la región no afectarán al archivo. Un proceso hijo no compartirá esta región con el padre, sino que obtendrá un duplicado de la misma.
- `MAP_FIXED`. El archivo debe proyectarse justo en la dirección especificada en el primer parámetro, siempre que éste sea distinto de cero.

En el caso de que se quiera proyectar una región sin soporte (región anónima), en algunos sistemas se puede especificar el valor `MAP_ANOM` en el parámetro indicador. Otros sistemas UNIX no ofrecen esta opción pero permiten proyectar el dispositivo `/dev/zero` para lograr el mismo objetivo.

Cuando se quiere eliminar una proyección previa o parte de la misma, se usa el servicio `munmap` cuyo prototipo es:

```
int munmap (caddr_t direc, size_t longitud);
```

Los parámetros `direc` y `longitud` definen una región (o parte de una región) que se quiere desproyectar.

Por lo que se refiere a la carga explícita de bibliotecas dinámicas, la mayoría de los sistemas UNIX ofrecen las primitivas `dlopen`, `dlsym` y `dlclose`, cuyos prototipos son los siguientes:

```
void *dlopen (const char *biblio, int modo);
void *dlsym(void *descriptor, char *simbolo);
int dlclose (void *descriptor);
```

La rutina `dlopen` recibe como argumentos el nombre de la biblioteca y un valor que especifica cómo se desea que se realice la carga de la biblioteca, y devuelve un descriptor que identifica a dicha biblioteca cargada. Por lo que se refiere al modo, aunque permite indicar distintas posibilidades a la hora de cargarse la biblioteca, de forma obligatoria, sólo es necesario especificar uno de los dos siguientes valores: `RTLD_LAZY`, que indica que las referencias a símbolos que estén pendientes de resolver dentro de la biblioteca no se llevarán a cabo hasta que sea estrictamente necesario, o `RTLD_NOW`, que especifica que durante la propia llamada `dlopen` se resuelvan todas las referencias pendientes que haya dentro de la biblioteca que se desea cargar.

La función `dlsym` recibe como parámetros el descriptor de una biblioteca dinámica previamente cargada y el nombre de un símbolo (una variable o una función). Esta función busca ese símbolo dentro de la biblioteca especificada y devuelve la dirección de memoria donde se encuentra dicho símbolo. Como primer parámetro, en vez de un descriptor de biblioteca, se puede especificar la constante `RTLD_NEXT`. Si desde una biblioteca dinámica se invoca a la función `dlsym` especificando esa constante, el símbolo será buscado en las siguientes bibliotecas dinámicas del proceso a partir de la propia biblioteca que ha invocado la función `dlsym`. Como se verá en una de las prácticas propuestas en este capítulo, este mecanismo suele utilizarse para interponer una biblioteca dinámica.

La rutina `dlclose` descarga la biblioteca especificada por el descriptor.

3.2 Práctica: Análisis del mapa de memoria de los procesos

3.2.1 Objetivos de la práctica

El objetivo principal es entender de forma aplicada cómo está organizado el mapa de memoria de un proceso y cómo evoluciona durante la ejecución del mismo. Para ello, se accederá al archivo `/proc/pid/maps` de Linux.

NIVEL: Introducción

HORAS ESTIMADAS: 8

3.2.2 El archivo /proc/pid/maps

El sistema operativo Linux ofrece un tipo de sistema de archivos muy especial: el sistema de archivos proc. Este sistema de archivos no tiene soporte en ningún dispositivo. Su objetivo es poner a disposición del usuario datos del estado del sistema en la forma de archivos. Esta idea no es original de Linux ya que casi todos los sistemas UNIX la incluyen. Sin embargo, Linux se caracteriza por ofrecer más información del sistema que el resto de variedades de UNIX. En este sistema de archivos se puede acceder a información general sobre características y estadísticas del sistema, así como a información sobre los distintos procesos existentes. La información relacionada con un determinado proceso se encuentra en un directorio que tiene como nombre el propio identificador del proceso (*pid*). Así, si se pretende obtener información de un proceso que tiene un identificador igual a 1234, habrá que acceder a los archivos almacenados en el directorio /proc/1234/. Para facilitar el acceso de un proceso a su propia información, existe, además, un directorio especial, denominado self. Realmente, se trata de un enlace simbólico al directorio correspondiente a dicho proceso. Así, por ejemplo, si el proceso con identificador igual a 2345 accede al directorio /proc/self/, está accediendo realmente al directorio /proc/2345/.

En el directorio correspondiente a un determinado proceso existe numerosa información sobre el mismo. Sin embargo, en esta práctica nos vamos a centrar en el archivo que contiene información sobre el mapa de memoria del proceso: el archivo maps. Cuando se lee este archivo, se obtiene una descripción detallada del mapa de memoria del proceso en ese instante. Como ejemplo, se incluye a continuación el contenido de este archivo para un proceso que ejecuta el programa cat.

```
08048000-0804a000  r-xp  00000000  08:01  65455      /bin/cat
0804a000-0804c000  rw-p  00001000  08:01  65455      /bin/cat
0804c000-0804e000  rwxp  00000000  00:00  0
40000000-40013000  r-xp  00000000  08:01  163581     /lib/ld-2.2.5.so
40013000-40014000  rw-p  00013000  08:01  163581     /lib/ld-2.2.5.so
40022000-40135000  r-xp  00000000  08:01  165143     /lib/libc-2.2.5.so
40135000-4013b000  rw-p  00113000  08:01  165143     /lib/libc-2.2.5.so
4013b000-4013f000  rw-p  00000000  00:00  0
bfffe000-c0000000  rwxp  fffff000  00:00  0
```

Cada línea del archivo describe una región del mapa de memoria del proceso. Por cada región, aparece la siguiente información:

- Rango de direcciones virtuales de la región (en la primera línea, por ejemplo, de la dirección 08048000 hasta 0804a000).
- Protección de la región: típicos bits r (permiso de lectura), w (permiso de escritura) y x (permiso de ejecución).
- Tipo de compartimiento: p (privada) o s (compartida). Hay que resaltar que en el ejemplo todas las regiones son privadas.
- Desplazamiento de la proyección en el archivo. Por ejemplo, en la segunda línea, aparece 00001000 (4096 en decimal), lo que indica que la primera página de esta región se corresponde con el segundo bloque del archivo (o sea, el byte 4096 del mismo).

- Los siguientes campos identifican de forma única al soporte de la región. En el caso de que sea una región con soporte, se especifica el dispositivo que contiene el archivo (en el ejemplo, 08:01) y su nodo-i (para el mandato cat, 65455), así como el nombre absoluto del archivo. Si se trata de una región sin soporte, todos estos campos están a cero.

A partir de la información incluida en ese ejemplo, se puede deducir a qué corresponde cada una de las 9 regiones presentes en el ejemplo de mapa de proceso:

- Código del programa. En este caso, el mandato estándar cat.
- Datos con valor inicial del programa, puesto que están vinculados con el archivo ejecutable.
- Datos sin valor inicial del programa, puesto que se trata de una región anónima que está contigua con la anterior.
- Código de la biblioteca ld, encargada de realizar todo el tratamiento requerido por las bibliotecas dinámicas que use el programa.
- Datos con valor inicial de la biblioteca ld.
- Código de la biblioteca dinámica libc, que es la biblioteca estándar de C usada por la mayoría de los programas.
- Datos con valor inicial de la biblioteca dinámica libc.
- Datos sin valor inicial de la biblioteca dinámica libc.
- Pila del proceso.

3.2.3 Descripción de la funcionalidad que debe desarrollar el alumno

La práctica consiste en desarrollar una serie de programas simples que realicen labores que afecten al mapa de memoria para que el alumno analice cómo evoluciona el mapa debido a estas acciones. Para ello, se incluirá en los puntos de interés de cada programa la impresión del mapa de memoria del proceso en ese instante. Por simplicidad, se recomienda usar directamente la función de biblioteca system, de manera que se ejecute el mandato cat para imprimir el estado del mapa del proceso en ese instante. Nótese que no sería correcto incluir una llamada a system como la siguiente:

```
system("cat /proc/self/maps");
```

Con esta llamada se estaría imprimiendo el mapa del proceso que ejecuta el mandato cat. Se debería construir en tiempo de ejecución la cadena de caracteres que constituye el mandato que se especificará en la función system, de manera que en ella se incluya el *pid* del proceso que nos interesa.

A continuación, se plantean una serie de ejemplos que el alumno debería programar, para luego ejecutar y analizar la información sobre el mapa de memoria impresa por los mismos:

1. Desarrolle un programa que incluya variables globales con y sin valor inicial, así como variables locales (por ejemplo, variables definidas dentro de la función main), tanto de tipo escalar como vectores. Además, el programa usará una variable externa al módulo. Concretamente, la variable global errno (#include <errno.h>). El

programa debe imprimir su mapa de memoria, junto con las direcciones de estas variables, incluida `errno`, y de la propia función `main`. Una vez ejecutado, se analizará el mapa impreso identificando a qué región pertenecen las distintas variables y la propia función `main`. Para facilitar el desarrollo de este programa, como ejemplo, se muestra a continuación cómo se podrían imprimir las direcciones de `errno` y de `main`.

```
printf("main %p errno %p\n", main, &errno);
```

2. Realice un programa que incluya una función que tenga definida una variable local con un tamaño de 14.000 bytes (por ejemplo, un vector de caracteres de 14.000 elementos). El programa debería imprimir el mapa antes de llamar a la función, dentro de la propia función y después de la ejecución de la misma.

3. Desarrolle un programa que incluya una llamada `malloc` que reserve un espacio de 14.000 bytes y luego lo libere usando `free`. El programa debería imprimir el mapa antes de la reserva, mientras está reservado el espacio y después de su liberación.

4. Para comparar cómo afecta el uso de las bibliotecas en el mapa del proceso, se plantea realizar tres versiones del mismo programa que usa la función coseno (`cos`) definida en la biblioteca `libm`:

    a. Versión compilada con bibliotecas estáticas. El programa imprimirá el mapa del proceso. Es interesante aplicar el mandato `size` al ejecutable resultante y comparar el resultado con las otras versiones del programa. El mandato de compilación debe especificar que se desea usar la versión estática de la biblioteca.

    ```
    cc     programa.c -static -lm -o programa
    ```

    b. Versión compilada con bibliotecas dinámicas. El programa imprimirá el mapa del proceso. El mandato de compilación no necesita especificar que se desean usar bibliotecas dinámicas, ya que éste es el comportamiento por defecto.

    ```
    cc     programa.c  -lm -o programa
    ```

    c. Versión que carga explícitamente en tiempo de ejecución la biblioteca matemática (usando `dlopen`), obtiene la dirección de la función coseno (usando `dlsym`), la invoca y elimina la biblioteca dinámica (usando `dlclose`). Se debería imprimir el mapa antes del `dlopen`, mientras está cargada la biblioteca y después del `dlclose`. Nótese que en el mandato de compilación no se especifica la biblioteca matemática, sino la biblioteca que gestiona la carga explícita de bibliotecas dinámicas.

    ```
    cc     programa.c  -ldl -o programa
    ```

5. Realice un programa que cree un *thread*. El programa debería imprimir el mapa antes de la creación, durante la existencia del *thread* y después de su finalización.

6. Desarrolle un programa que proyecte un archivo. Se debería imprimir el mapa antes del `mmap`, mientras está proyectado el archivo y después del `munmap`. Pruebe a especificar distintos parámetros en la llamada `mmap` (compartido o privado, distintos permisos, diversos tamaños y desplazamientos, etc.) y analice cómo afectan al mapa.

7. Programe un ejemplo que cree un proceso hijo mediante `fork`. El programa debería imprimir el mapa antes de la creación. Una vez creado el hijo, ambos procesos deben imprimir su mapa.

8. Desarrolle un programa que cree un proceso hijo usando `fork`, tal que el hijo ejecute otro programa mediante `exec`. El hijo debe escribir su mapa antes del `exec` y después del mismo. Para realizar fácilmente esta última impresión, se recomienda que el programa que se va a ejecutar mediante `exec` sea directamente el mandato `cat` sobre el archivo `maps` correspondiente.

3.2.4 Entrega de documentación

Se recomienda que el alumno entregue todos los programas desarrollados, así como una memoria donde analice razonadamente cada caso.

3.2.5 Bibliografía

- J. Carretero, F. García, P. de Miguel y F. Pérez . *Sistemas Operativos: Una visión aplicada*, 2ª edición, McGraw-Hill, 2007.
- W. R. Stevens. *Advanced Programming in the UNIX Environment*. Addison-Wesley, 1992.

3.3 Práctica: Obtención de estadísticas sobre el mapa de memoria de los procesos

3.3.1 Objetivos de la práctica

Esta práctica tiene un objetivo similar a la anterior: llegar a conocer de forma aplicada cómo es el mapa de memoria de un proceso. Asimismo, esta práctica permitirá que el alumno profundice en sus conocimientos sobre la programación de *scripts* en UNIX, puesto que la solución al problema planteado se acometerá usando un *script*.

NIVEL: Introducción
HORAS ESTIMADAS: 8

3.3.2 Descripción de la funcionalidad que debe desarrollar el alumno

Se plantea desarrollar un *script*, denominado `estadisticas_mapa`, que recibirá como argumento una lista de identificadores de proceso y deberá mostrar por la salida estándar una serie de estadísticas sobre el mapa de memoria actual de cada uno de ellos. A continuación, se describen las características que debe incluir el programa:

- El *script* debe acceder al archivo `maps` de cada proceso para obtener la información sobre su mapa de memoria.
- Con respecto al control de errores, si no se puede acceder al archivo `maps` de alguno de los procesos solicitados, ya sea porque no existe o por falta de permiso, el programa continuará su ejecución devolviendo al final un 1. En caso contrario, se devolverá al final un 0.
- Por cada proceso, el *script* debe realizar los siguientes recuentos "jerárquicos":
  - Cuál es el número total de bytes que ocupa el mapa del proceso.
  - Cuántos bytes corresponden a regiones privadas y cuántos a compartidas.
  - Dentro de cada uno de los dos grupos anteriores (regiones privadas o compartidas), se debe calcular cuántos bytes corresponden a regiones con soporte en archivo y cuántos a regiones sin soporte (anónimas).
  - A su vez, en cada uno de los cuatro grupos planteados, se distinguirá tres subconjuntos disjuntos:
    - Cuántos bytes corresponden a regiones modificables (con, al menos, permiso de escritura).
    - Cuántos bytes corresponden a regiones ejecutables pero no modificables (sin permiso de escritura y, al menos, con permiso de ejecución).
    - Cuántos bytes corresponden a regiones de sólo lectura (sólo con permiso de lectura).
- Dado el carácter jerárquico de la salida, se puede sangrar usando tabuladores, de manera que se refleje dicha jerarquía:

```
mapa proceso PID1
     total NNNN
          privados NNNN
               con soporte NNNN
                    modificables NNNN
                    ejecutables (no modificables) NNNN
                    sólo lectura NNNN
               anónimos NNNN
                    modificables NNNN
                    ejecutables (no modificables) NNNN
                    sólo lectura NNNN
          compartidos NNNN
               con soporte NNNN
                    modificables NNNN
                    ejecutables (no modificables) NNNN
                    sólo lectura NNNN
               anónimos NNNN
                    modificables NNNN
                    ejecutables (no modificables) NNNN
                    sólo lectura NNNN
mapa proceso PID2
     . . . . . . . . . .
```

El alumno debe aplicar el *script* a varios procesos (algunos de ellos pueden ser los desarrollados en la práctica anterior) y analizar los resultados obtenidos.

3.3.3 Recomendaciones generales

Una de las dificultades de este *script* es realizar los cálculos de los tamaños de las regiones, dado que éstos aparecen en hexadecimal. Para ello, se recomienda usar directamente en el *script* el mandato `bc` (calculadora interactiva). Por tanto, consulte la página de manual de este mandato.

Asimismo, se recomienda usar algunas utilidades de depuración que proporciona el *shell*. Por ejemplo, el mandato `set -x` hace que el *shell* imprima los mandatos y sus argumentos según se van ejecutando.

3.3.4 Entrega de documentación

Se recomienda que el alumno entregue los siguientes archivos:

- `memoria.txt`: Memoria de la práctica, que debe incluir el análisis de los resultados de aplicar este mandato a distintos procesos.
- `estadisticas_mapa`: Archivo que contiene el *script*.

3.3.5 Bibliografía

- A. Afzal. *Introducción a UNIX*. Prentice-Hall, 1997.
- C. Newham and B. Rosenblatt. Sebastopol. *Learning the bash shell*: O'Reilly , 1995
- S.R. Bourne. *The UNIX System*. Addison-Wesley, 1983.

3.4 Práctica: Estudio de los fallos de página de un proceso en Linux

3.4.1 Objetivos de la práctica

El objetivo de esta práctica es entender qué tipos de fallos de página se pueden producir en Linux cuando se ejecuta un proceso.

NIVEL: Introducción
HORAS ESTIMADAS: 4

3.4.2 Descripción de la funcionalidad que debe desarrollar el alumno

La práctica consiste en analizar el comportamiento de dos programas que el alumno debe ejecutar en Linux. Los nombres de los dos archivos ejecutables que se proporcionan (véase la sección Material de apoyo) son `prog1` y `prog2`. Cuando se ejecuta cada uno de estos programas, muestra por pantalla su identificador de proceso y, a continuación, solicita al usuario que pulse una tecla para continuar su ejecución. El identificador de proceso que se muestra por pantalla se utilizará para acceder al directorio `/proc` (véanse las prácticas 3.2 y 3.3).

El objetivo de la práctica es determinar el comportamiento que tiene cada uno de estos procesos cuando se ejecuta, desde el punto de vista del número de fallos de página que se producen. Linux distingue dos tipos de fallos de página:

- Fallos de página secundarios (*minor page fault*). Se corresponden con fallos de página que no requieren acceso a disco. Este tipo de fallos de página se producen, por ejemplo, en el primer acceso a una página de datos sin valor inicial y en el acceso, en general, a una página que no tiene soporte inicial en disco.
- Fallos de página primarios (*mayor page f*ault). Se corresponden con fallos de página que requieren acceso a disco, por ejemplo, acceso a páginas de código, de datos con valor inicial, datos que residen en *swap* y datos de archivos proyectados en memoria.

El archivo `/proc/self/stat` permite conocer el número de fallos de página primarios y secundarios de un proceso. Para monitorizar a los programas `prog1` y `prog2` anteriores, debe accederse al directorio correspondiente a cada uno de estos procesos en ejecución y determinar qué ocurre con los fallos de página. El archivo anterior consta de una serie de entradas. A continuación se muestran las primeras entradas, entre las que se encuentran el número de fallos de página del proceso:

- Identificador de proceso.
- Nombre del archivo ejecutable.
- Estado del proceso.
- Identificador del proceso padre.
- El grupo del proceso.
- El identificador de sesión del proceso.
- El terminal utilizado por el proceso.
- Grupo de procesos propietario del terminal del proceso.
- *Flags* del proceso.
- Número de fallos de página secundarios.
- Número de fallos de página secundarios del proceso y sus hijos.
- Número de fallos de página primarios del proceso.
- Número de fallos de página primarios del proceso y sus hijos.

Los valores de interés para el desarrollo de esta práctica son los cuatro últimos valores. El alumno debe ejecutar el programa `prog1` y `prog2` y, consultando el archivo anterior, responder a las siguientes preguntas:

1. Indicar el comportamiento de cada uno de los programas.
2. Número de fallos de página que generan.
3. Indicar a qué pueden ser debidos los fallos de página que se producen.

3.4.3 Material de apoyo
En la página web de libro se puede encontrar el archivo `practica-3.4.tgz`. Al descomprimir dicho archivo se obtendrán los programas `prog1` y `prog2`.

3.4.4 Entrega de documentación
Se recomienda que el alumno entregue el siguiente archivo:
- `memoria.txt`: memoria de la práctica, que debe incluir la respuesta a las preguntas realizadas anteriormente.

3.4.5 Bibliografía

- J. Carretero, F. García, P. de Miguel y F. Pérez, *Sistemas operativos: una visión aplicada*, 2ª edición, McGraw-Hill 2007
- S.R. Bourne, *The UNIX System*. Addison-Wesley, 1983.

3.5 Práctica: Estudio de los fallos de página de un proceso en Windows

3.5.1 Objetivos de la práctica

Esta práctica es similar a la anterior y su objetivo es entender qué tipos de fallos de página se pueden producir en Windows cuando se ejecuta un proceso.

NIVEL: Introducción
HORAS ESTIMADAS: 4

3.5.2 Descripción de la funcionalidad que debe desarrollar el alumno

Esta práctica es similar a la anterior y consiste en analizar el comportamiento de dos programas que el alumno debe ejecutar en Windows. Los nombres de los dos archivos ejecutables que se proporcionan (véase la sección Material de apoyo) son `prog1` y `prog2`. Cuando se ejecuta cada uno de estos programas, solicita al usuario que pulse una tecla para continuar su ejecución.

El objetivo de la práctica es determinar el comportamiento que tiene cada uno de estos procesos cuando se ejecuta, desde el punto de vista del número de fallos de página que se producen. Windows distingue dos tipos de fallos de página (similares a los de Linux):

- Fallos de página *soft*. Se corresponden con fallos de página que no requieren acceso a disco. Este tipo de fallos de página se producen, por ejemplo, en el primer acceso a una página de datos sin valor inicial y en el acceso, en general, a una página que no tiene soporte inicial en disco.
- Fallos de página *hard*. Se corresponden con fallos de página que requieren acceso a disco, por ejemplo, acceso a páginas de código, de datos con valor inicial, datos que residen en *swap* y datos de archivos proyectados en memoria.

Para el desarrollo de esta práctica se utilizará el monitor de rendimiento de sistema que proporciona Windows y que se describe brevemente en la siguiente sección.

Uso del monitor de rendimiento

Para ejecutar el monitor de rendimiento busque el programa `perfmon` y ejecútelo. A continuación aparecerá una ventana como la que se muestra en la Figura 3.1.

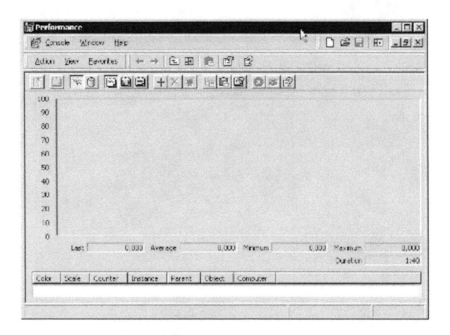

Figura 3.1 Ventana inicial del monitor de rendimiento de Windows

El monitor de rendimiento permite monitorizar ciertos parámetros relacionados con la memoria del sistema y de los diferentes procesos que ejecutan en el mismo. Para monitorizar uno o varios parámetros basta con pulsar el icono **Agregar contador** (*add counter*) de la pantalla inicial que se muestra en la Figura 3.2 y elegir los parámetros que se quieren visualizar. Para comprobar los fallos de página que genera cada proceso se seleccionará como objeto de rendimiento `Proceso` (`Process`) y el proceso que se desea monitorizar. El contador *fallos de página por segundo* contabiliza los fallos de página que genera el proceso, tanto fallos de página *soft* como fallos de página *hard*. Para analizar de qué tipo son los fallos de página que se generan en el sistema hay que añadir como objeto de monitorización la *memoria* (*Memory*) y seleccionar los dos siguientes contadores:

- El parámetro *paginas/sec* contabiliza el número de fallos de página *hard* por segundo, es decir, fallos de página que requieren acceso a disco.
- El parámetro *fallos de pagina/sec*, contabiliza el número de fallos de página total.

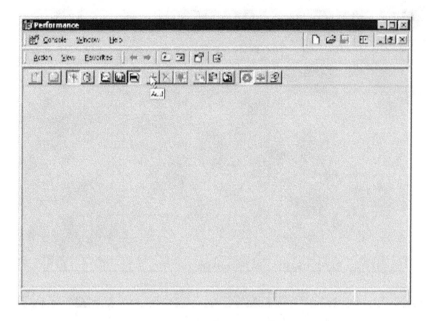

Figura 3.2 Agregar un nuevo contador

Utilizando los parámetros anteriores, el alumno debe ejecutar los programas `prog1` y `prog2` y responder a las siguientes cuestiones:

1. Indicar el comportamiento de cada uno de los programas.
2. Número de fallos de página que generan.
3. Indicar a qué pueden ser debidos los fallos de página que se producen.

3.5.3 Recomendaciones generales

Antes de empezar con la monitorización, se recomienda que el alumno se familiarice con el monitor de rendimiento del sistema. Para ello, puede consultarse la ayuda en línea que ofrece dicho monitor. Cuando se monitoricen los programas anteriores, conviene que no haya ningún otro programa ejecutando en la máquina.

3.5.4 Material de apoyo

En la página web de libro se puede encontrar el archivo `practica-3.5.zip`. Al descomprimir dicho archivo se obtendrán los programas `prog1` y `prog2`.

3.5.5 Entrega de documentación

Se recomienda que el alumno entregue el siguiente archivo:
- `memoria.doc`: memoria de la práctica, que debe incluir la respuesta a las preguntas realizadas anteriormente.

3.5.6 Bibliografía

- J. Carretero, F. García, P. de Miguel y F. Pérez, *Sistemas operativos: una visión aplicada,* McGraw-Hill 2007

3.6   Práctica: Gestión de memoria dinámica

3.6.1   Objetivos de la práctica

El objetivo principal de la práctica es que el alumno llegue a conocer de forma aplicada el concepto de memoria dinámica de un proceso y la manera de gestionar este tipo de memoria. Esta gestión se inscribe dentro del problema general de la asignación dinámica de espacio que aparece en otras situaciones dentro del campo de los sistemas operativos (por ejemplo, en la gestión del espacio de un sistema de archivos).

NIVEL: Intermedio
HORAS ESTIMADAS: 14

3.6.2   Conceptos generales sobre la memoria dinámica

La mayoría de los lenguajes de alto nivel ofrecen la posibilidad de reservar espacio en tiempo de ejecución. En el caso del lenguaje C, se proporciona la función `malloc` para realizar esta labor.

Tradicionalmente, se usa la región de *heap* del proceso como soporte para la memoria dinámica que reserva un programa en tiempo de ejecución. El sistema operativo sólo realiza una gestión básica de esta región. Generalmente, las aplicaciones no usan directamente los servicios proporcionados por el sistema operativo para la gestión del *heap*, sino que la biblioteca de cada lenguaje de programación utiliza estos servicios básicos para construir a partir de ellos unos más avanzados orientados a las aplicaciones.

En el caso de UNIX, se proporciona el servicio `sbrk` para incrementar o decrementar la región de datos del proceso (el *heap* se puede considerar como la extensión de la región de datos sin valor inicial):

```
void *sbrk(ptrdiff_t incremento);
```

Esta función modifica el tamaño de la región de datos aumentándola (o disminuyéndola si el valor es negativo) de acuerdo con el argumento recibido. Devuelve la dirección hasta donde se extendía la región de datos antes de la llamada. Concretamente, la dirección de la primera posición que quedaba fuera de la zona de datos antes de llevar a cabo esta última petición. Hay que resaltar que está función, disponible en la mayoría de los sistemas UNIX, no está incluida en el estándar POSIX.

Como se analizará en la práctica, la implementación de la memoria dinámica sobre el *heap*, que es la solución más típica, presenta como inconveniente que se requiere que toda la memoria dinámica ocupe una zona contigua en el mapa de memoria del proceso, cuando esto no es realmente necesario. Esto puede llevar a situaciones donde el *heap* no se puede expandir debido a que ha "chocado" con la siguiente región del mapa.

La biblioteca que implementa la gestión de memoria dinámica para un determinado lenguaje debe encargarse de gestionar el espacio "en bruto" que le ofrece el *heap* para ir satisfaciendo las peticiones del programa. Según el programa vaya solicitando y liberando memoria dinámica, se van creando espacios reservados y huecos en la región de *heap*, que tendrá que gestionar la biblioteca siguiendo una determinada política de asignación de espacio. Ante una solicitud de reserva de espacio, existen, típicamente, tres estrategias básicas:

- El mejor ajuste (*best-fit*). Se elige la zona libre más pequeña que satisfaga la petición. A priori, puede parecer la mejor solución. Sin embargo, esto no es así. Por un lado, se generan nuevos espacios libres muy pequeños. Por otro lado, la selección del mejor hueco exige comprobar cada uno de ellos o mantenerlos ordenados por tamaño. Ambas soluciones conducen a un algoritmo ineficiente.

- El peor ajuste (*worst-fit*). Se elige el hueco más grande. Con ello se pretende que no se generen nuevos huecos pequeños. Sin embargo, sigue siendo necesario recorrer toda la lista de huecos o mantenerla ordenada por tamaño.

- El primero que ajuste (*first-fit*). Aunque pueda parecer sorprendente a priori, ésta suele ser la mejor política. Es muy eficiente ya que basta con encontrar una zona libre de tamaño suficiente y proporciona un aprovechamiento de la memoria aceptable.

3.6.3 Descripción de la funcionalidad que debe desarrollar el alumno

La práctica consistirá en diseñar y codificar, en lenguaje C y sobre el sistema operativo Linux/UNIX, un módulo con rutinas que proporcionen mecanismos de gestión de memoria dinámica. Concretamente, se implementarán las propias funciones de gestión de memoria disponibles en C: `malloc`, `free` y `realloc`. Nótese, por tanto, que se están reescribiendo estas rutinas estándar de C.

Se tomará como punto de partida el código desarrollado y explicado en la sección 8.7 del libro clásico de C de Kernighan y Ritchie incluido en la bibliografía de la práctica. Dicho código se entregará como material de apoyo de la práctica. Es muy importante comprenderlo correctamente para poder desarrollar esta práctica. El alumno podrá observar al analizar este código de apoyo que no se trata de un paradigma de la programación modular y estructurada, sino más bien al contrario, se trata de un código bastante enrevesado y poco legible, a pesar de tratarse de un fragmento extraído de un libro de programación. Dado que el tamaño de este código es relativamente pequeño, su análisis puede ser un ejercicio formativo ya que permite ver como a veces los programadores *profesionales* tienen tendencia a generar código difícil de entender, más aún cuando usan como herramienta un lenguaje tan permisivo como C.

Centrándonos en el código de apoyo, en él están implementadas las funciones para reserva de espacio `malloc` y para liberación de espacio `free`. Nótese que se trata de una implementación simplificada que, aunque cumple toda la funcionalidad real asociada a estas funciones, no se preocupa de aspectos tales como la eficiencia al recorrer las estructuras de listas usadas en la misma.

Antes de plantear la labor que debe realizarse en esta práctica, se van a resaltar algunos de los aspectos más relevantes del código que se proporciona como material de apoyo.

- Se mantiene una lista circular de huecos ordenada por direcciones. La función `malloc` consulta esta lista para buscar un hueco que satisfaga una determinada solicitud de reserva. Para simplificar el código, esta lista tiene siempre al menos un componente: un falso hueco (`base`) de tamaño cero que se crea en la primera llamada `malloc`.
- Cada hueco tiene asociada una cabecera (`Header`) que contiene un campo con la longitud del hueco medida en *tamaños de cabecera* (incluyendo la propia cabecera) y un puntero al siguiente hueco. Así, el espacio se asigna tomando como unidad el tamaño de la cabecera, redondeando por exceso el número de bytes pedidos en la llamada `malloc` a un número exacto de cabeceras. Se desperdiciará, por tanto, parte del espacio asignado.
- Los bloques asignados no están incluidos en ninguna lista. Tienen asociada una cabecera igual que la de los huecos pero donde el único campo significativo es el tamaño.

- La estrategia de asignación de espacio es *next-fit*: se utiliza, al igual que en *first-fit*, el primer hueco que se encuentre cuyo tamaño sea suficiente para satisfacer la petición pero, a diferencia de esta estrategia, se comienza cada vez la búsqueda desde donde terminó la última. La variable global `freep` cumple esta función apuntando siempre al hueco que está situado en la lista justo antes del hueco por el que comenzará la búsqueda. Esto es, la búsqueda de un hueco empieza siempre por el hueco siguiente al apuntado por `freep` (`freep->s.ptr`).

- Tanto el puntero que devuelve `malloc` como el que recibe `free` apuntan justo después de la cabecera del bloque, esto es, a la zona donde el usuario puede almacenar sus datos. Nótese que, evidentemente, la aplicación que usa esta biblioteca no debe ser consciente de la existencia de las cabeceras.

- Cuando `malloc` detecta que no se puede satisfacer una petición, se invoca a `sbrk` (a través de la función interna `morecore`) para aumentar el tamaño de la zona de datos asignada al programa y se añade esta nueva zona a la lista de huecos usando `free`.

- La rutina `free` se encarga de comprobar si el bloque que se libera genera un hueco que se compacta con otros huecos adyacentes.

- Cuando sólo se necesita usar parte de un hueco para satisfacer una petición, se utiliza la parte de direcciones más altas creándose un nuevo hueco con la parte de direcciones más bajas.

- Se resuelve el problema del alineamiento de los datos. En numerosas arquitecturas existen restricciones en la manera en que un determinado tipo de datos puede almacenarse en la memoria. Así, por ejemplo, en muchas arquitecturas los enteros deben comenzar en una dirección que sea múltiplo de 4. Como el módulo de la práctica no conoce el tipo de los datos que se guardarán en la zona pedida, deberá asegurar que las direcciones que devuelve permitan almacenar a partir de ellas un valor del tipo de datos más restrictivo en esa arquitectura. Para ello se define un tipo `Align` y se fuerza que el tamaño de la cabecera sea múltiplo de este tipo definiendo ésta como una `union` con un campo `x` de tipo `Align`.

Partiendo del código comentado y manteniendo sus mismas características, se pide incluir los siguientes aspectos:

- Como se comentó en la sección anterior, el uso del *heap* como soporte de la memoria dinámica implica que toda la memoria dinámica tiene que estar en una zona contigua del mapa. Para eliminar esta restricción, como primera modificación, se plantea usar regiones de memoria anónimas para implementar la memoria dinámica. Se modificará el código de `morecore` para que deje de usar la llamada `sbrk`, utilizando, en su lugar, una llamada `mmap` para establecer una proyección anónima. Será, por tanto, necesario asegurar que el tamaño de la región proyectada es múltiplo del tamaño de página (se puede usar la llamada `sysconf` para averiguar el tamaño de la página). Además, para evitar un número excesivo de llamadas a `mmap`, se seguirá el criterio de proyectar una región que tenga un tamaño como mínimo de 2 páginas.

- Para hacer más robusto y tolerante a fallos el código de la biblioteca, se va a incluir un sencillo mecanismo de control de errores que detecte cuando, por error, se está intentando liberar un espacio que no ha sido reservado previamente. Si se detecta esta situación, la rutina `free` debe retornar inmediatamente sin llevar a cabo la solicitud de liberación.

Nótese que si se analiza el código de la función `free`, se observa que este tipo de error puede causar graves problemas al correcto funcionamiento de la misma, ya que provocaría la inclusión en la lista de huecos de un hueco que realmente no existe. Como mecanismo de comprobación de validez, se propone añadir a la cabecera de un bloque un "número mágico" (un valor previamente conocido), de manera que la rutina `free` pueda comprobar su presencia antes de proceder a la liberación.

- Modificar el tamaño de la unidad de asignación de espacio. En lugar de asignar el espacio usando como unidad el tamaño de la cabecera, se usará el tamaño del tipo de datos más restrictivo en cuanto al alineamiento (para la práctica se usará el tipo `Align` que está definido como `long`). El uso de esta unidad de asignación más pequeña mejorará el aprovechamiento del espacio de almacenamiento. Algunos aspectos que hay que tener en cuenta al desarrollar esta modificación son:
  - El cambio en el tamaño de la unidad de asignación afecta al cálculo del número de unidades que se necesitan para satisfacer una petición y al valor que se almacena en el campo `size` de la cabecera. En el código de apoyo se guarda en dicho campo el número de cabeceras que ocupa un bloque incluyendo la propia cabecera. Con el cambio de unidad de asignación, en su lugar se deberá almacenar el número de `Aligns` que ocupa en total el bloque (datos + cabecera).
  - Otro aspecto que hay que revisar en el código original es el relacionado con la aritmética de los punteros. En el lenguaje C la expresión: `p + n`, siendo `p` un puntero y `n` un entero, dará un resultado diferente dependiendo del tipo de puntero. Así, si `p` es de tipo `(Header *)`, se le sumará al valor de `p` el tamaño de `n` cabeceras, mientras que si es de tipo `(Align *)` se le sumará `n` veces el tamaño del tipo `Align`. Para resolver este tipo de problemas puede ser necesario usar la operación de *cast* para transformar tipos de punteros. Un ejemplo de este tipo de operación extraído del código original es el siguiente: `bp = (Header *)ap - 1`.

- En la implementación inicial pueden aparecer huecos de tamaño 1 cuando se asigna espacio en `malloc`, si en el espacio que sobra del hueco elegido sólo cabe una cabecera. Estos huecos pueden ralentizar la búsqueda del hueco apropiado en posteriores llamadas `malloc` ya que se tienen que consultar aunque no sirvan para satisfacer ninguna petición. Se modificará el código para que la función `malloc` sólo genere un hueco sobrante si su tamaño es mayor o igual que el tamaño de la cabecera más el de una unidad de asignación. Esto es, si el espacio sobrante no sirve para al menos satisfacer una llamada `malloc` de 1 byte, no se genera el hueco y se deja que el bloque ocupe todo, apuntando en su cabecera el tamaño de todo el espacio.

- Codificar la función `realloc` que cambia el tamaño de un bloque previamente reservado manteniendo su contenido inalterado hasta el mínimo de los tamaños nuevo y viejo. La funcionalidad de esta rutina será idéntica a la de su homónima estándar de C. Asimismo, al igual que la rutina `free`, esta función deberá comprobar que realmente se está tratando de redimensionar un bloque previamente reservado. En caso de error, devolverá un valor nulo. Si todo va bien, devuelve la dirección donde reside el bloque una vez redimensionado. Para aclarar el comportamiento que debe tener esta función, analizaremos a continuación los distintos casos que pueden presentarse.

   o Si la petición consiste en disminuir el tamaño, deberá generarse un hueco con la parte sobrante, siempre que su tamaño cumpla los requisitos del punto anterior. Un aspecto importante es que, aunque en principio la zona sobrante sea de un tamaño inservible, puede tener adyacente un hueco con el que se puede compactar, debiéndose producir en este caso la generación y compactación del hueco. En resumen, solamente no se generará un hueco con la parte sobrante si su tamaño es insuficiente y además no es adyacente a un hueco. En el caso de que se genere un hueco, la variable `freep`, deberá quedar apuntando al hueco anterior al generado, o sea, siguiendo el mismo criterio que la función `free`.

   o Si la petición consiste en aumentar el tamaño y existe un hueco adyacente a la parte final del bloque con un tamaño suficientemente grande, no será necesaria la reubicación (o sea, mover el contenido del bloque a otra zona lo cual es una operación costosa). Sólo será necesario, si se cumplen los requisitos de tamaño mínimo, generar un nuevo hueco con la parte sobrante del hueco adyacente usado y ajustar el nuevo tamaño del bloque. En este caso, la variable `freep` deberá quedar apuntando al hueco anterior al usado en la expansión.

   o En caso de que se trate de una petición de aumentar el tamaño y, o bien no hay un hueco adyacente a la parte final o bien el tamaño del mismo no es suficiente, hará falta una reubicación. Se buscará espacio para el nuevo tamaño del bloque usando el orden *next-fit*, se copiará el contenido al nuevo destino y, por último, se liberará la zona original ocupada por el bloque. La variable `freep`, por lo tanto, quedará con el valor correspondiente a la liberación del espacio original.

3.6.4 Código fuente de apoyo

Para facilitar la realización de la práctica se dispone en la página Web del libro del archivo `practica-3.6.tgz` que contiene el código fuente de apoyo que se corresponde con el código incluido en el libro de programación anteriormente comentado. Al extraer su contenido se crea el directorio `practica-3.6` donde se debe desarrollar la práctica. Dentro de este directorio se encuentran los siguientes archivos:

- `Makefile`: archivo fuente para la herramienta `make`. Con él se consigue la recompilación automática de los archivos fuente cuando se modifiquen. Basta con ejecutar el mandato `make` para que el programa se compile de forma automática.
- `mialloc.h`: archivo de cabecera con definiciones de constantes y prototipos de funciones. Este archivo no debería ser modificado a la hora de realizar la práctica.
- `mialloc.c`: archivo fuente de C donde se incluirá la funcionalidad pedida por el enunciado.

3.6.5 Recomendaciones generales

Es importante analizar el código de apoyo proporcionado con la práctica ya que será el punto de partida para la realización de la misma. Se recomienda ir incluyendo de forma incremental las modificaciones planteadas siguiendo el orden con el que aparecen en el enunciado.

3.6.6 Entrega de documentación

Se recomienda que el alumno entregue los siguientes archivos:

- `memoria.txt`: memoria de la práctica.
- `mialloc.c`: archivo fuente de C donde estará incluida la funcionalidad pedida por el enunciado.

3.6.7 Bibliografía

- B. Kernigham, D. Ritchie. *The C programming language*. Segunda edición, Prentice-Hall, 1988.
- W. R. Stevens. *Advanced Programming in the UNIX Environment*. Addison-Wesley, 1992.

3.7 Práctica: Proyección de archivos en memoria

3.7.1 Objetivos de la práctica

El objetivo principal es que el alumno se familiarice con el concepto de proyección de archivos en memoria y con los servicios disponibles en POSIX para llevar a cabo esta operación. La práctica intenta mostrar cómo esta técnica facilita la programación de distintas operaciones sobre los archivos y, además, generalmente agiliza su ejecución, comparando con las soluciones basadas en el acceso convencional a los archivos. Asimismo, se pretende enseñar cómo influye la existencia de múltiples procesos, ya sean convencionales o ligeros, en la proyección de los archivos.

NIVEL: Intermedio
HORAS ESTIMADAS: 20

3.7.2 Descripción de la funcionalidad que debe desarrollar el alumno

La práctica se va a dividir en dos partes. En la primera, se desarrollarán programas que manejen archivos de tipo texto usando la técnica de proyección, mientras que en la segunda, se usarán archivos de tipo binario.

Proyección de archivos en memoria con archivos de tipo texto

En esta primera parte de la práctica se plantea la realización de varios programas que usan la técnica de proyección de archivos en memoria para manejar archivos de texto. Los tres programas que se proponen están inspirados en mandatos estándar de UNIX, aunque considerablemente simplificados. Antes de pasar a describirlos, se considera conveniente resaltar que sería recomendable alentar a los alumnos para que lleven a cabo implementaciones más completas de estos programas o que aborden la realización de versiones basadas en proyección de archivos de otros mandatos estándar de UNIX que manejen archivos de texto. A continuación, se describen los tres ejercicios planteados:

- Programa `cola`. Se debe desarrollar un programa similar al mandato `tail`, que imprima las últimas líneas de un archivo, usando, evidentemente, la técnica de proyección de archivos en memoria. El programa recibirá como argumentos el número de líneas que se quieren imprimir y el nombre del archivo deseado.

- Programa buscar. Se pretende implementar una versión simplificada del mandato grep, que imprima las líneas de un archivo que contengan una determinada secuencia de caracteres. El programa recibirá como argumentos la secuencia de caracteres y el archivo donde se quiere buscar.

- Programa amayuscula. Este programa, que se podría considerar basado en el mandato tr, debe modificar cualquier carácter de un archivo que corresponda con una letra minúscula (de la *a* a la *z*), por la correspondiente letra mayúscula (de la *A* a la *Z*). Si el programa recibe como argumento sólo el nombre de un archivo, se cambiarán las minúsculas por mayúsculas en el propio archivo. En cambio, si se especifican dos nombres de archivo, el primero permanecerá inalterado, copiándose en el segundo el contenido del primero pero con las letras pasadas a mayúsculas.

Sería interesante que el alumno desarrollara estos mismos programas accediendo a los archivos de forma convencional. Esto le permitiría observar la facilidad que proporciona la técnica de proyección de archivos en memoria a la hora de programar los algoritmos, ya que el programador no tiene que estar manejando *buffers* ni estudiando "trozos" independientes del archivo. Con esta técnica, el archivo se puede manejar como si fuera una gran cadena de caracteres continua.

Proyección de archivos en memoria con archivos de tipo binario

En esta segunda parte de la práctica se plantea el desarrollo de varios programas que usan la técnica de proyección de archivos en memoria para manejar archivos de tipo binario. Concretamente, se van a usar archivos cuyo contenido va a corresponder a vectores de números en coma flotante. Básicamente, la práctica va a consistir en la realización de programas que ordenen vectores de este tipo. Sin embargo, dadas las dificultades para poder generar y leer archivos de tipo binario, se plantea como primera etapa el desarrollo de dos programas que realicen esta labor:

- Programa genera_vector. Crea un archivo con el nombre especificado como argumento del programa y en él incluye, usando la técnica de proyección en memoria, los números reales que lee de la entrada estándar.

- Programa imprime_vector. Usando la técnica de proyección en memoria, imprime en la salida estándar con formato de texto el contenido del archivo binario especificado como argumento del programa y que corresponde con un vector de números reales.

Una vez programadas estas dos utilidades, se plantea el desarrollo de los programas de ordenación de vectores que constituyen el objetivo principal de la práctica:

- Programa ordena_vector. El programa debe ordenar de forma creciente el contenido de un vector de números reales en coma flotante. Para ello, se recomienda utilizar la función de biblioteca qsort. Si el programa recibe como argumento sólo el nombre de un archivo, se ordenará el archivo "in-situ". En cambio, si se especifican dos nombres de archivo, el primero permanecerá inalterado, debiendo quedar en el segundo el resultado del ordenamiento.

- Programa `ordena_y_suma_vectores`. Se trata de un programa que ordena de forma concurrente un conjunto de vectores y, a continuación, los suma. El programa recibirá como argumentos el nombre de *N* archivos (al menos 2): los *N-1* primeros, que deberán tener el mismo tamaño, representan vectores de números reales que, en primer lugar, serán ordenados concurrentemente y que, a continuación, serán tratados como operandos de la suma, mientras que el enésimo será considerado como el contenedor del vector resultante. Después de la ejecución del programa, además de haberse generado el vector resultado, habrán quedado ordenados los vectores operando. Con respecto al esquema de concurrencia utilizado, se deberán desarrollar dos soluciones: una basada en procesos convencionales (`ordena_y_suma_vectores_pr`) y otra en procesos ligeros (`ordena_y_suma_vectores_th`).

  o Se plantea añadir una opción a las dos versiones del programa anterior (opción `-n`, que deberá especificarse como primer argumento del programa), tal que si se indica esta opción, los archivos especificados como operandos seguirán siendo ordenados antes de proceder a realizar la suma, pero esta ordenación no quedará posteriormente reflejado en los mismos. Así, después de la ejecución del programa, sólo se habrá generado el vector resultado, quedando inalterados los vectores especificados como operandos. En principio, parece que esta opción se resolvería directamente usando proyecciones de tipo privado, pero esto no ocurre así en las dos versiones del programa. El alumno debe analizar esta situación y determinar el motivo de esta diferencia de comportamiento, planteando cómo solucionar el problema surgido.

Para que el alumno pueda ver de forma práctica las mejoras en eficiencia que proporciona la técnica de proyección de archivos en memoria frente a la forma convencional de acceder a los archivos (lecturas y escrituras), se recomienda que desarrolle una versión del programa `ordena_vector` basada en accesos convencionales a archivos y que compare la eficiencia de ambas soluciones ejecutando ambos programas con el mandato `time`. La versión convencional debería permitir la especificación de distintos tamaños a la hora de acceder al archivo para poder así evaluar la influencia del tamaño de los accesos en el tiempo de ejecución de la versión convencional del programa.

3.7.3 Código fuente de apoyo

Para facilitar la realización de la práctica se recomienda proporcionar a los alumnos un archivo que contenga ejemplos de programas que usan la técnica de proyección de archivos, como el existente en la página web del libro (`practica-3.7.tgz`).

3.7.4 Recomendaciones generales

Para la primera parte de la práctica, se recomienda que el alumno utilice funciones estándar de manejo de caracteres y cadenas para facilitar la programación de los ejercicios propuestos en la misma.

3.7.5   Entrega de documentación

Se recomienda que el alumno entregue los siguientes archivos:

- `memoria.txt`: memoria de la práctica, donde se incluirán los comentarios razonados que se han solicitado en distintas partes de la práctica.
  - `cola.c`: archivo fuente de C donde se incluirá el programa `cola`.
  - `buscar.c`: archivo fuente de C donde se incluirá el programa `buscar`.
  - `amayuscula.c`: archivo fuente de C donde se incluirá el programa `amayuscula`.
  - `genera_vector.c`: archivo fuente de C donde se incluirá el programa `genera_vector`.
  - `imprime_vector.c`: archivo fuente de C donde se incluirá el programa `imprime_vector`.
  - `ordena_vector.c`: archivo fuente de C donde se incluirá el programa `ordena_vector`.
  - `ordena_y_suma_vectores_pr.c`: archivo fuente de C donde se incluirá el programa `ordena_y_suma_vectores_pr`.
  - `ordena_y_suma_vectores_th.c`: archivo fuente de C donde se incluirá el programa `ordena_y_suma_vectores_th`.

3.7.6   Bibliografía

- J. Carretero, F. García, P. de Miguel y F. Pérez. *Sistemas Operativos: Una visión aplicada.*, 2ª edición, McGraw-Hill, 2001.
- W. R. Stevens. *Advanced Programming in the UNIX Environment*. Addison-Wesley, 1992.

3.8   Práctica: Uso de bibliotecas dinámicas

3.8.1   Objetivos de la práctica

El objetivo principal es que el alumno se familiarice con el concepto de biblioteca dinámica y llegue a conocer usos avanzados de este mecanismo.

NIVEL: Avanzado
HORAS ESTIMADAS: 26

3.8.2   Descripción de la funcionalidad que debe desarrollar el alumno

La práctica plantea una serie de ejercicios que permitirán al alumno afianzar, de forma aplicada, sus conocimientos sobre el uso de bibliotecas dinámicas.

Aplicación que procesa diversos tipos de archivos

En este primer ejercicio, se plantea el desarrollo de un programa, denominado `procesa_archivos`, que, usando la técnica de la carga explícita de bibliotecas dinámicas, tenga la capacidad de procesar distintos tipos de archivos, siendo capaz de "aprender" en tiempo de ejecución cómo procesar un nuevo tipo de archivo. Evidentemente, lo de menos en esta práctica es qué procesamiento real se llevaría sobre cada tipo de archivo. Lo importante es demostrar la capacidad para poder añadir dinámicamente al programa en ejecución la funcionalidad requerida para procesar nuevos tipos de archivos.

Siguiendo una estrategia bastante típica, el tipo de un archivo vendrá determinado por la extensión que aparezca en su nombre (`.html`, `.txt`, `.zip`, etc.). Existirá un archivo de configuración, llamado `config`, donde se especificará una línea por cada tipo de archivo que actualmente se sepa procesar. Cada línea contendrá la extensión que caracteriza a los archivos de ese tipo, así como el nombre del archivo que contiene la biblioteca dinámica que incluye la funcionalidad para procesar ese tipo de archivo:

```
html bibhtml.so
tex bibtext.so
. . . . . . . .
```

Toda biblioteca dinámica encargada de procesar un determinado tipo de archivo debe incluir una función denominada `procesar`, que recibe como único argumento el nombre del archivo que se pretende procesar y que llevará a cabo el procesamiento específico de ese tipo de archivos.

A continuación, se describe el modo de operación del programa que, dado que lo que se pretende es enfatizar en los aspectos relacionados con el manejo de bibliotecas dinámicas, será muy sencillo:

- El programa consistirá en un bucle que, repetidamente, lee de la entrada estándar el nombre de un archivo y realiza su procesamiento.
- Por cada nombre de archivo leído, se debe extraer su extensión y consultar en el archivo de configuración para determinar cómo procesarlo.
- Si no hay una entrada asociada a esa extensión, el programa imprimirá un mensaje de error y pasará a leer nuevamente de la entrada estándar.
- En caso de que sí exista la entrada, se cargará la biblioteca especificada y se invocará a la rutina `procesar` de esa biblioteca que realizará el tratamiento adecuado, pasándole como parámetro el nombre del archivo.

Para hacer que el programa pueda manejar un nuevo tipo de archivos, una vez desarrollada la biblioteca dinámica correspondiente, sólo es necesario modificar el archivo de configuración para reflejar este nuevo tipo. Ni siquiera es necesario reiniciar el programa `procesa_archivos`: éste inmediatamente tendrá acceso a esta nueva funcionalidad al encontrar en el archivo de configuración la nueva entrada añadida. De manera similar, se podría eliminar el tratamiento de un determinado tipo de archivos o modificarlo, sin afectar al programa. Bastaría, simplemente, con actualizar adecuadamente el archivo de configuración

Dado que, como se comentó previamente, el objetivo de la práctica es el desarrollo de la infraestructura de procesamiento dinámico, pero no el procesamiento real, se recomienda generar varias bibliotecas dinámicas que incluyan funciones `procesar` que, simplemente, impriman el nombre de la biblioteca y el del archivo recibido como argumento.

Planificador de tareas dinámico

Se pide el desarrollo de un programa, denominado `planificador`, que se encargue de ejecutar cíclicamente un conjunto de tareas de distinta prioridad. Mediante el uso de la técnica de la carga explícita de bibliotecas dinámicas, se podrán añadir y eliminar tareas en tiempo de ejecución sin necesidad de reiniciar el planificador. Se debe resaltar que, como ocurría en la práctica anterior, lo de menos en esta práctica es qué labor van a llevar a cabo las tareas planificadas. El objetivo principal es diseñar la infraestructura que permite esta carga dinámica de tareas. A continuación, se describe el modo de operación del planificador:

- Cada tarea estará implementada en una biblioteca dinámica. Cada biblioteca dinámica debe incluir dos funciones: `carga`, que recibirá como parámetro un entero indicando su prioridad y que será invocada por el planificador cuando se quiera incluir esta tarea, y `descarga`, que no tendrá parámetros y que será llamada cuando se desee eliminarla. La biblioteca dinámica debe incluir también una función con un único argumento de tipo `void *`, que será la que lleve a cabo la tarea programada. Además de estas funciones, la biblioteca puede contener todas las funciones adicionales que se considere necesario.
- El planificador gestionará una lista de tareas. Cada tarea quedará identificada por una referencia a la función que ejecuta la tarea, que reside en una biblioteca dinámica, y una referencia a un argumento (de tipo puntero genérico `void *`), que también hará referencia a un objeto de la biblioteca dinámica. Cada vez que el planificador quiera ejecutar una determinada tarea, invocará a la función asociada a la misma pasándole el argumento almacenado en la entrada correspondiente de la lista.
- La lista de tareas estará inicialmente vacía. El planificador ofrecerá funciones para insertar una nueva tarea o para eliminar una existente. Los prototipos de estas funciones podrían ser como los siguientes:

```
void *insertar(void (*tarea)(void *), void *argumento, int
prioridad);
void eliminar(void *descriptor);
```

La rutina de inserción devuelve un valor de tipo `void *`, que representa un descriptor de esa tarea insertada, y recibe como primer parámetro la dirección de la función que implementa la tarea, que será una función `void` con un parámetro de tipo `void *`. El segundo parámetro es una referencia al argumento que será pasado a la función cuando sea invocada y el último representa la prioridad que se le dará a esta tarea. En cuanto a la función `eliminar`, recibe como parámetro el descriptor de la tarea devuelto por la rutina `insertar` que incluyó anteriormente esta tarea en la lista. Hay que resaltar que, dado que desde la biblioteca dinámica se tiene que poder acceder a estas funciones, habría que generar el programa usando la opción `-rdynamic` del montador para asegurar esta visibilidad.

- Se usará un FIFO (tubería con nombre) para indicarle al planificador en tiempo de ejecución que debe incluir o eliminar una tarea. En su fase de arranque, el planificador creará este FIFO y lo abrirá en modo de lectura-escritura, para evitar bloquearse en la apertura.

- Se desarrollarán dos programas: `insertar_tarea` y `eliminar_tarea`. El programa `insertar_tarea` recibirá como argumentos el nombre de la biblioteca dinámica que contiene la tarea y la prioridad con la que se pretende que ejecute. El programa `eliminar_tarea` recibirá como único argumento el nombre de la biblioteca dinámica que se desea eliminar. Estos programas deben escribir en el FIFO estos valores, así como el tipo de operación que se pretende hacer (insertar una nueva tarea o eliminar una existente, respectivamente).

- Si la lista de tareas está vacía, ya sea inicialmente o más adelante, el planificador se quedará bloqueado leyendo del FIFO.

- Cuando el planificador recibe por el FIFO una petición de inserción, debe cargar la biblioteca e invocar su función de carga, que, a su vez, deberá instalar la función que realiza la tarea dentro de la lista del planificador.

- En el caso de recibir una solicitud de eliminación, el planificador debe invocar la función de descarga, que, por su parte, desinstalará la función de la lista del planificador. Por último, el planificador debe eliminar la biblioteca de su mapa de memoria.

- Siempre que la lista de tareas no esté vacía, el planificador invocará por orden de prioridad las sucesivas tareas y, a continuación, consultará el FIFO, de forma no bloqueante (puede usarse la llamada `select`), para ver si hay peticiones pendientes. En caso de que las haya, las procesa. En cualquier caso, después de esto, el planificador vuelve a ejecutar la lista de tareas, y así sucesivamente.

Para realizar las pruebas de la práctica, se recomienda el desarrollo de bibliotecas dinámicas muy sencillas, de forma que la tarea consista simplemente en escribir su nombre, su argumento y su prioridad.

Por último, hay que resaltar que el modo de operación del programa desarrollado tiene cierta similitud, hasta cierto punto, con el esquema usado en Linux para permitir la carga dinámica de módulos en el kernel (mandatos `insmod` y `rmmod`).

Interposición de bibliotecas dinámicas

En ocasiones puede ser necesario reescribir una función que ya está definida en una biblioteca dinámica que usa el programa, de manera que todas las llamadas a esa función que realice el programa (ya sea desde el propio código del programa o desde una de sus bibliotecas dinámicas) confluyan en la nueva versión de la función. A veces, se pretende que esa nueva versión oculte a la versión anterior. Sin embargo, en otras ocasiones, se desea que la nueva versión realice un determinado trabajo previo y luego invoque a la versión original. Este último ejercicio plantea el uso del mecanismo de las bibliotecas dinámicas para resolver este tipo de situaciones. En general, la estrategia se basará en definir la nueva versión de la función en una biblioteca dinámica e interponerla de manera que intercepte las llamadas a la biblioteca original.

En primer lugar, se comenta a grandes rasgos cómo se realiza la resolución de referencias a símbolos externos en un programa que usa bibliotecas dinámicas. El ejecutable tiene asociadas una lista ordenada de las bibliotecas dinámicas que usa. En el caso de un programa en C, siempre estará incluida la biblioteca dinámica de dicho lenguaje (`libc`) en la lista, sin necesidad de que se haya especificado en el mandato de montaje. Cuando se referencia un símbolo global dentro de un programa, esta referencia se resuelve usando la primera biblioteca de la lista que lo tenga definido, incluso aunque la referencia se haya hecho desde una biblioteca que estaba al final de la lista.

Como primer ejemplo, se propone la creación de una biblioteca dinámica que contenga el módulo de gestión de memoria dinámica desarrollado en una práctica previa de este capítulo (la biblioteca se denominará `mialloc.so`). Para ello, se debe generar especificando la opción `-shared`. A continuación, se realizará un programa de prueba que haga uso de las funciones de reserva dinámica y se enlazará con la biblioteca dinámica generada. Al ejecutarlo, se podrá observar que se está haciendo uso de nuestras propias versiones de las funciones, quedando oculta la versión original de las mismas, no sólo para el código del programa de prueba, sino para cualquier biblioteca que use el programa. Para poder observar este último aspecto, se recomienda incluir una llamada a `strdup` en el programa de prueba. Esta función de la biblioteca de C invoca a su vez a la función `malloc` para reservar espacio. Cuando se ejecute el programa de prueba, se podrá observar que esta llamada indirecta a `malloc` también la captura nuestra biblioteca.

Una vez realizado este ejemplo, a continuación, se plantea un ejercicio basado en estos conceptos. Concretamente, se pretende el desarrollo de una biblioteca dinámica, denominada `traza_malloc.so`, que supervise las llamadas a las funciones de memoria dinámica que realiza un programa (`malloc`, `realloc` y `free`) y genere una traza de las mismas en un archivo para su posterior análisis, una vez que haya concluido la ejecución del programa. Esta funcionalidad podría ser muy útil a la hora de depurar un programa que usa memoria dinámica, labor que resulta siempre muy difícil.

Como se puede apreciar, en este caso no se pretende ocultar la versión original de estas funciones, sino capturarlas, escribir la traza correspondiente en el archivo, e invocar la función original. Para lograr este reenvío de la llamada, se usará la función `dlsym`, especificando el valor `RTLD_NEXT` como primer parámetro. La biblioteca dinámica debe encargarse de crear el archivo donde se almacenarán las trazas. El alumno debe determinar qué información de traza se incluirá por cada llamada, de manera que sea adecuada para poder detectar en el análisis posterior errores en el uso de la memoria dinámica por parte del programa, como, por ejemplo, zonas que se reservan pero nunca se liberan ("goteras" de memoria) o intentos de liberar o redimensionar zonas que no se han reservado previamente. Puede resultar interesante que el alumno diseñe un algoritmo para analizar esta información de traza y detectar qué problemas aparecen en el uso de memoria dinámica por parte de un determinado programa.

Para terminar, hay que resaltar que las técnicas de interposición de bibliotecas que se han presentado en este apartado se han aplicado enlazando el programa con la biblioteca que realiza la interposición. Sin embargo, en muchos sistemas UNIX (como Solaris y Linux), existe la posibilidad de usarlas directamente sobre ejecutables, sin necesidad de enlazarlos con la nueva biblioteca (téngase en cuenta que, para poder enlazar de nuevo el ejecutable, necesitamos disponer de su código objeto, lo que no es siempre posible). Para ello, se usa la variable de entorno `LD_PRELOAD`. Si se define esta variable de entorno de manera que contenga el nombre de una biblioteca dinámica, cuando se ejecute el programa, se cargará automáticamente dicha biblioteca pudiendo interceptar las llamadas que considere oportuno. Para poder observar de forma práctica esta posibilidad, se recomienda realizar dos experimentos:

- Definir la variable de entorno `LD_PRELOAD` para que haga referencia a la biblioteca `mialloc.so`. A partir de ese momento, cualquier programa que se ejecute (incluidos los mandatos del sistema) usará nuestra biblioteca de memoria dinámica en vez de la del sistema.

- Definir la variable de entorno `LD_PRELOAD` para que se especifique la biblioteca `traza_malloc.so`. A partir de ese momento, cualquier programa que se ejecute usará la biblioteca de intercepción y, por tanto, se monitorizará su uso de la memoria dinámica.

Este mecanismo ofrece muchas posibilidades, permitiéndonos interferir en el comportamiento de programas, aun sin disponer de su código fuente. Como ejemplo de esta poderosa característica, plantee una biblioteca de intercepción que capture las llamadas de *sockets* (primitivas `send`, `sendto`, `recv` y `recvfrom`), para incluir cifrado o compresión en la transmisión de datos. En el emisor se captura la llamada, se cifra o comprime y se invoca a la primitiva original y en el receptor se realiza el procesamiento complementario.

3.8.3 Código fuente de apoyo

Para facilitar la realización de la práctica se recomienda proporcionar a los alumnos un archivo que contenga ejemplos de programas que usan la técnica de carga explícita de bibliotecas dinámicas, como el existente en la página web del libro (`practica-3.8.tgz`).

3.8.4 Entrega de documentación

Se recomienda que el alumno entregue los siguientes archivos:

- `memoria.txt`: memoria de la práctica, donde se incluirán los comentarios razonados de las distintas cuestiones que se han planteado en distintas partes de la práctica.
  - `procesa_archivos.c`: archivo fuente de C donde se incluirá el programa `procesa_archivos`.
  - `planificador.c`: archivo fuente de C donde se incluirá el programa `planificador`.
  - `insertar_tarea.c`: archivo fuente de C donde se incluirá el programa `insertar_tarea`.
  - `eliminar_tarea.c`: archivo fuente de C donde se incluirá el programa `eliminar_tarea`.
  - `traza_malloc.c`: archivo fuente de C donde se incluirá el código de la biblioteca `traza_malloc.so`.

3.8.5 Bibliografía

- J. Carretero, F. García, P. de Miguel y F. Pérez. *Sistemas Operativos: Una visión aplicada*. 2ª edición, McGraw-Hill, 2007.
- W. R. Stevens. *Advanced Programming in the UNIX Environment*. Addison-Wesley, 1992.

3.9 Práctica: Monitor del uso de memoria de un programa

3.9.1 Objetivos de la práctica

El principal objetivo es llevar a la práctica algunos de los conceptos estudiados en el tema teórico de gestión de memoria. Concretamente, la práctica abarcará aspectos de gestión de memoria tales como los siguientes:

- Estructuras de datos del gestor de memoria: tablas de regiones, tablas de páginas y tablas de marcos.
- Tratamiento del fallo de página.
- Algoritmos de reemplazo.
- Análisis del uso de memoria de los programas.

NIVEL: Diseño
HORAS ESTIMADAS: 32

3.9.2 Descripción de la práctica

La práctica va a consistir en el desarrollo de una aplicación (memon) que permita conocer el comportamiento de un programa con respecto a su uso de memoria dependiendo de la cantidad de memoria física disponible y del algoritmo de reemplazo utilizado.

Como se irá viendo paulatinamente, el desarrollo de este monitor va a implicar enfrentarse a situaciones muy similares a las que tiene que afrontar el gestor de memoria de un sistema operativo real. Además, el monitor que se pretende desarrollar tiene interés por sí mismo, ya que se trata de una herramienta que, por un lado, permite comparar diversos algoritmos de reemplazo y, por otro, facilita el análisis de cómo usan los programas reales la memoria dependiendo de sus características específicas. Nótese que el monitor no tendrá un carácter "intrusivo" en la ejecución del programa: el programa se completará realizando la labor para la que estaba programado. Simplemente, la ejecución habrá sido más lenta debido a la sobrecarga de la monitorización.

Por último, hay que resaltar que, por simplicidad, el estudio del uso de memoria de los programas no va a abarcar la región de pila, centrándose en las regiones de código, datos con y sin valor inicial, *heap* y las correspondientes a archivos proyectados, ya sea con proyección privada o compartida.

En el resto de esta sección, se va a describir la idea en la que se fundamenta el modo de operación del monitor.

Cualquier programador que trabaje en el entorno C-UNIX conoce y "teme" el clásico mensaje: Segmentation fault (core dumped). Detrás de este mensaje está la detección por parte del sistema operativo de un acceso a memoria inválido (ya sea un acceso a una dirección no asignada o un intento de realizar una operación no permitida sobre una determinada dirección de memoria) y la consiguiente generación de la señal SEGV que, al no ser normalmente capturada por el programa, causa la terminación anómala del mismo.

Los programas convencionales generalmente no capturan esta señal. Sin embargo, su captura y tratamiento, junto con el uso de la llamada al sistema mprotect, conforman el punto de arranque de esta práctica.

La llamada al sistema mprotect permite establecer unos determinados permisos de acceso (o sea, especificar la protección, de ahí proviene su nombre) sobre un rango de direcciones del mapa del proceso que corresponda con un número entero de páginas. Se puede especificar permiso de lectura (PROT_READ), de ejecución (PROT_EXEC) y de escritura (PROT_WRITE).

Como es habitual en UNIX, se puede especificar una combinación de permisos uniéndolos con el operador |. Además, se pueden quitar todos los permisos especificando PROT_NONE.

Nótese que con mprotect podemos modificar los permisos originales (y razonables) que estableció el sistema operativo. Así, por ejemplo, podríamos hacer que una determinada página de código tuviera permisos de escritura. Para más detalles sobre esta llamada, se recomienda consultar el manual. Sin embargo, conviene resaltar un último aspecto: los permisos no son acumulativos. Por ejemplo, si sobre una página que tenía previamente permiso de lectura se realiza un mprotect especificando sólo PROT_WRITE, la página sólo quedará con permiso de escritura.

Mediante la captura de la señal SEGV y el uso de mprotect, el monitor puede supervisar la ejecución de un programa suponiendo que existe cierto número de marcos disponibles para el mismo y que se usa un determinado algoritmo de reemplazo. Esta supervisión se basa en las siguientes pautas:

- Inicialmente, se inhabilita el acceso a la página mediante el uso de mprotect. Podría decirse que "cubrimos" la página para que no pueda accederse.
- Cuando el programa intenta acceder a la página, se produce la señal SEGV. Es en el tratamiento de esta señal donde el monitor es consciente de que el programa ha accedido a la página y, por tanto, puede anotar este hecho. Es importante resaltar que, como parte de este tratamiento, el monitor debe devolver los permisos originales a la página mediante mprotect (o sea, "destapar" la página). Si no fuera así, el programa entraría en un bucle infinito, ya que, después de tratar la señal, se vuelve a ejecutar de nuevo la instrucción que la causó y, por tanto, si no se ha habilitado el acceso vuelve a producirse la señal. Esta repetición de la ejecución de la instrucción después del tratamiento de la señal es lo que hace que el monitor no sea "intrusivo", puesto que todas las instrucciones del programa original se ejecutan. Es interesante hacer notar que la ejecución de una misma instrucción puede generar varias señales de este tipo: tanto cuando se lee la instrucción como cuando se accede a cada uno de los operandos en memoria que pueda tener la misma, ya que pueden residir en páginas distintas.
- Nótese que puede ocurrir que el programa que se monitoriza sea erróneo y genere un error de acceso, ya sea por intentar acceder a una dirección inválida o debido a que intenta realizar una operación no permitida sobre una dirección válida (por ejemplo, intenta escribir sobre la región de código). Esta situación también causaría una señal SEGV, pero el monitor debe darse cuenta de que realmente se trata de un error de acceso, por lo que debe terminar la monitorización (no tiene sentido continuar supervisando un programa erróneo). Para poder distinguir si el acceso es válido, el monitor debe mantener estructuras de datos que reflejen el estado del mapa del programa que se supervisa. Estas estructuras van a ser similares, hasta cierto punto, a las tablas de regiones y tablas de páginas usadas por el gestor de memoria de un sistema operativo.
- Con respecto al número de marcos disponibles para la ejecución del proceso, este valor va a establecer el número máximo de páginas que pueden tener sus permisos habilitadas. Siguiendo con el símil, este número determina cuántas páginas como mucho pueden estar "destapadas". Cada vez que se produce una señal SEGV, además de actualizar sus estadísticas de accesos, el monitor comprobará si el número de páginas habilitadas ha llegado a este límite (o sea, si se ha llenado la memoria). Si ocurre esta situación, habrá que inhabilitar mediante mprotect ("expulsar") la página seleccionada por el algoritmo

de reemplazo elegido. Nótese que esta gestión implica que el monitor debe almacenar una estructura de datos, similar a la tabla de marcos de un sistema operativo, que refleje qué marcos están libres y cuáles usados y por qué página.

Como resultado de la aplicación de estas pautas, el monitor puede obtener exactamente los mismos resultados que ocurrirían en un sistema real que dedicara el número de marcos especificados a la ejecución del proceso y que usara el algoritmo de reemplazo indicado. El monitor presenta muchas similitudes con el gestor de memoria de un sistema operativo. De hecho, el instructor podrá darse cuenta de que se trata de una aplicación del principio de concreción en el que se basa el hardware virtual del minikernel: un fallo de página real producido por un acceso inválido a una página con acceso inhabilitado (generado por la MMU del procesador), el sistema operativo lo convierte en una señal SEGV, que el monitor trata como un fallo de página del programa que supervisa. A continuación, para incidir en esta similitud entre el monitor y el gestor de memoria de un sistema operativo, se exponen de forma comparada diversos aspectos de su modo de operación:

- En un sistema operativo real con memoria virtual basada en paginación por demanda, cuando se crea una región todas sus páginas se marcan como *no residentes*. De manera similar, en el monitor se dejarán inaccesibles mediante el uso de mprotect.
- Cuando se accede a una página no residente en un sistema operativo real, se produce un fallo de página. En este caso se generará la señal SEGV. El tratamiento de SEGV tendrá muchos aspectos en común con el tratamiento de un fallo de página real.
- Cuando se trae una página a memoria en un sistema real, se marca como residente y, por tanto, los siguientes accesos no causarán fallos de página. En el monitor se usará mprotect para habilitar los próximos accesos.
- En un sistema real la memoria física disponible limita el número de páginas que pueden estar residentes. Si hay un fallo y no hay ningún marco libre, se aplica un algoritmo de reemplazo que elige una página residente que se expulsa de memoria. De manera similar, el monitor prohibirá el acceso a la página seleccionada como "víctima" por el algoritmo de reemplazo. Nótese que el monitor se encargará de que en cada momento sólo pueda estar habilitado el acceso a, como mucho, tantas páginas como marcos tenga la memoria física.
- Ambos usan estructuras de datos de similares características:

  o Una tabla de regiones, que contenga las características de cada región. Téngase en cuenta que, por ejemplo, es necesario saber qué rango de direcciones ocupa cada región para poder diferenciar dentro del tratamiento de SEGV si se trata realmente de un fallo de página o en verdad se ha producido un acceso inválido (o sea, un verdadero SEGV).
  o Una tabla de páginas por cada región. Es necesario saber el estado de cada página de la región. Por ejemplo, hace falta conocer qué páginas están residentes y cuáles no.
  o Una tabla de marcos. Esta estructura permite conocer qué marcos están libres y cuáles ocupados, especificando qué página contienen (para poder invalidarla en caso de reemplazo).

Para llevar a cabo su labor, el monitor cuenta con la colaboración de un módulo de apoyo que se encargará en cada momento de informar al monitor de qué regiones forman el mapa del proceso y cuáles son sus características (dirección inicial, tamaño, protección, si está vinculada a un archivo o es anónima y si es compartida o privada). Este módulo se dedica a interceptar las llamadas del programa que puedan afectar al mapa de memoria del proceso para informar de ello al monitor. En concreto, el entorno de apoyo detecta e informa cuando se crea una nueva región en el mapa, cuando se elimina una región o cuando cambia el tamaño de una región existente. Hay que resaltar que el sistema operativo real se encargará de llevar a cabo todas estas operaciones sobre el mapa del proceso. El módulo de apoyo simplemente detecta cuando se producen y avisa al monitor del hecho.

Por tanto, una vez arrancado el programa cuya ejecución se pretende supervisar, el monitor sólo tomará el control debido a cuatro posibles eventos: se ha producido una señal SEGV, se ha creado o eliminado una región, o bien ha cambiado su tamaño.

3.9.3 Organización del software del monitor

Dada la extensión y complejidad del monitor planteado, es conveniente organizarlo de manera modular. Antes de plantear una posible estructura del software del monitor, es conveniente comentar que se recomienda no proporcionar al alumno el código fuente del módulo de apoyo, ya que consideramos que su disponibilidad no aporta ningún beneficio al alumno, pudiendo incluso causarle cierta confusión. Con respecto a los otros módulos que se describirán en esta sección, se propone adoptar una opción "minimalista", en el sentido de proporcionar al alumno una versión inicial de los mismos prácticamente vacía. El objetivo de esta estrategia es que el alumno se vea forzado a diseñar completamente las estructuras de datos requeridas por el monitor. Hay que recordar, sin embargo, que, dado que el instructor dispone de la solución completa de la práctica puede decidir proporcionar al alumno una versión inicial más elaborada para disminuir la complejidad de la práctica y acortar su tiempo de desarrollo. A continuación, se propone una posible organización del software del monitor.

Módulo principal (archivo `memon.c`)

Este módulo contendrá el programa principal del monitor. En la versión inicial proporcionada al alumno sólo incluirá la lógica requerida para capturar la señal SEGV, debido a la dificultad que presenta poder obtener la dirección que causó el fallo. Una vez obtenida dicha dirección, la rutina de tratamiento invoca directamente a la función `fallo_pagina` del módulo `fallo`.

Módulo de apoyo

Como se comentó previamente, este módulo, se encarga de controlar la evolución del mapa del proceso informando al monitor cuando sea oportuno. Este módulo proporciona la función `ejecutar_programa` que será invocada por el monitor cuando, una vez iniciadas sus estructuras de datos, pretenda arrancar la ejecución del programa que se pretende supervisar. Asimismo, se dedica a interceptar las llamadas del programa a monitorizar que puedan afectar al mapa de memoria del proceso para informar de ello al monitor. En concreto, el entorno de apoyo detecta e informa de las siguientes situaciones:

- Creación de una nueva región en el mapa. Este evento se produce cuando el entorno de apoyo detecta que se ha creado una nueva región e invocará a la rutina `creacion_region` del módulo `mapa` para informarle de este evento y de las características de la nueva región. La creación de una nueva región puede estar asociada a distintas situaciones:
  - En la creación del programa que se desea supervisar (realizada en la rutina de apoyo `ejecutar_programa`) se crean las regiones iniciales del proceso y se informa de ello al monitor.
  - El programa a supervisar realiza una llamada `mmap`.
  - El programa a supervisar realiza una primera reserva de memoria dinámica que causa la creación del *heap*. Nótese que en esta práctica se considera al *heap* como una región inicialmente vacía que es independiente de la región de datos sin valor inicial.
- Eliminación de una región. El entorno ha detectado que se ha eliminado una región e informa al monitor invocando la función `eliminacion_region` del módulo `mapa` para informarle de este evento. Este evento va a ser consecuencia de que el programa ha ejecutado la llamada `munmap` o de que ha terminado su ejecución.
- Cambio del tamaño de una región existente. El entorno detecta un cambio de tamaño en una región y le informa el monitor llamando a su función `cambio_tam_region`. Este cambio de tamaño estará asociado a la evolución de la región del *heap*.

A continuación, se incluyen los prototipos de estas funciones usadas por el entorno de apoyo para notificar los cambios en el mapa del proceso:

```
/* se informa de que se ha creado una región

        dir: dirección de comienzo de la región
        nodoi: archivo al que está vinculada (0 si es anónima)
        prot: permisos de acceso a la región
        tamano: tamaño de la región
        compartida: ¿es una región de tipo compartida?
*/
void creacion_region(void *dir, int nodoi, int prot,
                     int tamano, int compartida);

/* se informa de que se ha eliminado una región

        dir: dirección de comienzo de la región
*/
void eliminacion_region(const void *dir);

/* se informan de que ha cambiado el tamaño de una región

        dir: dirección de comienzo de la región
        tamano: nuevo tamaño de la región
*/
void cambio_tam_region(void *dir, int tam);
```

En el archivo `apoyo.h`, además del prototipo de `ejecutar_programa`, se ofrecen unas macros que facilitan la gestión de la máscara de protección usada por `mprotect`.

Módulo `marcos`

Este módulo contendrá la gestión de la tabla de marcos, incluyendo los algoritmos de reemplazo. Aunque inicialmente, se proporciona una versión vacía de este módulo, se recomienda que ofrezca, entre otras, rutinas para crear la tabla de marcos, para reservar uno libre, para liberar uno ocupado, así como los algoritmos de reemplazo correspondientes.

Módulo `mapa`

Este módulo deberá incluir las operaciones relacionadas con la gestión del mapa del proceso, tanto de sus regiones como de las páginas contenidas en las mismas. Por tanto, contendrá las definiciones de las tablas de regiones y de páginas, junto con las funciones que las gestionan. En este módulo se implementarán las funciones que invocará el módulo de apoyo para informar sobre la evolución del mapa del proceso, `creacion_region`, `cambio_tam_region` y `eliminacion_region`, así como otras funciones que se considere oportuno.

Módulo `fallo`

Este módulo tendrá que incluir la rutina de tratamiento del "fallo de página" (denominada `fallo_pagina`) que se encargará de tratar este evento y de actualizar las estadísticas de acuerdo con el mismo. Esta rutina será invocada directamente desde la función de tratamiento de la señal `SEGV` incluida en el módulo principal.

3.9.4   Descripción de la funcionalidad que debe desarrollar el alumno

El monitor recibirá como argumentos el algoritmo de reemplazo que debe utilizar, el número de marcos disponibles (o sea, el tamaño de la memoria física) y el nombre del programa que se pretende ejecutar de forma supervisada, junto con sus argumentos.

La información sobre el algoritmo de reemplazo estará contenida en el propio nombre del programa. Así, aunque sólo habrá un ejecutable, denominado `memon`, existirán enlaces a este ejecutable, de manera que el nombre del enlace haga referencia al algoritmo de reemplazo (`memon_FIFO`, para un algoritmo FIFO, y `memon_reloj`, para el algoritmo del reloj).
Supóngase, por ejemplo, que se desea monitorizar en un sistema con 8 marcos y usando un algoritmo de reemplazo FIFO, el programa `prueba` que recibe como argumentos los archivos (`vector_resultado` y `vector_operando`). Se ejecutaría el siguiente mandato:

```
memon_FIFO 8 prueba vector_resultado vector_operando
```

Si se pretende usar el algoritmo del reloj, habrá que ejecutar lo siguiente:

```
memon_reloj 8 prueba vector_resultado vector_operando
```

Con respecto a la salida producida por el monitor, una vez que esté completada la funcionalidad del mismo, ésta podría ser como la siguiente:

```
Fallos de página 42

Fallos no forzados 28

Fallos forzados 14

Fallos sin reemplazo 10

Fallos con reemplazo 32

Fallos sin lectura 3

Fallos con lectura archivo 27

Fallos con lectura swap 12

Escrituras en archivo 5

Escrituras en swap 11
```

En el resto de este apartado se expone de forma evolutiva qué funcionalidad se pide concretamente en esta práctica, describiendo tres versiones sucesivas del monitor con una complejidad incremental.

Versión inicial. Aplicación directa de la idea básica

Esta primera versión va a plasmar las ideas planteadas en la sección anterior para construir un monitor que obtenga algunas estadísticas básicas sobre el uso de memoria de un programa, usando un algoritmo de reemplazo sencillo como el FIFO. Esta primera versión del monitor deberá obtener las siguientes estadísticas:

- Número total de fallos de página causados por el programa.
- Número de fallos "no forzados" (causados por la falta de memoria física) y "forzados" (no son causados por la falta de memoria física, se deben simplemente al uso de paginación por demanda).
- Número de fallos que conllevan reemplazo (no se encuentra un marco libre) y número de fallos que no generan reemplazo.

Para realizar esta primera versión, se deberían definir las estructuras de datos que representan las regiones, las páginas y los marcos. Con respecto a la tabla de marcos, simplemente, se debe recordar que en cada entrada, como mínimo, tendría que aparecer información sobre si está ocupado el marco correspondiente y, en caso de estarlo, qué página contiene. Por lo que se refiere a la tabla de regiones, debería incluir en cada entrada toda la información sobre la región que proporciona la llamada `creacion_region` del módulo de apoyo. Por último, sobre la tabla de páginas, hay que incluir en la definición de la entrada aquellos campos requeridos por la funcionalidad reducida de esta primera versión (por ejemplo, la información necesaria para distinguir los fallos forzados y no forzados).

En el módulo principal, habrá que tratar los argumentos recibidos y realizar la iniciación de las estructuras de datos. Una vez realiza esta labor, se encargará de arrancar el programa que se desea monitorizar, llamando a la función `ejecutar_programa` del módulo de apoyo. Aunque queda a criterio del alumno, podría ser interesante incluir en este módulo la impresión de las estadísticas finales obtenidas por el monitor, así como el código que averigua cuál es el tamaño de la página (mediante la llamada `sysconf`) y lo carga en una variable global para evitar tener que estar haciendo la llamada al sistema continuamente.

En el módulo `mapa`, habrá que implementar las rutinas que son invocadas desde el módulo de apoyo. En el caso de la creación, el monitor debe anotar las características de la región e inhabilitar el acceso a sus páginas. Cuando se trata de una eliminación, debe anotar este hecho en sus estructuras de datos, liberando además los marcos que contuvieran páginas de una región, siempre que ésta fuera de tipo privado. Nótese que, siguiendo la estrategia que usan la mayoría de los sistemas operativos, cuando se elimina una región compartida del mapa del proceso, no se van a eliminar de memoria física sus páginas residentes, dando así oportunidad para que puedan usarlas otros procesos que compartiesen esa misma región (se mantiene esta estrategia aunque, evidentemente, esto no puede ocurrir en la práctica ya que sólo hay un proceso). Es importante resaltar que la operación de eliminar una región no conlleva el uso de `mprotect`, puesto que el sistema operativo ya eliminó la región y si se hace un `mprotect` daría error. Por último, con respecto a la operación de cambio de tamaño, su tratamiento dependerá de si trata de una expansión de la región o de una contracción. Si el tamaño aumenta, la zona añadida a la región tiene un tratamiento similar, hasta cierto punto, al que se realiza en la creación de una nueva región (hay que inhabilitar el acceso a esta zona expandida). En caso de que disminuya, el tratamiento de la zona que desaparece tendrá puntos en común con el que se realiza en la eliminación de una región (se deben liberar los marcos que contenían esta zona que ha desaparecido).

En el módulo `marcos`, habrá que implementar la gestión de la tabla de marcos, así como el algoritmo de reemplazo FIFO.

En el módulo `fallo`, habrá que realizar la primera versión de la rutina de fallo de página que deberá tener la estructura típica de una rutina de este tipo. Por lo que se refiere a las estadísticas, sólo se calcularán los fallos totales, los fallos forzados y no forzados, y los fallos con y sin reemplazo. Además, habrá que detectar los accesos a direcciones de memoria inválidas. En caso de que se produzcan, se sacará un mensaje por la salida de error y se terminará inmediatamente la ejecución del programa.

Por último, hay que resaltar que el monitor nos permite apreciar en la práctica la influencia del número de marcos asignados a un proceso (su conjunto residente) con el número de fallos de página. Para ello, es recomendable ejecutar el monitor sobre un programa de prueba variando el número de marcos disponible:

- Aumentar el número de marcos hasta que no haya fallos forzados.
- Disminuir el número de marcos para comprobar cómo se dispara exponencialmente el número de fallos de página (como nos enseña la teoría, lo que está ocurriendo es que el conjunto de trabajo del proceso no cabe en el conjunto residente). ¿Qué ocurre cuando especificamos un solo marco? Intente analizar lo que está ocurriendo.

Versión intermedia. Control de la modificación de las páginas

Se puede mejorar la funcionalidad del monitor y conseguir estadísticas más detalladas del uso de memoria si logramos llevar la cuenta de cuáles de las páginas residentes han sido modificadas y cuáles no.

Se trata, por tanto, de gestionar una información equivalente a la que proporciona el bit de modificado de una MMU. La estrategia que se va a utilizar no es nueva. Es la misma que se ha usado en sistemas operativos reales cuando la MMU del procesador no incluía un bit de modificado. A continuación, se describe esta estrategia:

- Cuando en un fallo de página (o sea, en el tratamiento del `SEGV` en el caso de nuestro monitor) se trae una página a memoria (o sea, se habilita su acceso con `mprotect`), se le especifica una protección que corresponde con la de la región pero quitándole el permiso de escritura.
- Si se produce un fallo y se comprueba que la página ya estaba residente, esto implicaría que se ha intentado escribir sobre ella. Por tanto, se considerará activado el bit de modificado y se establecerá directamente la protección original de la región. Nótese que, antes de activar el bit de modificado y restaurar la protección original, habría que comprobar que realmente la región tiene permiso de escritura, ya que, en caso contrario, se trataría de un acceso inválido (por ejemplo, un programa que escribe sobre su región de código). En caso de que se produzca, se sacará un mensaje por la salida de error y se terminará inmediatamente la ejecución del programa. Un aspecto importante es que el monitor no incluirá en ninguna de sus estadísticas este fallo ya que se trata de un fallo "artificial" usado para la gestión del bit de modificado.

Conviene resaltar que, con la inclusión de este nuevo mecanismo, una única escritura en memoria puede causar 2 fallos. En el primero "se trae la página a memoria", pero no se habilita permiso de escritura. Al repetirse la misma instrucción (nótese que después de tratar `SEGV` se repite la misma instrucción ya que el contador de programa sigue apuntando a la instrucción que causó el fallo), produce un segundo fallo, que el monitor no incluye en sus estadísticas, activándose el bit de modificado. La gestión de este bit de modificado permite obtener más estadísticas del comportamiento del programa:

- Número de fallos de página que no implican lectura, número de fallos que producen una lectura de archivo y número de fallos que provocan una lectura del *swap*.
- Número de escrituras a archivo y número de escrituras a *swap*.

Hay que tener en cuenta que una página modificada de una región privada se escribe en el *swap* cuando se expulsa, mientras que si se trata de una página de una región compartida, siempre se usa el archivo como soporte.

Para implementar esta funcionalidad, en el módulo de gestión del mapa se deberán incluir campos adicionales en la definición de la entrada de la tabla de páginas (como mínimo el propio bit de modificado) y añadir nuevas funciones si se considera oportuno.

En la rutina de fallo habrá que incluir la lógica de gestión del bit de modificación e implementar las nuevas estadísticas. Para ello, habrá que tener en cuenta si la página pertenece a una región anónima o vinculada a archivo y si es privada o compartida.

Asimismo, habrá que detectar los errores debidos a operaciones de memoria no permitidas. Concretamente, los accesos de escritura a regiones que no lo permiten.

Versión final. Algoritmo del reloj

De todos son conocidas las limitaciones del algoritmo FIFO y las buenas prestaciones del algoritmo del reloj, a pesar de su relativa simplicidad. Por tanto, en esta última versión de *memon* se plantea la inclusión de este nuevo algoritmo de reemplazo. Además de su programación, la implementación de este algoritmo presenta una dificultad adicional: requiere el uso de un bit de referencia.

Hasta ahora no se había planteado este requisito dado que el algoritmo FIFO no usa este bit. Para conseguir implementar este bit de referencia tenemos que recurrir nuevamente a un algoritmo similar al usado para el bit de modificado. Como curiosidad, es interesante resaltar que la MMU del procesador VAX donde se implementó el UNIX BSD original no tenía bit de referencia y, por tanto, se usó una estrategia similar a la descrita a continuación.

- Cuando se "trae" una página a memoria, se marca como residente y referenciada.
- Cuando el algoritmo del reloj solicita desactivar el bit de referencia de una página, habrá que deshabilitar el acceso con `mprotect`, pero manteniendo la página como residente.
- Si llega un fallo y la página está residente y no referenciada, se activa el bit de referencia y se habilita el acceso oportuno. Como ocurría con la implementación del bit de modificado, el monitor no incluirá en ninguna de sus estadísticas este fallo ya que se trata de un fallo "artificial".

Nótese que esta estrategia tiene que funcionar de manera conjunta con la correspondiente a la gestión del bit de modificado. La inclusión del algoritmo del reloj implica, en primer lugar, modificar el archivo `marcos.c`, para incluir el algoritmo del reloj.

Además, en el módulo de gestión del mapa se deberán incluir campos adicionales en la definición de la entrada de la tabla de páginas (como mínimo el propio bit de referencia) y añadir nuevas funciones si se considera oportuno. Asimismo, en la rutina de fallo habrá que incluir la lógica de gestión del bit de referencia.

3.9.5 Código fuente de apoyo

Para facilitar la realización de la práctica se dispone en la página web del libro del archivo `practica-3.9.tgz` que contiene el código fuente de apoyo de la práctica. Al extraer su contenido se crea el directorio `practica-3.9` donde se debe desarrollar la práctica. Dentro de este directorio se encuentran los siguientes archivos:

- `Makefile`: *Makefile* del monitor. Genera un ejecutable denominado `memon`.
- `memon.c`: archivo principal del monitor.
- `apoyo.o`: archivo objeto que contiene las funciones de apoyo.
- `apoyo.h`: archivo que contiene los prototipos de las funciones de apoyo, así como unas macros de utilidad.
- `marcos.h`: archivo que contiene los prototipos del módulo de gestión de marcos.
- `marcos.c`. Archivo del módulo de gestión de marcos.
- `mapa.h`: archivo que contiene los prototipos del módulo de gestión del mapa.
- `mapa.c`: archivo del módulo de gestión del mapa del proceso.
- `fallo.c`: archivo que contiene la rutina que trata el fallo de página.

- `memon_FIFO`: enlace al ejecutable `memon`. Será el nombre usado para ejecutar el monitor cuando se desea aplicar el algoritmo FIFO.
- `memon_reloj`: enlace al ejecutable `memon`. Será el nombre usado para ejecutar el monitor cuando se desea aplicar el algoritmo del reloj.

3.9.6 Recomendaciones generales

Se recomienda usar los programas desarrollados en las otras prácticas del tema como ejemplos de programas para monitorizar.

3.9.7 Entrega de documentación

Se recomienda que el alumno entregue un archivo que contenga la memoria de la práctica. Dada la envergadura de la práctica y la libertad que tiene el alumno a la hora de desarrollarla, en este archivo el alumno deberá incluir una descripción del diseño de la misma. Además, el alumno deberá entregar todos los archivos de la práctica donde se habrá incluido la funcionalidad pedida.

3.9.8 Bibliografía

- J. Carretero, F. García, P. de Miguel y F. Pérez. *Sistemas Operativos: Una visión aplicada*. 2ª edición. McGraw-Hill, 2007.

4. Comunicación y sincronización de procesos

En este capítulo se presentan prácticas relacionadas con la comunicación y sincronización de procesos. El objetivo fundamental es que el alumno entienda el problema fundamental que plantea la ejecución de procesos concurrentes que cooperan entre sí, así como la necesidad de comunicar y sincronizar correctamente dichos procesos. También se pretende que el alumno comprenda el problema de los interbloqueos y conozca cómo detectarlos.

4.1 Servicios de gestión de mutex y variables condicionales

A continuación se muestran los principales servicios POSIX para la gestión de mutex y variables condicionales.

Iniciar un **mutex**

Esta función permite iniciar una variable de tipo mutex. Su prototipo es el siguiente:

```
int pthread_mutex_init(pthread_mutex_t *mutex,
    pthread_mutexattr_t *attr);
```

El segundo argumento especifica los atributos con los que se crea el mutex inicialmente, en caso de que este segundo argumento sea NULL, se tomarán los atributos por defecto.

Destruir un mutex

Permite destruir un objeto de tipo mutex. El prototipo de la función que permite invocar este servicio es:

```
int pthread_mutex_destroy(pthread_mutex_t *mutex);
```

Operación lock

Esta función intenta bloquear el mutex. Si el mutex ya se encuentra bloqueado por otro proceso, el proceso ligero que ejecuta la llamada se bloquea. En caso contrario, se bloquea el mutex sin bloquear al proceso. Su prototipo es el siguiente:

```
int pthread_mutex_lock(pthread_mutex_t *mutex);
```

Operación unlock

Este servicio desbloquea el mutex. Si existen procesos bloqueados en él, se desbloqueará a uno de ellos, que será el nuevo proceso que adquiera el mutex. Esta operación sobre un mutex debe ejecutarla el proceso ligero que adquirió con anterioridad el mutex mediante la operación lock. El prototipo es:

```
int pthread_mutex_unlock(pthread_mutex_t *mutex);
```

Iniciar una variable condicional

Para emplear en un programa una variable condicional es necesario declarar una variable de tipo `pthread_cond_t` e iniciarla antes de usarla mediante el servicio `pthread_cond_init` cuyo prototipo se muestra a continuación:

```
int pthread_cond_init(pthread_cond_t *cond,
    pthread_condattr_t *attr);
```

Esta función inicia una variable de tipo condicional. El segundo argumento especifica los atributos con los que se crea inicialmente la variable condicional. Si el segundo argumento es `NULL`, la variable condicional toma los atributos por defecto.

Destruir una variable condicional

Permite destruir una variable de tipo condicional. Su prototipo es:

```
int pthread_cond_destroy(pthread_cond_t *cond);
```

Operación wait sobre una variable condicional

Elmprototipo de este servicio es:

```
int pthread_cond_wait(pthread_cond_t *cond,
    pthread_mutex_t_ *mutex);
```

Esta función suspende al proceso ligero hasta que otro proceso ejecute una operación `signal` sobre la variable condicional pasada como primer argumento. De forma atómica se libera el mutex pasado como segundo argumento. Cuando el proceso se despierte volverá a competir por el mutex.

Operación signal sobre una variable condicional

Su prototipo es:

```
int pthread_cond_signal(pthread_cond_t *cond);
```

Se desbloquea a un proceso suspendido en la variable condicional pasada como argumento a esta función. Esta función no tiene efecto si no hay ningún proceso ligero esperando sobre la variable condicional. Para desbloquear a todos los procesos ligeros suspendidos en una variable condicional se emplea el servicio:

```
int pthread_cond_broadcast(pthread_cond_t *cond);
```

4.2 Práctica: Intérprete de mandatos con tuberías

El objetivo de esta práctica es completar la funcionalidad de la Práctica 2.5, incluyendo la funcionalidad necesaria para la ejecución de secuencias de mandatos conectados a través de tuberías (pipes).

NIVEL: Intermedio
HORAS ESTIMADAS: 16

4.2.1 Descripción de la funcionalidad

La práctica a desarrollar tiene que completar la funcionalidad de la Práctica 2.5, cuyo objetivo era el desarrollo de un intérprete de mandatos sencillo. Para el desarrollo de esta práctica, debe utilizarse el mismo material de apoyo y la misma función obtener_mandato, descrita en esa práctica y que permite obtener el mandato o secuencia de mandados a ejecutar. El alumno debe ampliar la práctica 2.5 para permitir la ejecución de mandatos conectados a través de pipes. No hay ninguna restricción en el número de mandatos que se pueden ejecutar.

Ejecución de mandatos con tuberías

Para facilitar el desarrollo de esta práctica, a continuación se presenta un programa que permite ejecutar el mandato ls | wc. La ejecución de este mandato supone la ejecución de los programas ls y wc de UNIX y su conexión mediante una tubería. El código que permite la ejecución de este mandato es el que se muestra en el siguiente programa:

```c
#include <sys/types.h>
#include <stdio.h>
#include <unistd.h>

void main(void) {
        int fd[2];
        pid_t pid;

        /* se crea la tubería */
        if (pipe(fd) < 0) {
                perror("Error al crear la tubería");
                exit(0);
        }

        pid = fork();
        switch (pid) {
                case -1:   /* error */
                        perror("Error en el fork");
                        exit(0);

                case 0:    /* proceso hijo ejecuta ls */
                        close(fd[1]);
                        close(STDIN_FILENO);
                        dup(fd[0]);
                        close(fd[0]);
                        execlp("wc", "wc", NULL);
                        perror("Error en el exec");
                        break;

                default:   /* proceeso padre ejecuta wc */

                        close(fd[0]);
```

```
close(STDOUT_FILENO);
dup(fd[1]);
close(fd[1]);
execlp("ls", "ls", NULL);
perror("Error en el exec");


    }
}
```

El proceso padre (véase la Figura 4.1) redirige su salida estándar a la tubería. Por su parte el proceso hijo redirecciona su entrada estándar a la tubería. Con esto se consigue que el proceso que ejecuta el programa `ls` escriba sus datos de salida en la tubería, y el proceso que ejecuta el programa `wc` lea sus datos de la tubería.

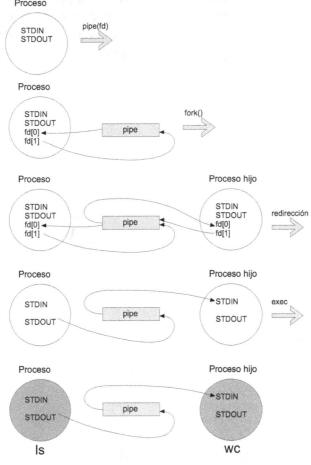

Figura 4.1 Ejecución de mandatos con tuberías

Los pasos que realiza el proceso padre para redirigir su salida estándar a la tubería son los siguientes:

- Cierra el descriptor de lectura de la tubería, `fd[0]`, ya que no lo utiliza (`close(fd[0])`.

- Cierra la salida estándar, que inicialmente en un proceso referencia el terminal (`close(STDOUT_FILENO)`). Esta operación libera el descriptor de archivo 1, es decir, el descriptor `STDOUT_FILENO`.

- Duplica el descriptor de escritura de la tubería mediante la sentencia `dup(fd[1])`. Esta llamada devuelve y consume un descriptor, que será el de número más bajo disponible, en este caso el descriptor 1 que coincide en todos los procesos como el descriptor de salida estándar. Con esta operación se consigue que el descriptor de archivo 1 y el descriptor almacenado en `fd[1]` sirvan para escribir datos en la tubería. De esta forma se ha conseguido redirigir el descriptor de salida estándar en el proceso hijo a la tubería.

- Se cierra el descriptor `fd[1]`, ya que el proceso hijo no lo va a utilizar en adelante. Recuérdese que el descriptor 1 sigue siendo válido para escribir datos en la tubería.

Cuando el proceso hijo invoca el servicio `exec` para ejecutar un nuevo programa, se conserva en el BCP de la tabla de procesos, la tabla de descriptores de archivos abiertos, y en este caso el descriptor de salida estándar 1 está referenciando a la tubería. Cuando el proceso comienza a ejecutar el código del programa `ls`, todas las escrituras que se hagan sobre el descriptor de salida estándar se harán realmente sobre la tubería

Para que el proceso hijo redirija su entrada estándar a la tubería se realizan se realiza un proceso equivalente.

El servicio dup de POSIX duplica un descriptor de archivo abierto. Su prototipo es:

```
int dup(int fd);
```

El servicio `dup` duplica el descriptor de archivo `fd`. La llamada devuelve el nuevo descriptor de archivo. Este descriptor de archivo referencia al mismo archivo al que referencia `fd`.

4.2.2 Desarrollo de la práctica

El desarrollo de esta práctica tiene que hacerse a partir de la solución realizada para la práctica 2.5. Es decir, el alumno completará sobre la solución de la práctica 2.5 la funcionalidad descrita en la sección anterior.

4.2.3 Documentación a entregar

Se deberá entregar los siguientes archivos:

- `memoria.txt`. Memoria de la práctica.
- `main.c`. Código fuente del *minishell*, implementando todas la funcionalidades que se requieren en la práctica 2.5 y en ésta.

4.2.4 Bibliografía

- F. García, J. Carretero, J. Fernández, A. Calderón. *Lenguaje de programación C: diseño e implementación de programas*. Prentice-Hall, 2002.
- J. Carretero, F. García, P. de Miguel, F. Pérez. Sistemas Operativos: una visión aplicada. McGraw-Hill, 2007.
- M. Kerrisk. *The Linux Programming Interface*. No Starch Press, 2010.

4.3 Práctica: Productor-consumidor utilizando procesos ligeros

4.3.1 Objetivo de la práctica

El objetivo de esta práctica es que el alumno se familiarice con el uso de procesos ligeros, así como la forma de comunicar esos procesos mediante memoria compartida. También se pretende que el alumno aprenda a resolver el problema del productor consumidor en un caso concreto.

NIVEL: Intermedio
HORAS ESTIMADAS: 10

4.3.2 Descripción de la funcionalidad pedida

La práctica consiste en modificar un código fuente en C que implementa un problema de tipo productor-consumidor. La descripción de este código es la siguiente:

- La función que implementa el consumidor genera un número aleatorio cada cierto tiempo e introduce este número en una cola circular. En caso de que esta cola estuviera llena, el consumidor esperará a que exista una posición libre dentro de la cola circular.

- La función que implementa el productor examina la cola circular periódicamente, si esta está vacía espera a que haya algún elemento nuevo en ella, en caso contrario extrae el elemento más antiguo de la cola circular y, pasado un cierto tiempo que se considera 'tiempo de proceso' lo imprime por pantalla.

- La cola circular se implementa mediante una estructura que contiene una vector de tamaño N donde se almacenan los elementos de la cola, asimismo consta de dos enteros, `inicio_cola` y `fin_cola` que almacenan índices del vector de elementos. El índice `inicio_cola` indica la posición del vector donde almacenar el próximo elemento a introducir en la cola circular. El índice `fin_cola` indica la posición de vector donde se encuentra el próximo elemento a extraer de la cola circular. Cuando alguno de los dos índices alcance el valor máximo del vector, el siguiente elemento al que deberá transitar será el primer elemento del vector. De esta forma se consigue que la cola sea circular. Cuando los índices `inicio_cola` y `fin_cola` apuntan al mismo elemento del vector indica que la cola circular esta vacía. En cambio cuando el índice `fin_cola` es el siguiente elemento en la cola al apuntado por el índice `inicio_cola` indica que la cola circular esta llena (recuerde que el elemento de la cola siguiente al que está en la posición N es el que está en la posición 1).

El alumno deberá realizar las pertinentes modificaciones sobre el código que se proporciona para que esté pueda realizar las siguientes acciones:

- El programa deberá lanzar dos procesos ligeros, uno que ejecute la función consumidor y otro que ejecute la función `productor`. Para ello se debe usar usar la función `pthread_create`.

- El programa deberá garantizar la exclusión mutua en el acceso a la cola circular que comparten los dos procesos, es decir, hay que evitar que, en ningún caso, los dos procesos accedan a la vez a la cola circular. Para realizarlo se recomienda el uso de mutex.

- El programa deberá, así mismo, evitar la espera activa que realizan los dos procesos mientras comprueban si la cola circular esta vacía o llena según el caso. Es decir el proceso deberá esperar a que se cumpla la condición requerida de forma que deje la CPU libre para otros procesos. Para ello se recomienda el uso de variables de condición.

Código fuente de apoyo

Para facilitar la realización de la práctica se dispone del archivo `practica_4.3.tgz`, disponible en la página web del libro, que contiene el código fuente de apoyo. Al extraer su contenido se crea el directorio `practica_4.3`, donde se debe desarrollar la práctica. Dentro de este directorio se habrán incluido los siguientes archivos:

- `Makefile`. Archivo fuente para la herramienta `make`. No debe ser modificado. Con él se consigue la recompilación automática de los ficheros fuente cuando se modifique. Basta con ejecutar el mandato `make` para que el programa se compile de forma automática.
- `procsync.c`. Archivo de C a modificar dónde se incluirá el código del productor, consumidor y la cola circular.

Recomendaciones generales

Es importante estudiar previamente el funcionamiento de los procesos ligeros en POSIX. Para evitar problemas es recomendable ejecutar las modificaciones en el orden en el cual se han descrito anteriormente, además el programa no funcionará de forma adecuada al menos hasta haber completado los dos primeros pasos, siendo el tercer paso vital para evitar un uso desmesurado de la CPU por parte del programa.

El código que se suministra puede ejecutarse tal cual, pero no realiza ninguna tarea hasta que no se hayan realizado las oportunas modificaciones.

A continuación se listan las funciones que se pueden necesitar a la hora de desarrollar la práctica:

```
pthread_create
pthread_mutex_init  pthread_mutex_lock  pthread_mutex_unlock
pthread_cond_init   pthread_cond_wait   pthread_cond_signal
```

Para poder usar estas funciones es necesario incluir el archivo de cabecera del sistema `<pthread.h>` y enlazar el programa con la biblioteca `libpthread`.

4.3.3 Documentación a entregar

El alumno debe entregar los siguientes archivos:

- `memoria.txt`. Memoria de la práctica.
- `procsync.c` . Archivo que contiene el programa.

4.3.4 Bibliografía

- F. García, J. Carretero, J. Fernández, A. Calderón. *Lenguaje de programación C: diseño e implementación de programas*. Prentice-Hall, 2002.
- J. Carretero, F. García, P. de Miguel, F. Costoya. *Sistemas Operativos: una visión aplicada*. McGraw-Hill, 2007.
- M. Kerrisk. *The Linux Programming Interface*. No Starch Press, 2010.

4.4 Práctica: Programación de una biblioteca de gestión bancaria concurrente

4.4.1 Objetivo de la práctica

El principal objetivo es que el alumno pueda conocer de forma práctica cómo funcionan los threads con mutex y variables condicionales para resolver un problema de concurrencia. El alumno deber diseñar y codificar, en lenguaje C y sobre sistema operativo UNIX/Linux, una biblioteca de acceso a la base de datos de un banco de modo que las operaciones sean consistentes incluso en caso de que sucedan de forma concurrente.

- NIVEL: Diseño
- HORAS ESTIMADAS: 16

4.4.2 Descripción de la práctica

Se pretende codificar una biblioteca que permita la ejecución concurrente de la biblioteca **bd_banca**. La biblioteca **bd_banca** proporcionada permite gestionar cuentas de un banco así como los saldos asociados a las mismas, pero no soporta que varios clientes puedan acceder a la vez.

Se desea codificar una nueva interfaz que se sitúe entre el usuario y la base de datos, y que dé soporte a esta concurrencia. La biblioteca a codificar, denominada **concurrente**, tiene que cumplir los siguientes requisitos:
- Debe permitir realizar operaciones concurrentes sobre la base de datos sobre distintos elementos de la misma.
- Debe mantener la coherencia de los elementos de la base de datos (tanto en la creación, como en la eliminación o la actualización de los mismos).
- Se debe respetar la interfaz propuesta en el enunciado, sin posibilidad de realizar ningún cambio en la misma.

Es decir:
- La biblioteca a desarrollar debe soportar el uso de múltiples procesos ligeros "por encima" de la interfaz.
- No se pueden realizar operaciones de creación o borrado de una cuenta si se está realizando cualquier otra operación sobre la base de datos.
- En cambio, se pueden realizar operaciones de actualización de distintas cuentas de forma concurrente.

4.4.3 Interfaz de la base de datos

La interfaz proporcionada para acceder a la base de datos se detalla a continuación. Esta interfaz ya está codificada y se proporciona junto al código fuente de la práctica pre-compilada, es decir, se podrá acceder al fichero de cabeceras, pero no al código.

NOTA: Todos los parámetros pasados a las funciones tienen que tener algún valor. En el caso de que pase algún valor a NULL, la función devolverá siempre un valor de **-1**.

La base de datos podrá administrar hasta 16 cuentas, es decir, se podrán crear o borrar cuentas tantas veces como se desee, pero sólo podrá haber un **máximo** de **16 cuentas activas**.

- `int db_banco_init()`

    o **Descripción:** función que inicializa la base de datos. Solo se usa una vez al inicio.

    o **Valor de retorno:** 0

- `int db_banco_destroy()`

    o **Descripción:** función que elimina los recursos utilizados de la base de datos. Usar solo una vez al finalizar.

    o **Ámbito:** afecta a la totalidad de la base de datos.

    o **Valor de retorno:** 0 → ok.

- `int db_banco_crear_cuenta(char *cuenta)`

    o **Descripción:** función que crea una cuenta en el primer registro disponible. No controla la existencia de otras cuentas con el mismo nombre.

    o **Ámbito:** afecta a la totalidad de la base de datos.

    o **Entrada:** nombre de la cuenta.

    o **Valor de retorno:** 0 → ok, -1 → error, que significa que no existen registros libres para la creación de la cuenta (16 cuentas activas).

- `int db_banco_obtener_num_cuentas(int *num_cuentas)`

    o **Descripción:** función que devuelve el número de cuentas.

    o **Salida:** número de cuentas del banco.

    o **Valor de retorno:** 0 → ok, -1 → error.

- `int db_banco_borrar_cuenta(char *cuenta)`

    o **Descripción:** función que elimina la primera cuenta que encuentre con el mismo nombre que el solicitado.

    o **Ámbito:** afecta a la totalidad de la base de datos.

    o **Entrada:** nombre de la cuenta.

- o **Valor de retorno:** 0 → ok, -1 → error en caso de que no se encuentre ninguna cuenta con el nombre solicitado.

- int db_banco_existe_cuenta(char *cuenta)

  - o **Descripción:** función que indica si existe una cuenta.

  - o **Entrada:** nombre de la cuenta a buscar.

  - o **Valor de retorno:** 1 → existe, 0 → No existe

- int db_banco_actualizar_cuenta(char *cuenta, int saldo)

  - o **Descripción:** función que actualiza el saldo de una cuenta.

  - o **Ámbito:** afecta a la cuenta solicitada.

  - o **Entrada:** nombre de la cuenta y el saldo de la cuenta.

  - o **Valor de retorno:** 0 → ok, -1 → error en caso de que no se encuentre ninguna cuenta con el nombre solicitado

- int db_banco_obtener_saldo(char *cuenta, int *saldo)

  - o **Descripción:** función que devuelve el saldo de una cuenta.

  - o **Ámbito:** afecta a la cuenta solicitada.

  - o **Entrada:** nombre de la cuenta.

  - o **Salida:** saldo de la cuenta.

  - o **Valor de retorno:** 0 → ok, -1 → error en caso de que no se encuentre ninguna cuenta con el nombre solicitado.

- int db_banco_insertar_datos_internos(char *cuenta, void *ptr, int size)

  - o **Descripción:** función que permite asociar una serie de datos a una cuenta concreta. Se puede utilizar para guardar en la cuenta datos relacionados con la sincronización de procesos ligeros.

  - o **Ámbito:** afecta a la cuenta solicitada.

  - o **Entrada:** nombre de la cuenta, puntero a los datos y tamaño de los mismos.

  - o **Valor de retorno:** 0 → ok, -1 → error en caso de que no se encuentre ninguna cuenta con el nombre solicitado.

- int db_banco_obtener_datos_internos(char *cuenta, void **ptr, int *size)

  - o **Descripción:** función que devuelve los datos internos asociados a una cuenta.

  - o **Ámbito:** afecta a la cuenta solicitada.

o **Entrada:** nombre de la cuenta.

o **Salida:** puntero a los datos y tamaño de los mismos.

o **Valor de retorno:** 0 → ok, -1 → error en caso de que no se encuentre ninguna cuenta con el nombre solicitado.

Interfaz secuencial

En este apartado se detalla la interfaz secuencial. Esta interfaz ya está codificada y se proporciona junto al código fuente de la práctica. El objetivo de esta interfaz es mostrar un ejemplo de codificación secuencial de la funcionalidad requerida, es decir, incluye todo el código que se debe implementar salvo los mecanismos de sincronización de hilos. Se debe respetar este código a la hora de implementar la versión concurrente.

- `int secuencial_init()`

  o **Descripción:** función que inicializa los recursos utilizados en la biblioteca, así como la base de datos utilizada. Usar sólo una vez al inicio.

  o **Valor de retorno:** 0 → ok, -1 → error.

- `int secuencial_destroy()`

  o **Descripción:** función que elimina los recursos utilizados en la biblioteca, así como los utilizados en la base de datos. Usar sólo una vez al final del programa.

  o **Valor de retorno:** 0→ ok, -1→ error.

- `int secuencial_crear_cuenta(char *cuenta)`

  o **Descripción:** función que crea una cuenta en la base de datos. En caso de encontrar otra cuenta con el mismo nombre, se considera que la creación se ha realizado con éxito.

  o **Entrada:** nombre de la cuenta.

  o **Valor de retorno:** 0 → ok, -1→ error.

- `int secuencial_obtener_num_cuentas(int *num_cuentas)`

  o **Descripción:** función que consulta en la base de datos el número de cuentas existente.

  o **Salida:** devuelve el número de cuentas existentes en el banco.

  o **Valor de retorno:** 0→ ok, -1 → error.

- `int secuencial_borrar_cuenta(char *cuenta)`

  o **Descripción:** función que borra una cuenta en la base de datos. En caso de no encontrarse una cuenta con el mismo nombre, se considera que el borrado se ha realizado con éxito.

- o **Entrada:** nombre de la cuenta.
- o **Valor de retorno:** 0 → ok, -1→ error.

- int secuencial_incrementar_saldo(char *cuenta, int saldo, int *saldo_actualizado)

  - o **Descripción:** función que incrementa el saldo de una cuenta y devuelve el saldo actualizado.
  - o **Entrada:** nombre de la cuenta y el saldo a actualizar.
  - o **Salida:** devuelve el saldo actualizado
  - o **Valor de retorno:** 0 → ok, -1 → error (cuenta no encontrada, etc.).

- int secuencial_decrementar_saldo(char *cuenta, int saldo, int *saldo_actualizado)

  - o **Descripción:** función que decrementa el saldo de una cuenta y devuelve el saldo actualizado.
  - o **Entrada:** nombre de la cuenta y el saldo a actualizar.
  - o **Salida:** devuelve el saldo actualizado.
  - o **Valor de retorno:** 0→ ok, -1 → error (cuenta no encontrada, etc.).

- int secuencial_obtener_saldo(char *cuenta, int *saldo)

  - o **Descripción:** función que devuelve el saldo de una cuenta.
  - o **Entrada:** nombre de la cuenta
  - o **Salida:** devuelve el saldo actualizado
  - o **Valor de retorno:** 0→ ok, -1 → error (cuenta no encontrada, etc.)

Interfaz concurrente

En este apartado se detalla la interfaz a codificar. Se debe respetar el contenido de sus funciones permitiendo el acceso concurrente a la base de datos del banco.

- int concurrente_init()

  - o **Descripción:** función que inicializa los recursos utilizados en la biblioteca, así como la base de datos utilizada y los mecanismos de control de concurrencia. Usar solo una vez al inicio. No debe controlar ningún tipo de concurrencia.
  - o **Control de concurrencia:** no debe controlar ningún tipo de concurrencia.
  - o **Valor de retorno:** 0 → ok, -1 → error.

- int concurrente_destroy()

- o **Descripción:** función que elimina los recursos utilizados en la biblioteca, así como los utilizados en la base de datos y los mecanismos de control de concurrencia. Usar solo una vez al final del programa.

- o **Control de concurrencia:** no debe controlar ningún tipo de concurrencia.

- o **Valor de retorno:** 0 → ok, -1 → error.

- int concurrente_crear_cuenta(char *cuenta)

  - o **Descripción:** función que crea una cuenta en la base de datos utilizando concurrencia. En caso de encontrar otra cuenta con el mismo nombre, se considera que la creación se ha realizado con éxito. Debe mantener la coherencia de la BD. No permite realizar otras operaciones al mismo tiempo.

  - o **Control de concurrencia:** no debe permitir que se realice ninguna otra operación sobre la base de datos al mismo tiempo.

  - o **Entrada:** nombre de la cuenta.

  - o **Valor de retorno:** 0 → ok, -1 → error.

- int concurrente_obtener_num_cuentas(int *num_cuentas)

  - o **Descripción:** función que consulta en la base de datos el número de cuentas existente utilizando gestión de la concurrencia. Debe mantener la coherencia de la BD.

  - o **Control de concurrencia:** solo debe permitir que se produzcan otras operaciones de consulta sobre la base de datos. Las operaciones permitidas serán obtener número de cuentas y cualquier operación sobre una cuenta concreta.

  - o **Salida:** devuelve el número de cuentas existentes en el banco.

  - o **Valor de retorno:** 0 → ok, -1 → error.

- int concurrente_borrar_cuenta(char *cuenta)

  - o **Descripción:** función que borra una cuenta de la base de datos utilizando control de concurrencia. En caso de no encontrarse una cuenta con el mismo nombre, se considera que el borrado se ha realizado con éxito. Debe mantener la coherencia de la BD. No permite realizar otras operaciones al mismo tiempo.

  - o **Control de concurrencia:** no debe permitir que se realice ninguna otra operación sobre la base de datos al mismo tiempo.

  - o **Entrada:** nombre de la cuenta.

  - o **Valor de retorno:** 0 → ok, -1 → error.

- int concurrente_incrementar_saldo(char *cuenta, int saldo, int *saldo_actualizado)

- **Descripción:** función que incrementa el saldo de una cuenta y devuelve el saldo actualizado. Debe permitir actualizar o leer otras cuentas en paralelo.

- **Control de concurrencia:** no debe permitir que se realice ninguna otra operación sobre la cuenta afectada al mismo tiempo. Contará como una operación de consulta sobre la base de datos.

- **Entrada:** nombre de la cuenta y el saldo a actualizar.

- **Salida:** devuelve el saldo actualizado.

- **Valor de retorno:** 0 → ok, -1 → error (cuenta no encontrada, etc.).

- `int concurrente_decrementar_saldo(char *cuenta, int saldo, int *saldo_actualizado)`

  - **Descripción:** función que decrementa el saldo de una cuenta y devuelve el saldo actualizado. Debe permitir actualizar o leer otras cuentas en paralelo.

  - **Control de concurrencia:** no debe permitir que se realice ninguna otra operación sobre la cuenta afectada al mismo tiempo. Contará como una operación de consulta sobre la base de datos.

  - **Entrada:** nombre de la cuenta y el saldo a actualizar.

  - **Salida:** devuelve el saldo actualizado.

  - **Valor de retorno:** 0 → ok, -1 → error (cuenta no encontrada, etc.).

- `int concurrente_obtener_saldo(char *cuenta, int *saldo)`

  - **Descripción:** función que devuelve el saldo de una cuenta. Debe permitir actualizar o leer otras cuentas en paralelo.

  - **Control de concurrencia:** debe permitir que se realicen otras consultas simultáneas sobre la cuenta, pero ninguna otra operación sobre la cuenta afectada al mismo tiempo. Contará como una operación de consulta sobre la base de datos.

  - **Entrada:** nombre de la cuenta.

  - **Salida:** devuelve el saldo actualizado.

  - **Valor de retorno:** 0 → ok, -1 → error (cuenta no encontrada, etc.)

4.4.4 Código Fuente de Apoyo

Para facilitar la realización de esta práctica se dispone del fichero `practica4_4.tgz`, que contiene código fuente de apoyo. Para extraer su contenido ejecutar lo siguiente:

```
tar zxvf practica4_4.tgz
```

Al extraer su contenido, se crea el directorio `practica4_4/`, donde se debe desarrollar la práctica. Dentro de este directorio se habrán incluido los siguientes ficheros:

- `Makefile`. Fichero de compilación (para ejecutar "`make`", para borrar los ficheros objeto y ejecutables "`make clean`").
- `lib/`. Directorio con las bibliotecas del sistema:
  - `libbd_banco.a`. Biblioteca para el manejo de la base de datos compilada.
  - `libbd_banco-64bits.a`. Biblioteca para el manejo de la base de datos compilada en una máquina de 64 bits. Si se quiere utilizar, renombrarla a `libbd_banco.a` sustituyendo a la anterior.
- `include/` Directorio con los ficheros de cabeceras.
  - `bd_banco.h`. Fichero de cabecera con las funciones de manejo de la base de datos del banco.
  - `secuencial.h`. Fichero de cabecera con las funciones de manejo secuencial de ejemplo.
  - `concurrente.h`. Fichero de cabecera con las funciones de manejo de la biblioteca concurrente.
  - `secuencial.c`. Fichero que contiene las funciones para la utilización de la biblioteca del banco de forma secuencial. Se trata de un código cuya funcionalidad es exactamente la misma que la requerida salvo por los mecanismos de sincronización ausentes.
  - `concurrente.c`. Fichero que contiene las funciones para la utilización concurrente de la biblioteca del banco. este es el único fichero que se debe modificar. se debe respetar y utilizar el código ya existente a la hora de codificar la librería concurrente.
- `ejemplo_secuencial.c`. Fichero de ejemplo que utiliza las funciones descritas en la biblioteca secuencial. Es sólo un ejemplo de funcionamiento, las pruebas que se realicen al código entregado serán más complejas.
- `ejemplo_concurrente.c`. Fichero de ejemplo que utiliza las funciones descritas en la biblioteca concurrente. Es sólo un ejemplo de funcionamiento, las pruebas que se realicen al código entregado serán más complejas.

4.4.5 Documentación a Entregar

El alumno debe entregar los siguientes archivos:

- `memoria.pdf`. Memoria de la práctica.
- `concurente.c`. Archivo que contiene el programa.

4.4.6 Bibliografía

- F. García, J. Carretero, J. Fernández, A. Calderón. *Lenguaje de programación C: diseño e implementación de programas*. Prentice-Hall, 2002.
- J. Carretero, F. García, P. de Miguel, F. Costoya. *Sistemas Operativos: una visión aplicada*. McGraw-Hill, 2001.
- M. Kerrisk. *The Linux Programming Interface*. No Starch Press, 2010.

4.5 Práctica: Diseño e implementación de semáforos en el minikernel

4.5.1 Objetivo de la práctica

El principal objetivo es que el alumno pueda conocer de forma práctica cómo funcionan los semáforos. A la funcionalidad típica de los semáforos, se le han añadido una serie de características que hacen que el alumno tenga que enfrentarse con distintos patrones de sincronización entre procesos.

- NIVEL: Diseño
- HORAS ESTIMADAS: 10

4.5.2 Descripción de la funcionalidad

Se pretende ofrecer a las aplicaciones un servicio de sincronización basado en semáforos. Antes de pasar a describir la funcionalidad que van a tener estos semáforos, hay que aclarar que su semántica está ideada para permitir practicar con distintas situaciones que aparecen frecuentemente en la programación de un sistema operativo. Las principales características de estos semáforos son las siguientes:

- El número de semáforos disponibles es fijo (constante NUM_SEM).
- Cada semáforo tiene asociado un nombre que consiste en una cadena de caracteres con un tamaño máximo igual a MAX_NOM_SEM (incluyendo el carácter nulo de terminación de la cadena).
- Cuando se crea un semáforo, el proceso obtiene un descriptor (similar al descriptor de archivo de POSIX) que le permite acceder al mismo. Si ya existe un semáforo con ese nombre, se devuelve un error. En caso de que no exista colisión, se debe comprobar si se ha alcanzado el número máximo de semáforos en el sistema. Si esto ocurre, se debe bloquear al proceso hasta que se elimine algún semáforo. La operación que crea el semáforo también lo deja abierto para poder ser usado.
- Para poder usar un semáforo ya existente, se debe abrir especificando su nombre. El proceso obtiene un descriptor asociado al mismo.
- Cada proceso tiene asociado un conjunto de descriptores asociados a los semáforos que está usando. El número de descriptores por proceso está limitado a NUM_SEM_PROC. Si al abrir o crear un semáforo, no hay ningún descriptor libre, se devuelve un error.
- Las primitivas de uso del semáforo (signal y wait) tienen básicamente la semántica convencional. Ambas reciben como parámetro un descriptor de semáforo. La única característica un poco especial es que la primitiva signal incluye como argumento el número de unidades que se incrementa el semáforo. Por lo tanto, esta llamada puede causar el desbloqueo de varios procesos.
- Cuando un proceso no necesita usar un semáforo, lo cierra. El semáforo se eliminará realmente cuando no haya ningún proceso que lo utilice, o sea, no haya ningún descriptor asociado al semáforo. En el momento de la liberación real, es cuando hay que comprobar si había algún proceso bloqueado esperando para crear un semáforo debido a que se había alcanzado el número máximo de semáforos en el sistema.
- Cuando un proceso termina, ya sea voluntaria o involuntariamente, el sistema operativo debe cerrar todos los semáforos que usaba el proceso.

La interfaz de los servicios de semáforos va a ser muy similar a la interfaz de semáforos POSIX, y es la siguiente:

- `int crear_sem(char *nombre, unsigned int val_ini)`. Crea el semáforo con el nombre y valor inicial especificado. Devuelve un entero que representa un descriptor para acceder al semáforo. En caso de error devuelve un número negativo.
- `int abrir_sem(char *nombre)`. Devuelve un descriptor asociado a un semáforo ya existente o un número negativo en caso de error.
- `int wait_sem(unsigned int semid)`. Realiza la típica labor asociada a esta primitiva. En caso de error devuelve un número negativo.
- `int signal_sem(unsigned int semid, unsigned int valor)`. Esta función permite incrementar el contador del semáforo en el valor especificado. En caso de error devuelve un número negativo.
- `int cerrar_sem(unsigned int semid)`. Cierra el semáforo especificado, devolviendo un número negativo en caso de error.

Nótese que todas las primitivas devuelven un número negativo en caso de error. Si lo considera oportuno, el alumno puede codificar el tipo de error usando distintos valores negativos. Así, por ejemplo, en la llamada `abrir_sem` pueden producirse, al menos, dos tipos de error: que no haya ningún descriptor libre y que no exista el semáforo.

Por último, hay que resaltar que el diseño de los semáforos debe tratar adecuadamente una situación como la que se especifica a continuación:

- El proceso P_1 está bloqueado en `crear_sem`, ya que se ha alcanzado el número máximo de semáforos. En la cola de procesos listos hay dos procesos (P_2 y P_3).
- P_2 realiza una llamada a `cerrar_sem`, que desbloquea a P_1, que pasa al final de la cola de procesos listos.
- P_2 termina y pasa a ejecutar el siguiente proceso P_3.
- P_3 llama a `crear_sem`: ¿qué ocurre?

Hay que asegurarse de que sólo uno de los dos procesos (P_1 o P_3) puede crear el semáforo, mientras que el otro se deberá quedar bloqueado. Se admiten como correctas las dos posibilidades. Se proporciona una pista al alumno: Una forma de implementar la alternativa en la que P_1 se queda bloqueado y P_3 puede crear el semáforo es usar un bucle en vez de una sentencia condicional a la hora de bloquearse en `crear_sem` si no hay un semáforo libre.

4.5.3 Documentación a entregar

Consulte las secciones 1.3.3, 1.3.4, 1.3.5 y 1.3.6, para obtener información sobre el código fuente de apoyo y la documentación a entregar.

4.5.4 Bibliografía

- F. García, J. Carretero, J. Fernández, A. Calderón. *Lenguaje de programación C: diseño e implementación de programas*. Prentice-Hall, 2002.
- J. Carretero, F. García, P. de Miguel, F. Costoya. *Sistemas Operativos: una visión aplicada*. McGraw-Hill, 2001.

- M. Kerrisk. *The Linux Programming Interface.* No Starch Press, 2010.

4.6 Práctica: Llamadas al sistema para la gestión de threads

Esta práctica permite al alumno familiarizarse con los servicios para la gestión de procesos ligeros y para la sincronización de los mismos que proporciona POSIX.

4.6.1 Objetivo de la Práctica

El alumno deber diseñar y codificar, en lenguaje C y sobre sistema operativo Linux, un programa que actúe como **controlador de un conjunto de ascensores.**

El programa debe seguir estrictamente las especificaciones y requisitos contenidos en este documento.

Con la realización de este programa el alumno adquirirá valiosos conocimientos de programación en entorno LINUX; tanto en el uso de las llamadas al sistema operativo (`pthread_create`, `pthread_mutex_lock`, `pthread_cond_wait`, etc.), como en el manejo de herramientas como el visualizador de páginas de manual (`man`), el compilador de C (`gcc`), etc.

4.6.2 Descripción de la Práctica

Se debe realizar una aplicación que simule el comportamiento de un sistema de varios ascensores.

En la práctica se deberán crear los siguientes threads:

- Un **thread por cada ascensor**. El número de ascensores que se deberán gestionar será un **parámetro recibido** por el programa principal (`main`).

- Un thread para el **controlador externo** de los ascensores, que simula la pulsación de un botón por parte de un usuario que se encuentra esperando en una planta fuera de los ascensores.

- Un thread para el **controlador interno** de los ascensores que simulará la pulsación del botón de selección de planta dentro de un ascensor concreto.

Habrá, al menos, 2 variables compartidas por cada ascensor, en una se indicará la planta en la que está el ascensor (`int estancia[]`) y en la otra la planta a la que debe trasladarse (`int destino []`).

Threads de control de cada ascensor

Los threads que controlan cada ascensor tendrán que estar esperando (utilizando una variables condicional) a que la planta a la que desean trasladarse (`destino[numAscensor]`) sea diferente de aquella en la que están (`estancia [numAscensor]`). En ese momento incrementarán o decrementarán en una unidad cada segundo (llamando a la función `moveraotraplanta()`),. tiempo que se considera equivalente al que utilizarían para desplazarse de una planta a otra, el valor de la planta en la que están hasta que lleguen a la planta destino.

Cuando llegue se lo comunicará al controlador de la forma que el alumno considere adecuada para que este tenga constancia de que está parado y pueda enviarle nuevas peticiones.

Los ascensores en movimiento no pueden recibir nuevas peticiones de movimiento por lo que se sugiere que se utilice algún mecanismo para que el controlador no los considere en la lista de elegibles.

Cada vez que un ascensor se desplace de una planta a otra deberá mostrar un mensaje por pantalla indicando el número del ascensor y la planta en la que se encuentra. Por ejemplo, si el ascensor 1 estaba inicialmente en la planta 1 y se le manda ir a la planta 5 mostrará los siguientes mensajes:

Ascensor 1 en planta 2

Ascensor 1 en planta 3

Ascensor 1 en planta 4

Ascensor 1 en planta 5 -> alcanzado el destino

Se contemplará la posibilidad de que varios ascensores se tengan que desplazar simultáneamente porque haya 2 o más usuarios que solicitan un ascensor en plantas diferentes.

Por ejemplo, si hay 2 ascensores en las plantas 1 (el ascensor 0) y 3 (el ascensor 1) y se solicita que un ascensor vaya a la planta 5 y otro a la 4 (en ese orden) el moviendo reflejado, teniendo en cuenta que primero se manda al ascensor 1 a la planta 5 porque es la primera que se introduce y es el más cercano y después el ascensor 0 a la planta 4, será:

Ascensor 1 en planta 4

Ascensor 0 en planta 2

Ascensor 1 en planta 5 -> alcanzado el destino

Ascensor 0 en planta 3

Ascensor 0 en planta 4 -> alcanzado el destino

Thread del controlador externo

El controlador externo deberá mostrar un **menú** al usuario en el que dará las siguientes opciones
- 0- Salir

- 1- Mostrar este menú

- 2- Solicitar que nos informe de en que planta se encuentra cada ascensor.

- 3- Solicitar que un ascensor cualquiera, **el más cercano** que **no** esté **en movimiento**, se traslade a una planta de destino, que se pedirá al usuario. Después de comprobar en que planta se encuentra cada uno de los ascensores parados colocará en la variable destino del elegido la nueva planta de destino. Si un ascensor se encuentra en movimiento no será elegible para mandarlo a la nueva planta.

Thread del controlador interno

Este thread deberá estar en un bucle infinito llamando a la función:

```
peticionparaAscensor (int *ascensor, int *planta);
```

Esta función devolverá el control cuando se reciba una petición para que un ascensor concreto se traslade a una planta concreta. En los parámetros *ascensor* y *planta* devolverá el nombre del ascensor que debe desplazarse y la planta a la que ir.

Este thread deberá trasladar la petición al thread correspondiente a ese ascensor utilizando el array `destino[ ]`.

Ejecución de la aplicación

En la llamada al programa ascensores se indicará el número de ascensores. El ejecutable del programa se llamara *ascensor* y su invocación será, si tengo un edificio con 2 ascensores:

ascensor 2

Para que se puedan recibir peticiones para ascensores concretos, en otra sesión se deberá ejecutar el programa *dentrodeAscensor* (programa que no debe realizar el alumno pues se entrega con los ficheros auxiliares.)

Este programa muestra indefinidamente la opción de mandar un ascensor concreto a una planta concreta. Cuando el usuario del mismo introduce los datos se manda un mensaje que será recibido por la función *peticionparaAscensor* antes mencionada.

Consideraciones generales

El acceso a las variables compartidas se realizará **siempre** utilizando **mutex**, y cuando sea adecuado también se utilizarán variables condicionales.

Los mutex deben bloquear el acceso durante **el menor tiempo posible.** Sólo se utilizarán variables globales cuando sea estrictamente necesario.

4.6.3 Código Fuente de Apoyo

Se proporcionan los siguientes ficheros:

- `dentrodeAscensor.c` que permiten gestionar las peticiones para ascensores concretos.
- `funcionesAuxiliares.c`: que incluyen algunas funciones auxiliares que se proporcionan al alumno y que no deben ser modificadas por este.
- `datosmsg.h`: que incluye la definición de datos del envío de peticiones.
- `Makefile`: que sirve para realizar la compilación de la práctica.
- `ascensor.c`: que incluye el esqueleto de la práctica. Este fichero es el que debe modificar el usuario para realizar la práctica.

El alumno sólo debe modificar el fichero `ascensor.c`, los demás ficheros no deben ser modificados.

4.6.4 Recomendaciones generales

Desarrolle el programa por etapas, complicándolo progresivamente, probando primero con 2 ascensores y ampliándolo después a un número variable de ellos.

4.6.5 Documentación a Entregar

Los ficheros a entregar de forma electrónica serán los siguientes:

- `memoria.pdf`, memoria de la práctica.

- `ascensor.c`, código fuente de la aplicación, implementando todas las funcionalidades que se requieren.

4.6.6 Bibliografía

- F. García, J. Carretero, J. Fernández, A. Calderón. *Lenguaje de programación C: diseño e implementación de programas*. Prentice-Hall, 2002.
- J. Carretero, F. García, P. de Miguel, F. Costoya. *Sistemas Operativos: una visión aplicada*. McGraw-Hill, 2001.
- M. Kerrisk. *The Linux Programming Interface*. No Starch Press, 2010.

4.7 Práctica: Diseño e implementación de mútex en el minikernel

4.7.1 Objetivo de la práctica

El objetivo principal de esta práctica es que el alumno pueda ver de forma práctica la diferencia que hay entre los semáforos y los mútex.

- NIVEL: Diseño
- HORAS ESTIMADAS: 6

4.7.2 Descripción de la funcionalidad pedida

Se pretende completar la práctica anterior añadiendo un mecanismo de mútex que conviva estrechamente con los semáforos planteados en esa práctica previa. De hecho, el mútex se va a considerar un tipo especial de semáforo que va a compartir gran parte de la funcionalidad y de las estructuras de datos de los semáforos generales implementados previamente. Concretamente, se van a implementar dos tipos de mútex:

- Mútex no recursivos: si un proceso que posee un mútex intenta bloquearlo de nuevo, se le devuelve un error, ya que se está produciendo un caso trivial de interbloqueo.
- Mútex recursivos: un proceso que posee un mútex puede bloquearlo nuevamente todas las veces que quiera. Sin embargo, el mútex sólo quedará liberado cuando el proceso lo desbloquee tantas veces como lo bloqueó.

Se debería generalizar la estructura que contiene los datos de un semáforo definida en la práctica anterior para que pueda dar cobijo tanto a los datos de un semáforo de tipo general como a los de los dos tipos de mútex. Para ello, se podría usar un registro variante como el proporcionado por un tipo `union` de C. A continuación, se presentan, de forma comparativa con los semáforos, las principales características de este mecanismo de sincronización:

- En el número de semáforos disponibles (NUM_SEM) y en el número de descriptores por proceso (NUM_SEM_PROC) se van a incluir todos los mecanismos de sincronización.
- El nombre del mútex tendrá las mismas características que el del semáforo. De hecho, compartirán el mismo espacio de nombres, o sea, que un semáforo y un mútex no pueden tener el mismo nombre.

- La creación del mútex (función `crear_mutex`) tendrá las mismas características que la de un semáforo. Debe comprobar la posible colisión de nombres (tanto con un semáforo como con otro mútex) y si se ha alcanzado el número máximo de semáforos (incluyendo tanto semáforos como mútex) en el sistema, en cuyo caso bloquea al proceso. La operación de creación iniciará el estado del mútex como abierto y devolverá un descriptor que permita usarlo. Se recibirá como parámetro de qué tipo es el mútex (recursivo o no).
- La primitiva para abrir un mútex va tener también las mismas características que la de los semáforos.
- Las primitivas `lock` y `unlock` tienen el comportamiento convencional.
- La semántica asociada al cierre de un mútex tiene una importante diferencia con respecto a los semáforos. En este caso, si el proceso que cierra el mútex lo tiene bloqueado, habrá que desbloquearlo implícitamente.
- Por lo demás, la semántica asociada al cierre es muy similar a la de un semáforo. El mútex se eliminará realmente cuando no haya ningún descriptor asociado al mismo. En el momento de la liberación real, se comprueba si había algún proceso bloqueado esperando para crear un semáforo o un mútex.
- Cuando un proceso termina, ya sea voluntaria o involuntariamente, el sistema operativo debe cerrar tanto los semáforos como los mútex que usaba el proceso.

La interfaz de los servicios de mútex va a ser la siguiente:

- `int crear_mutex(char *nombre, int tipo)`. Crea el mútex con el nombre y tipo especificados. Devuelve un entero que representa un descriptor para acceder al mútex. En caso de error devuelve un número negativo. Habrá que definir dos constantes, que deberían incluirse tanto en el archivo de cabecera usado por los programas de usuario (`servicios.h`) como en el usado por el sistema operativo (`kernel.h`), para facilitar la especificación del tipo de mútex:

  ```
  #define NO_RECURSIVO 0

  #define RECURSIVO 1
  ```

- `int abrir_mutex(char *nombre)`. Devuelve un descriptor asociado a un mútex ya existente o un número negativo en caso de error.
- `int lock(unsigned int mutexid)`. Realiza la típica labor asociada a esta primitiva. En caso de error devuelve un número negativo.
- `int unlock(unsigned int mutexid)`. Realiza la típica labor asociada a esta primitiva. En caso de error devuelve un número negativo.
- `int cerrar_mutex(unsigned int mutexid)`. Cierra el mútex especificado, devolviendo un número negativo en caso de error.

Nótese que todas las primitivas devuelven un número negativo en caso de error. El alumno debería estudiar exhaustivamente los distintos tipos de error que pueden darse en cada primitiva. Por último, hay que resaltar dos aspectos:

- Dado que tanto los semáforos de tipo general como ambos tipos de mútex comparten mucha funcionalidad, el alumno debería intentar organizar su código de manera adecuada para evitar duplicidades.
- Hay que llamar la atención sobre la diferencia que existe entre los semáforos y los mútex a la hora de cerrarlos. En el caso de los mútex, si el mútex que se pretende cerrar está bloqueado por el proceso, hay que desbloquearlo ya que, en caso contrario, se quedaría bloqueado indefinidamente. Esto no ocurre así con los semáforos. Para entenderlo, supóngase un proceso que hace una operación `wait` sobre un semáforo que impide el paso al resto y que, a continuación, lo cierra. Ese semáforo no queda definitivamente "fuera de servicio", ya que otro proceso puede hacer una operación `signal` sobre el mismo. La clave está en que los mútex tienen asociado el concepto de "dueño", aquel proceso que lo tiene bloqueado, mientras que los semáforos no. Esta diferencia es trascendental a la hora de analizar el problema del interbloqueo, como se podrá apreciar en la siguiente práctica.

4.7.3 Documentación a entregar

Consulte las secciones 1.3.3, 1.3.4, 1.3.5 y 1.3.6, para obtener información sobre el código fuente de apoyo y la documentación a entregar.

4.7.4 Bibliografía

- F. García, J. Carretero, J. Fernández, A. Calderón. *Lenguaje de programación C: diseño e implementación de programas*. Prentice-Hall, 2002.
- J. Carretero, F. García, P. de Miguel, F. Costoya. *Sistemas Operativos: una visión aplicada*. McGraw-Hill, 2001.
- M. Kerrisk. *The Linux Programming Interface*. No Starch Press, 2010.

4.8 Práctica: Detección de interbloqueos en los mútex del minikernel

4.8.1 Objetivo de la práctica

El objetivo principal es intentar llevar a la práctica uno de los temas que tradicionalmente se han considerado como más teóricos dentro de los sistemas operativos: los interbloqueos.

- NIVEL: Diseño
- HORAS ESTIMADAS: 10

4.8.2 Interbloqueos para mútex frente a interbloqueos para semáforos

En la práctica se pretende implementar un algoritmo de detección de interbloqueos para los mútex desarrollados en la práctica anterior. En primer lugar, retomando el comentario final vertido en el enunciado de misma, hay que resaltar la diferencia que existe entre estudiar los interbloqueos para los mútex frente a hacerlo para los semáforos.

Con respecto al mútex, una vez creado, los procesos lo usan de forma exclusiva hasta que se destruye. Con este tipo de primitiva pueden producirse situaciones de interbloqueo como la que aparece en el siguiente ejemplo:

Proceso P$_1$ **Proceso P$_2$**

```
lock(M₁)                    lock(M₂)
lock(M₂)                    lock(M₁)
..........                  ..........
unlock(M₂)                  unlock(M₁)
unlock(M₁)                  unlock(M₂)
```

Puede darse un interbloqueo si los dos procesos consiguen bloquear el primer mútex y se quedan esperando por el segundo. Nótese que este interbloqueo se produciría con independencia de lo que puedan hacer otros procesos existentes en el sistema.

En cuanto a los semáforos generales, su patrón de comportamiento es muy diferente. Así, considérese qué ocurriría si en el ejemplo anterior se sustituyen los mútex por semáforos iniciados con un contador igual a 1:

```
Proceso P₁                  Proceso P₂
wait(S₁)                    wait(S₂)
wait(S₂)                    wait(S₁)
.......                     .......
signal(S₂)                  signal(S₁)
signal(S₁)                  signal(S₂)
```

Aparentemente, los procesos mantienen el mismo comportamiento. Sin embargo, hay un aspecto sutil muy importante. En este caso, el comportamiento puede depender de otros procesos externos que podrían incluir llamadas a `signal` sobre cualquiera de los dos semáforos. Por lo tanto, el posible interbloqueo detectado en el ejemplo anterior, podría no darse en este caso siempre que algún proceso externo lo rompiera.

Por todo ello, la práctica se centra en la detección de interbloqueos sólo en mútex.

4.8.3 Descripción de la funcionalidad pedida

En los mútex implementados en la práctica anterior no se controlaba la posibilidad de que se produzca interbloqueo, con la excepción del caso trivial de un proceso bloqueándose a si mismo.

Los algoritmos de detección de interbloqueo se basan en mantener un grafo de asignación de recursos que refleje qué recursos tiene asignado cada proceso y cuáles tiene pedidos pero no se le han concedido porque están asignados a otro proceso. Si se detecta un ciclo en el grafo, implica que hay un interbloqueo y que, por tanto, hay que aplicar un algoritmo de recuperación de ese estado.

En el caso específico de los mútex, el grafo reflejaría por cada proceso qué mútex tiene bloqueados y por qué mútex está esperando, si es que lo está haciendo. A priori, puede parecer que es necesario empezar a definir nuevas estructuras de datos que implementen este grafo. La buena noticia es que va a ser suficiente con las estructuras ya existentes, puesto que éstas ya reflejan estas relaciones entre los procesos y los mútex.

Por lo que se refiere al algoritmo de detección, se ejecutará cada vez que un proceso realiza una llamada `lock` y se encuentra que el mútex está bloqueado por otro proceso. La detección del ciclo en el grafo se puede llevar a cabo siguiendo las pautas que se explican a continuación:

- Un proceso *P* solicita un `lock` sobre *M* y el sistema operativo detecta que ya está bloqueado por otro proceso. Se arranca el algoritmo de detección de interbloqueos comenzando por el proceso *P*:

1. Se obtiene qué mútex tiene bloqueados P.
2. Por cada mútex, se averigua la lista de procesos que están esperando por el mismo.
3. Se repiten los dos pasos anteriores para cada uno de los procesos de esta lista, y así sucesivamente.

- Este proceso repetitivo se aplica hasta que:
    - Aparece de nuevo el mútex M en el paso 1: hay un interbloqueo.
    - Se termina de recorrer todo el grafo alcanzable desde P sin aparecer M: no hay interbloqueo.

Se recomienda solicitar al alumno que calcule el grado de complejidad del algoritmo que desarrolle con respecto al número de procesos y mútex existentes en el sistema.

Con respecto a la estrategia de recuperación que se aplicará una vez detectado el interbloqueo, se pueden plantear dos alternativas que dan lugar a dos versiones de la práctica:

- Una menos drástica, que consiste simplemente en devolver un valor de error en la primitiva `lock` correspondiente. Nótese que, en este caso, el resto de los procesos implicados en el interbloqueo no van a poder continuar hasta que este proceso desbloquee alguno de los mútex. Retomando el ejemplo anterior:

```
Proceso P1              Proceso P2
lock(M1)                lock(M2)
lock(M2)                lock(M1)
. . . . . . . . .       . . . . . . . . .
unlock(M2)              unlock(M1)
unlock(M1)              unlock(M2)
```

Supóngase la siguiente situación:

- P_1 bloquea M_1
- P_2 bloquea M_2
- P_1 intenta bloquear M_2 pero, como lo tiene otro proceso, se aplica el algoritmo de detección que comprueba que no hay ningún ciclo.
- P_2 intenta bloquear M_1 pero, como lo tiene otro proceso, se aplica el algoritmo de detección que encuentra un ciclo. Se devuelve un error en esa llamada `lock`. Nótese que, de todas formas, P_1 seguirá esperando hasta que P_2 desbloquee el mútex M_2. En el peor de los casos, eso ocurrirá cuando termine P_2, aunque lo más lógico es que el programador controle si la llamada `lock` devuelve un error y, si es así, termine el proceso.

```
. . . . . . . . . . .
if (lock(M1)<0) {
    printf("Error bloqueando M1\n");
    terminar_proceso();
}
. . . . . . . . . . .
```

- Una más agresiva, en la que se va a "matar" directamente al proceso que ha invocado la llamada `lock`. Con esta estrategia se liberan inmediatamente los mútex que tenía bloqueados el proceso, quedando disponibles para el resto de los procesos. Así, en el ejemplo, se abortaría la ejecución de P_2 y P_1 pasaría inmediatamente al estado de listo para ejecutar.

4.8.4 Documentación a entregar

Consulte las secciones 1.3.3, 1.3.4, 1.3.5 y 1.3.6, para obtener información sobre el código fuente de apoyo y la documentación a entregar.

4.8.5 Bibliografía

- F. García, J. Carretero, J. Fernández, A. Calderón. *Lenguaje de programación C: diseño e implementación de programas*. Prentice-Hall, 2002.
- J. Carretero, F. García, P. de Miguel, F. Costoya. *Sistemas Operativos: una visión aplicada*. McGraw-Hill, 2001.
- M. Kerrisk. *The Linux Programming Interface*. No Starch Press, 2010.

5. Entrada/salida

En este capítulo se presentan las prácticas relacionadas con entrada/salida. El capítulo tiene dos objetivos básicos: mostrar los servicios que da el sistema operativo y proponer un conjunto de prácticas que permita cubrir los aspectos básicos y de diseño de los sistemas de entrada/salida. De esta forma, se pueden adaptar las prácticas del tema a distintos niveles de conocimiento.

5.1 Servicios POSIX de entrada/salida

En esta sección se presentan de forma breve cuáles son los principales servicios de POSIX respecto a la entrada salida

Mantenimiento de la fecha y hora

El servicio POSIX para obtener la fecha y hora es `time` cuyo prototipo es el siguiente:

```
time_t time (time_t *t);
```

Esta función devuelve el número de segundos transcurridos desde el 1 de enero de 1970 en UTC. Si el argumento no es nulo, también lo almacena en el espacio apuntado por el mismo.

Gestión de temporizadores

En numerosas ocasiones un programa necesita esperar un cierto plazo de tiempo antes de realizar una determinada acción. El sistema operativo ofrece servicios que permiten a los programas establecer temporizaciones y se encarga de notificarles cuando se cumple el plazo especificado.

Contabilidad y estadísticas

Puesto que la rutina de interrupción se ejecuta periódicamente, desde ella se puede realizar un muestreo de diversos aspectos del estado del sistema llevando a cabo de funciones de contabilidad y estadística. Una de las funciones de este tipo presentes en la mayoría de los sistemas operativos es la contabilidad del uso del procesador por parte de cada proceso. En cada interrupción se detecta qué proceso está ejecutando y a éste se le carga el uso del procesador en ese intervalo. Generalmente, el sistema operativo distingue a la hora de realizar esta contabilidad si el proceso estaba ejecutando en modo usuario o en modo sistema.

El servicio times de POSIX devuelve información sobre el tiempo de ejecución de un proceso y de sus procesos hijos. El prototipo de la función es el siguiente:

```
clock_t times (struct tms *info);
```

Esta función rellena la zona apuntada por el puntero recibido como argumento con información sobre el uso del procesador, en modo usuario y en modo sistema, tanto del propio proceso como de sus procesos hijos. Además, devuelve un valor relacionado con el tiempo real en el sistema (típicamente, el número de interrupciones de reloj que se han producido desde el arranque del sistema).

Soporte a la planificación de procesos

La mayoría de los algoritmos de planificación de procesos tienen en cuenta de una forma u otra el tiempo y, por lo tanto, implican la ejecución de ciertas acciones de planificación dentro de la rutina de interrupción. En el caso de un algoritmo *round-robin*, en cada interrupción de reloj se le descuenta el tiempo correspondiente a la rodaja asignada al proceso. Cuando se produce la interrupción de reloj que consume la rodaja, se realiza la replanificación.

Gestión de atributos de un terminal

POSIX especifica dos funciones destinadas a obtener los atributos de un terminal y a modificarlos, respectivamente. Sus prototipos son los siguientes:

```
int tcgetattr (int descriptor, struct termios *atrib);

int tcsetattr (int descriptor, int opción, struct termios *atrib);
```

La función `tcgetattr` obtiene los atributos del terminal asociado al descriptor especificado. La función `tcgetattr` modifica los atributos del terminal que corresponde al descriptor pasado como parámetro.

5.2 Práctica: Monitorización de entrada/salida en WINDOWS: portmon

5.2.1 Objetivos de la práctica

El objetivo de esta práctica es que el alumno se familiarice con una herramienta de monitorización de puertos de entrada/salida serie y paralela y que sea capaz de observar los eventos del sistema significativos para estos objetos. Para ello se usará la herramienta Portmon, un monitor muy sencillo pero eficiente que se puede conseguir de forma gratuita, junto con mucho material de ayuda, en la página *web* del libro.

- NIVEL: Introducción
- HORAS ESTIMADAS: 6

5.2.2 Descripción de la funcionalidad que debe desarrollar el alumno

Portmon es un monitor de los puertos de entrada/salida serie y paralelos. Una vez ejecutado, registra todas las operaciones relacionadas con estos puertos. Por ejemplo, cada vez que se pulsa el ratón o el teclado, hay entradas por los puertos serie y Portmon captura todas esas acciones. El resultado es una pantalla como la de la Figura 5.1, en la que, como se puede apreciar hay varias columnas. La primera (#) es el código de la operación, (un número que se asigna a cada operación). La segunda columna (*Time*) es la hora, la tercera columna (*Process*), es el programa que accedió al recurso. En la Figura 5.1 se muestra la salida generada por el monitor cuando se establece una conexión de un módem a través de un puerto serie.

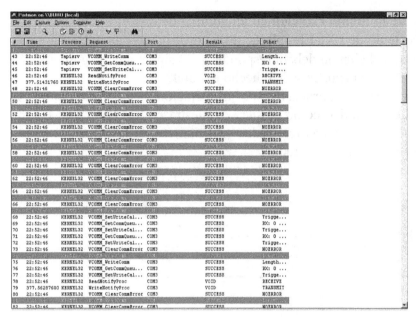

Figura 5.1 Pantalla de salida de Portmon

La práctica tiene dos partes:

1. **Instalación del monitor Portmon** en la máquina de prácticas. El alumno deberá ir a la página web anteriormente citada y traer la versión del monitor que corresponda con su sistema operativo (Windows 9x, Windows NT, Windows 7, Vista,…). Tenga en cuenta que para poder instalar la utilidad, y para poder ejecutarla, puede necesitar permisos de administrador. Nota: esta herramienta está diseñada para plataforma de 32 bits.

2. **Activación del monitor Portmon durante 5 minutos**, captura y elaboración de los datos de salida.

La primera parte de la práctica es muy sencilla, ya que la aplicación se descarga de la Web del libro (`portmon.zip`) en un archivo comprimido tipo ZIP. Basta con extraer los archivos y ya están listos para funcionar. El monitor es un programa de apenas 90 Kbytes, pero con una gran utilidad para aquellos usuarios interesados en el funcionamiento interno del sistema operativo Windows. Haga doble clic en el archivo `Portmon.exe` para ejecutar el programa.

La segunda parte tiene los siguientes pasos:

1. **Control de número de operaciones** de entrada/salida que hacen determinadas aplicaciones al abrirse. Para ello pulse el ratón y el teclado varias veces. En cada caso anote el número de operaciones antes y después y calcule las operaciones realizadas sobre los recursos de entrada/salida.

2. **Filtrado de operaciones** para estudiar sólo determinados tipos. Para ello, el alumno deberá filtrar las operaciones para que aparezcan sólo las operaciones `ReadCommpen` y `WriteComm`. Para filtrar operaciones pulse `Edit -> Filter/Highlight` y seleccione `Highlight` de esas operaciones. Se verán rojas en la pantalla. El alumno deberá capturar una de estas pantallas con `PrintScreen` e incluirla en su memoria.

3. **Salvado de la monitorización** en un archivo de texto `Portmon.log`. Ábralo como una hoja de cálculo de EXCEL aplique un autofiltro sobre la columna `Request`. Basándose en el filtrado el alumno deberá responder a las siguientes preguntas:

   o ¿Cuántas operaciones se han hecho en total?
   o Incluya en su memoria la lista de las operaciones ejecutadas durante la monitorización.
   o Realice un gráfico como el que se muestra en la Figura 5.2. Dicho gráfico muestra todas las operaciones realizadas y el número de las mismas. ¿Qué conclusiones se pueden sacar de este estudio?

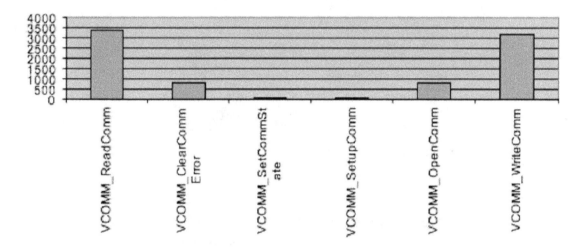

Figura 5.2 Número y tipo de operaciones de entrada/salida

5.2.3 Recomendaciones generales

Antes de empezar con la monitorización de todo el sistema, se recomienda monitorizar acciones sencillas. El ratón y el teclado pueden ser buenos ejemplos. De esta forma será capaz de comprender mejor el funcionamiento de *Portmon* y de realizar un mejor análisis de los resultados finales. El directorio se elige mediante la opción `Edit->Filter->Include`.

Si quiere observar el efecto de determinadas operaciones, como por ejemplo la impresión de un archivo a una impresora conectada a un puerto paralelo, envíe algo a dicho dispositivo. Otra buena prueba es conectar algo por el módem.

El monitor tiene una buena herramienta de ayuda en línea, úsela.

5.2.4 Entrega de documentación

Se recomienda que el alumno entregue los siguientes archivos:

- `Memoria.doc`: Memoria de la práctica.
- `Portmon.log`: Archivo que contiene el resultado de la sesión de monitorización.

5.2.5 Bibliografía

- D. Solomon and M. Russinovich, Inside Windows 2000, 3rd Edition, Microsoft Press 2000.
- R. Nagar, Windows NT File System Internals, O'Reilly and Associates, 1997.

5.3   Práctica: Implementación de un manejador de reloj en el minikernel

5.3.1   Objetivo de la práctica

Esta práctica permite que el alumno pueda ver de forma aplicada algunas de las funciones asociadas con el reloj del sistema.

- NIVEL: Diseño
- HORAS ESTIMADAS: 3

5.3.2   Descripción de la funcionalidad que debe desarrollar el alumno

En el capítulo dedicado a los procesos ya se plantearon prácticas que implicaban incluir cierta funcionalidad asociada al reloj del sistema. Concretamente, se trataron dos de las funciones típicas proporcionadas por el manejador de reloj:

- La gestión de temporizadores, requerida por la llamada `dormir`.
- El soporte a la planificación de procesos, necesario tanto para el algoritmo *round-robin* como para el algoritmo de planificación similar al disponible en Linux.

En esta práctica se plantea completar la rutina añadiendo otras dos funcionalidades típicas:
- El mantenimiento de la fecha y hora.
- La contabilidad del uso del procesador por parte de un proceso.

Con respecto al primer aspecto, como ya se comentó en el primer capítulo, el sistema operativo lee en su arranque la fecha y hora del reloj del sistema y, a partir de ese momento, se encarga el mismo de actualizarla en cada interrupción de reloj, de acuerdo con la frecuencia de interrupción del mismo. La práctica plantea implementar la siguiente llamada al sistema:

```
int fechayhora(int *milisegundos);
```

Esta llamada devuelve como resultado el número de segundos transcurridos desde el 1 de enero de 1970. Además, si recibe como argumento un puntero que no sea nulo, almacena en el espacio apuntado por el mismo el número de milisegundos transcurridos dentro del último segundo.

Nótese que, para obtener la fecha y hora en un formato más convencional (o sea, día, mes, año, horas, minutos y segundos), los programas de usuario, después de invocar esta llamada, pueden usar la función de biblioteca `localtime` para realizar la conversión.

Por lo que se refiere a la contabilidad, se va a implementar una función "inspirada" en la llamada `times` de POSIX, que tendrá el siguiente prototipo:

```
int tiempos_proceso(struct tiempos_ejec *t_ejec);
```

Siendo el tipo `struct tiempos_ejec`:

```
struct tiempos_ejec {
    int usuario;
```

```
        int sistema;

    };
```

Esta llamada devuelve el número de interrupciones de reloj que se han producido desde que arrancó el sistema. Además, si recibe como argumento un puntero que no sea nulo, almacena en el espacio apuntado por el mismo cuántas veces en la interrupción de reloj se ha detectado que el proceso estaba ejecutando en modo usuario (campo usuario) y cuántas en modo sistema (campo sistema). Nótese que la definición del tipo struct tiempos_ejec debería estar disponible tanto para el sistema operativo como para las aplicaciones. Por tanto, se debería incluir tanto en el archivo de cabecera usado por los programas de usuario (servicios.h) como en el usado por el sistema operativo (kernel.h). Con respecto a los tres tipos de valores de tiempo que puede devolver esta llamada, hay que comentar los siguientes:

- Sobre el valor devuelto como retorno de la llamada, está relacionado con el tiempo real en el sistema. Normalmente no se usa de forma absoluta, sino que se comparan los valores tomados por dos llamadas realizadas en distintos instantes para medir el tiempo transcurrido entre esos dos momentos.

- Por lo que se refiere a los tiempos estimados de ejecución, se trata de un muestreo que se realiza en cada interrupción de reloj y puede proporcionar datos aproximados sobre cuánto tiempo lleva ejecutando un proceso y en qué modo. Nótese que debería usarse la función viene_de_usuario proporcionada por el módulo HAL para poder distinguir las "muestras".

Por último, se recomienda solicitar al alumno que calcule qué rango de representación proporcionan los distintos valores de tiempo usados en esta práctica.

5.4 Práctica: Implementación de un manejador de terminal básico en el minikernel

5.4.1 Objetivo de la práctica

Esta práctica permite que el alumno pueda ver de forma aplicada cómo funciona un manejador de terminal básico y, especialmente, las dificultades que presenta conseguir una sincronización correcta dentro de este módulo.

- NIVEL: Diseño
- HORAS ESTIMADAS: 6

5.4.2 Descripción de la funcionalidad que debe desarrollar el alumno

Se pretende implementar un servicio básico de lectura del terminal, que ofrezca la siguiente llamada al sistema:

```
int leer_caracter();
```

Esta función lee un carácter del terminal y lo devuelve como resultado de la función. Puede parecer sorprendente que la función devuelva un entero en vez de un carácter, pero, por motivos de homogeneidad, se ha seguido el criterio de que todas las llamadas devuelvan un entero. Téngase en cuenta, asimismo, que la clásica función `getchar` de C, en la que se "inspira" esta función, también devuelve un entero.

Las principales características de este manejador del teclado son:

- Ofrece un modo de operación orientado a carácter.
- Asociado al terminal existirá un *buffer* con un tamaño de `TAM_BUF_TERM` caracteres, donde se guardan los caracteres tecleados hasta que algún proceso los solicite.
- Si una petición de lectura encuentra que hay datos disponibles, se satisface inmediatamente. En caso contrario, el proceso queda bloqueado esperando la llegada de un carácter.
- La rutina de interrupción del terminal se encarga de introducir en el *buffer* los datos leídos y desbloquear a los procesos cuando sea oportuno. Si al introducir un carácter, se encuentra que el *buffer* está lleno, la rutina ignora el carácter recibido.
- La rutina de interrupción debe encargarse de realizar el eco de los caracteres que recibe.

Como puede observarse, el manejador constituye un ejemplo paradigmático del problema del productor-consumidor:

- La interrupción del terminal "produce" caracteres.
- La llamada al sistema los "consume".

Hay que tener un especial cuidado a la hora de controlar los posibles problemas de sincronización en la operación del manejador. Téngase en cuenta que la situación es compleja, ya que puede haber partes del código de la llamada `leer_caracter` que requieran que el nivel de interrupción sea igual a 3 (o sea, todas las interrupciones inhibidas), mientras que otros fragmentos pueden requerir sólo nivel 2 (o sea, sólo las interrupciones de terminal inhibidas).

Por último, hay que resaltar que el diseño del manejador debe tratar adecuadamente una situación como la que se especifica a continuación:

- El proceso P_1 está bloqueado en `leer_caracter`, ya que no hay caracteres disponibles. En la cola de procesos listos hay dos procesos (P_2 y P_3).
- Llega una interrupción del terminal que desbloquea a P_1, que pasa al final de la cola de procesos listos.
- P_2 termina y pasa a ejecutar el siguiente proceso P_3.
- P_3 llama a `leer_caracter`: ¿qué ocurre?

Hay que asegurarse de que sólo uno de los dos procesos (P_1 o P_3) puede leer el carácter tecleado, mientras que el otro se deberá quedar bloqueado. Se admiten como correctas las dos posibilidades. Se proporciona una pista al alumno: Una forma de implementar la alternativa en la que P_1 se queda bloqueado y P_3 se lleva el carácter es usar un bucle en vez de una sentencia condicional a la hora de bloquearse en `leer_caracter` si no hay caracteres disponibles.

5.5 Práctica: Diseño y programación de un manejador de terminal avanzado en el minikernel

5.5.1 Objetivo de la práctica

El principal objetivo es que el alumno pueda conocer de forma práctica la complejidad que lleva asociada un manejador de terminal real.

- NIVEL: Diseño
- HORAS ESTIMADAS: 18

5.5.2 Descripción de la funcionalidad que debe desarrollar el alumno

En la práctica anterior se ha desarrollado un módulo básico de gestión de la entrada del terminal. Esta práctica plantea desarrollar un manejador más complejo que ofrezca, dentro de lo que cabe, funciones similares a las presentes en un sistema UNIX convencional. Las características principales de este módulo serán las siguientes:

- En la práctica anterior se usaba un *buffer* para el terminal con un tamaño muy pequeño (TAM_BUF_TERM igual a 8 bytes). Dado que se implementa un modo de operación más sofisticado, parece razonable usar un tamaño mayor (por ejemplo, de 32 bytes).
- La entrada está orientada a líneas. Una solicitud de lectura no se satisface hasta que se haya introducido una línea completa.
- La llamada para leer del terminal es:

```
int leer(void *buf, int tam);
```

Esta llamada devuelve el número de bytes leídos. El sistema operativo copia la información leída en la zona que comienza en la dirección apuntada por buf. El segundo parámetro, tam, indica cuántos caracteres se solicita leer.

- El comportamiento de la lectura sigue la misma pauta que en UNIX. Así, si en la llamada se solicitan S caracteres y el usuario introduce una línea con L caracteres (incluyendo el carácter de fin de línea '\n'), se presentan los dos siguientes casos:
  - o Si S >= L, se copian los L caracteres introducidos incluyendo el de fin de línea.
  - o Si S < L, se copian los S primeros caracteres de la línea. El resto quedan disponibles para las siguientes peticiones de lectura.

En ningún caso se añade un carácter nulo ('\0') al final del *buffer*.

- De manera similar a UNIX, algunos caracteres tendrán asociado un tratamiento especial. Concretamente, se definen los siguientes caracteres especiales:
  - o Indicador de fin de línea. Este carácter causa que se complete la línea en curso quedando disponible para su lectura. El propio carácter de fin de línea ('\n') formará parte de la línea.

- o Borrado del anterior carácter tecleado. Este carácter provoca que el anterior deje de formar parte de la línea. Por defecto, se usará el carácter `Crtl-H` (código ASCII 8 en decimal), aunque, como se comentará más adelante, se podrá redefinir.
- o Borrado de la línea. Este carácter provoca la eliminación de todos los caracteres que forman parte de la línea en curso. Por defecto, se usará el carácter `Crtl-U` (código ASCII 21 en decimal), aunque también se podrá redefinir.
- o Carácter de final de entrada de datos. La línea en curso queda disponible para ser leída aunque no se haya tecleado el carácter de fin de línea. En la línea no se incluirá este carácter. Si se pulsa al principio de una línea, `leer` devuelve 0 bytes, lo que, por convención, se usa para indicar que ha terminado la entrada de datos. Por defecto, se usará el carácter `Crtl-D` (código ASCII 4 en decimal), aunque también se podrá redefinir.
- o Carácter que permite abortar el proceso actual. Por defecto, se usará el carácter `Crtl-B` (código ASCII 2 en decimal), aunque también se podrá redefinir. Nótese que en este caso no se ha usado el típico de UNIX (`Crtl-C`), ya que queremos que siga activo para "matar" al minikernel.
- o Carácter de escape. Permite al usuario indicar que el carácter que se tecleará justo a continuación no deberá interpretarse como especial, aunque lo sea. Por defecto, se usará el carácter \, aunque también se podrá redefinir.

Por simplicidad, no se hará eco de estos caracteres especiales, excepto del carácter indicador de fin de línea.

- Como se comentó previamente, se puede redefinir la asociación entre un carácter y una función especial. Para ello, se ofrecen dos nuevos servicios (hasta cierto punto, similares a las funciones POSIX `tcgetattr` y `tcsetattr`):

```
int obtener_car_control(struct car_cont *car);
int fijar_car_control(struct car_cont *car);
```

Siendo el tipo `struct car_cont`:

```
struct car_cont {
    char cc[5];
};
```

Cada posición del vector corresponde con un carácter especial siguiendo el criterio:

- o Posición 0: carácter de borrado del último carácter.
- o Posición 1: carácter de borrado de línea.
- o Posición 2: carácter de fin de datos.
- o Posición 3: carácter para abortar procesos.
- o Posición 4: carácter de escape.

Nótese que esta definición de tipo debería estar disponible tanto para el sistema operativo como para las aplicaciones. Por tanto, se debería incluir tanto en el archivo de cabecera usado por los programas de usuario (`servicios.h`) como en el usado por el sistema operativo (`kernel.h`).

- Puesto que no hay una llamada específica para redefinir cada carácter especial, si un programa quiere cambiar un carácter específico, tendrá que obtener primero las definiciones actuales usando `obtener_car_control`, modificar el carácter correspondiente y usar `fijar_car_control` para activar la nueva definición. Así, por ejemplo, el siguiente programa establece que el carácter para abortar es el `Crtl-A` (código ASCII 1 en decimal).

```
#include "servicios.h"
int main(){
    struct car_cont defs;

    obtener_car_control(&defs);
    defs.cc[3]='\001';
    fijar_car_control(&defs);
    ..................
}
```

- En su modo de operación por defecto, el manejador realizará el eco de cada carácter tecleado (excepto de los especiales, como se especificó previamente). Se proporcionará un nuevo servicio que permita activar y desactivar el eco:

```
int eco(int estado);
```

Si estado es igual a 0, se desactiva el eco y, si es distinto de cero, se reactiva.

- Si se llena el buffer asociado al terminal, la rutina de tratamiento de la interrupción ignorará el carácter recibido, excepto si se trata de un carácter especial que no haya que almacenar en el buffer.

Para terminar, hay que resaltar que, aunque los aspectos "estéticos" de la edición en el terminal no son trascendentales en el desarrollo de esta práctica, se debería estimular al alumno para que intente implementar algún efecto de esta índole, ya que proporciona una interfaz de usuario más vistosa. Así, por ejemplo, lo importante es asegurar que cuando se teclea un carácter de borrado, no se le entregue a la aplicación el carácter previamente tecleado. Sin embargo, si se consigue además que ese carácter desaparezca de la pantalla, el efecto resultante es más impactante. Una pista: escriba en pantalla la secuencia formada por un carácter \b, un espacio en blanco y otro carácter \b.

5.6 Práctica: Módulo del núcleo que implementa un manejador

5.6.1 Objetivo de la práctica

Se pretende que el alumno llegue a conocer cómo se desarrolla un manejador para un dispositivo de caracteres en Linux. Este trabajo va a permitir aprender, al menos de forma básica, cómo se incorpora un manejador al sistema operativo, así como aspectos tales como la reserva de memoria dentro del núcleo, la manera de sincronizar procesos o el tratamiento de señales.

En cuanto al manejador que se pretende desarrollar, dadas las dificultades técnicas y logísticas de trabajar con un dispositivo hardware, se plantea crear un manejador para un dispositivo software (Téngase en cuenta que en los sistemas UNIX existen varios dispositivos puramente software como, por ejemplo, los dispositivos `/dev/zero` y `/dev/null`).

Por simplicidad, durante el desarrollo del módulo, se van a obviar todos los problemas relacionados con la sincronización. Por ese motivo, dicho módulo presenta condiciones de carrera cuando se ejecuta en un multiprocesador o, incluso, en un sistema monoprocesador donde Linux esté configurado como un núcleo expulsivo (con la opción `CONFIG_PREEMPT` activa en el menú correspondiente durante el proceso de configuración del núcleo mediante `make config`). El lector interesado puede revisar el capítulo dedicado a la sincronización (capítulo 5) del libro recomendado en la bibliografía, que está disponible de forma gratuita.

5.6.2 Descripción del trabajo práctico a realizar

Se pretende crear un par de dispositivos muy simples que ofrezcan un medio de comunicación entre procesos, con características diferentes a los ya existentes en Linux (como los pipes, FIFO, sockets o colas de mensajes). Algunas de las características de estos dispositivos son:

- Están basados en dispositivos de caracteres, que denominaremos `canal1` y `canal2`.

- Ambos dispositivos usarán el mismo *major*, de la misma manera que lo hacen otros dispositivos puramente software como, por ejemplo, `/dev/zero` y `/dev/null` que están asociados al *major* igual a 1 (un poco más adelante se explica el concepto de *major* y *minor*). Se puede interpretar también como un único dispositivo que gestiona dos unidades diferentes.

- Permiten que se comuniquen procesos. Para comunicarse, el proceso debe, en primer lugar, abrir el fichero del dispositivo, en modo lectura, en el caso del lector, y en modo escritura, si se trata del escritor.

- Para enviar datos, el proceso escritor usará la llamada `write`, mientras que el lector utilizará `read` para recibirlos.

- La comunicación seguirá un modelo de tipo datagrama (frente al modelo *stream*). Así, si el tamaño de lo enviado con `write` (E bytes) es mayor que lo que se espera recibir con `read` (R bytes), sólo se leen R bytes, perdiéndose el resto; en caso contrario (E menor que R) sólo se leen los E bytes enviados.

- La principal diferencia entre ambos dispositivos es que el primero de ellos no proporciona ningún tipo de sincronización entre los procesos involucrados en la comunicación, lo que hace que sea más sencillo, mientras que el segundo sí que ofrece un modelo de operación sincronizado, como se describirá más adelante.

Para facilitar el desarrollo de este manejador se plantean una serie de fases de carácter incremental. Dentro de cada fase, se presentan los conceptos teóricos requeridos por la misma. Se distinguen las siguientes fases:

1. Reserva, y liberación, de números *major* y *minor* para los dispositivos.
2. Alta, y baja, de los dispositivos.
3. Implementación del primer dispositivo
4. Implementación del segundo dispositivo: Control de apertura.
5. Implementación del segundo dispositivo: Lectura y escritura con sincronización

5.6.3 Primera fase: Reserva y liberación de números *major* y *minor* para los dispositivos

En primer lugar, se explican los conceptos teóricos requeridos para esta fase.

Concepto teórico: Reserva y liberación de números *major* y *minor*

Un dispositivo en Linux queda identificado por una pareja de números: el *major*, que identifica al manejador, y el *minor*, que identifica al dispositivo concreto entre los que gestiona ese manejador.

El tipo `dev_t` mantiene un identificador de dispositivo dentro del núcleo. Internamente, como se comentó previamente, está compuesto por los valores *major* y *minor* asociados, pudiéndose extraer los mismos del tipo identificador:

```
dev_t midispo;
.....
int mj, mn;
mj=MAJOR(midispo);
mn=MINOR(midispo);
```

O viceversa:

```
int mj, mn;
.....
dev_t midispo;
midispo = MKDEV(mj, mn);
```

Antes de dar de alta un dispositivo de caracteres, hay que reservar sus números *major* y *minor* asociados. En caso de que se pretenda que el número *major* lo elija el propio sistema, como ocurre en este caso, se puede usar la función `alloc_chrdev_region` (definida en `#include <linux/fs.h>`) que devuelve un número negativo en caso de error y que tiene los siguientes parámetros:

```
int alloc_chrdev_region(dev_t *dev, unsigned int firstminor,
                unsigned int count, char *name);
```

1. Parámetro sólo de salida donde nos devuelve el tipo `dev_t` del primer identificador de dispositivo reservado.
2. Parámetro de entrada que representa el *minor* del identificador de dispositivo que queremos reservar (el primero de ellos si se pretenden reservar varios).
3. Parámetro de entrada que indica cuántos números *minor* se quieren reservar.
4. Parámetro de entrada de tipo cadena de caracteres con el nombre del dispositivo.

En caso de que se quiera usar un determinado número *major* se utiliza en su lugar la función `register_chrdev_region`.

La operación complementaria a la reserva es la liberación de los números *major* y *minor* asociados. Tanto si la reserva se ha hecho con `alloc_chrdev_region` como si ha sido con `register_chrdev_region`, la liberación se realiza con la función `unregister_chrdev_region`, que recibe el primer identificador de dispositivo a liberar, de tipo `dev_t`, así como cuántos se pretenden liberar.

```
void unregister_chrdev_region(dev_t first, unsigned int count);
```

Una vez presentados los conceptos teóricos, se acomete la funcionalidad planteada en esta fase: reservar para el par de dispositivos un número *major*, elegido por el propio núcleo, y dos números *minor* sucesivos, que corresponden al especificado como parámetro del módulo con el nombre `minor` y al siguiente (0 y 1 si no se recibe ningún parámetro).

Para ello, se debe incluir dentro de la rutina de iniciación del módulo una llamada a `alloc_chrdev_region` para reservar un dispositivo con dos unidades llamado "canal", cuyo *major* lo seleccionará el sistema, mientras que los *minor* corresponderán al valor recibido como parámetro y al siguiente número consecutivo. Asimismo, añada a la rutina de terminación del módulo la llamada a la función `unregister_chrdev_region` para realizar la liberación correspondiente.

Para comprobar el funcionamiento correcto del módulo, puede añadir un `printk` que muestre qué *major* se le ha asignado al dispositivo. Asimismo, después de la carga pero antes de la descarga, puede comprobar en el fichero `/proc/devices` que se ha creado una entrada correspondiente al nuevo dispositivo, y que ésta desaparece cuando el módulo es descargado.

5.6.4 Segunda fase: Alta y baja de los dispositivos

Por ahora, sólo hemos reservado un par de números de identificador de dispositivo formado por la pareja *major* y *minor*. A continuación, es necesario "crear un dispositivo" asociado a esos números, es decir, dar de alta dentro del núcleo la estructura de datos interna que representa un dispositivo de caracteres y, dentro de esta estructura, especificar la parte más importante: el conjunto de funciones de acceso (apertura, cierre, lectura, escritura, ...) que proporciona el dispositivo. Comencemos con los conceptos teóricos.

Concepto teórico: Alta y baja de un dispositivo dentro del núcleo

El tipo que representa un dispositivo de caracteres dentro de Linux es `struct cdev` (no confundir con el tipo `dev_t`, comentado previamente, que guarda un identificador de dispositivo; nótese, sin embargo, que, como es lógico, dentro del tipo `struct cdev` hay un campo denominado `dev` de tipo `dev_t` que almacena el identificador de ese dispositivo), que está definido en `#include <linux/cdev.h>`.

Para iniciar esa estructura de datos (simplemente, dar valor inicial a sus campos), se puede usar la función `cdev_init`, que recibe como primer parámetro la dirección de la variable que contiene la estructura de dispositivo que se pretende iniciar, y como segundo una estructura de tipo `struct file_operations`, que especifica las funciones de servicio del dispositivo.

```
void cdev_init(struct cdev *cdev, struct file_operations *fops);
```

A continuación, se muestra un ejemplo que especifica solamente las operaciones de apertura, cierre, lectura y escritura.

```
static int ejemplo_open(struct inode *inode, struct file *filp) {
     .....

static int ejemplo_release(struct inode *inode, struct file *filp)
{.....

static ssize_t ejemplo_read(struct file *filp, char __user *buf, size_t
count, loff_t *f_pos) {.....

static ssize_t ejemplo_write(struct file *filp, const char __user *buf,
size_t count, loff_t *f_pos) {.....

static struct file_operations ejemplo_fops = {
        .owner =    THIS_MODULE,
        .open =     ejemplo_open,
        .release =  ejemplo_release,
        .read =     ejemplo_read,
        .write =    ejemplo_write
};
```

Después de iniciar la estructura que representa al dispositivo, hay que asociarla con los identificadores de dispositivo reservados previamente. Para ello, se usa la función

`cdev_add:` `int cdev_add(struct cdev *dev, dev_t num, unsigned int count);`

siendo el tercer parámetro igual a 2 en nuestro caso, puesto que queremos dar de alta un par de unidades de ese dispositivo.

Finalmente, la operación de baja del dispositivo se lleva a cabo mediante la función `cdev_del`:

`void cdev_del(struct cdev *dev);`

Nótese que esta operación siempre hay que hacerla antes de liberar el identificador de dispositivo (`unregister_chrdev_region`).

Concepto teórico: Alta de un dispositivo para su uso desde las aplicaciones

Aunque después de dar de alta un dispositivo dentro del núcleo ya está disponible para dar servicio a través de sus funciones de acceso exportadas, para que las aplicaciones de usuario puedan utilizarlo, es necesario crear un fichero especial de tipo dispositivo de caracteres dentro del sistema de ficheros.

Anteriormente a la incorporación del modelo general de dispositivo en Linux y el sistema de ficheros *sys*, era necesario que el administrador invocara los mandatos `mknod` necesarios para crear los ficheros especiales requeridos. Con la inclusión de este modelo, el manejador solo debe dar de alta los dispositivos en el sistema de ficheros *sys*, encargándose el proceso demonio de usuario `udev` de la creación automática de los ficheros especiales (en este caso, `/dev/canal1` y `/dev/canal2`).

El primer paso que se debe llevar a cabo es la creación de una clase en el sistema de ficheros *sys* para los dispositivos gestionados por el manejador usando para ello la llamada `class_create`:

```
#include <linux/device.h>
struct class * class_create (struct module *owner, const char *name);
```

Como primer parámetro se especificaría `THIS_MODULE` y en el segundo el nombre que se le quiere dar a esta clase de dispositivos (en este caso, `canal`). Después de ejecutar esta llamada, aparecerá la entrada correspondiente en el sistema de ficheros *sys* (`/sys/class/canal/`). A la hora de descargar el módulo habrá que hacer la operación complementaria (`class_destroy(struct class * clase)`).

Después de crear la clase, hay que dar de alta cada uno de los dispositivos de esa clase. Para ello, se utiliza la función `device_create`:

```
struct device * device_create(struct class *class, struct device *parent, dev_t devt, void *drvdata, const char *fmt, ...)
```

Para el ejemplo que nos ocupa, solo son relevantes los siguientes parámetros (para los demás se especificará un valor `NULL`):

- El primer parámetro corresponde al valor retornado por la llamada que creó previamente la clase.
- El tercero corresponde al dispositivo creado previamente.
- El quinto al nombre que se le quiere dar a la entrada en el sistema de ficheros *sys*.

En nuestro caso, habrá que hacer dos llamadas a esta función: una para cada dispositivo (`canal1` y `canal2`), creándose las entradas `/sys/class/canal/canal1` y `/sys/class/canal/canal2`, respectivamente. Nótese que el demonio de usuario `udevd` creará automáticamente en `/dev` las entradas correspondientes con los números *major* y *minor* seleccionados:

```
ls -l /dev/canal?
crw------- 1 root root 250, 0 dic 10 12:04 /dev/canal1
crw------- 1 root root 250, 1 dic 10 12:04 /dev/canal2
```

A partir de este momento, las llamadas de apertura, lectura, escritura, cierre, etc. sobre esos ficheros especiales son redirigidas por el sistema operativo a las funciones de acceso correspondientes exportadas por el manejador del dispositivo.

La llamada `device_destroy(struct class * class, dev_t devt)` da de baja el dispositivo en el sistema de ficheros *sys*.

Una vez vistos los aspectos teóricos requeridos, se plantea en esta fase incluir en la función de carga del módulo la iniciación (`cdev_init`) y alta (`cdev_add`) del dispositivo. Asimismo, se debe añadir el código de eliminación del dispositivo (`cdev_del`) en la rutina de descarga del módulo.

Para dar de alta los dos dispositivos en el sistema de ficheros *sys*, en la iniciación del módulo se usarán las funciones `class_create` y `device_create` (esta última dos veces para dar de alta los dispositivos). En la rutina de descarga del módulo habrá que invocar dos veces a `device_destroy` y una vez a `class_destroy` para dar de baja los dispositivos y la clase en el sistema de ficheros *sys*.

Es conveniente resaltar que, dado que según avance la práctica se irá incluyendo progresivamente diversa información asociada con cada unidad del dispositivo (como, por ejemplo, el *buffer* que contendrá los datos que se comunican), lo habitual es usar una estructura de datos definida por el propio desarrollador que contenga toda esta información y, en este caso, en la iniciación del manejador, declarar una instancia de esa estructura por cada dispositivo que gestiona el manejador (en un sistema con *hot-plugging* la creación e iniciación de la estructura de datos que representa una unidad se realizaría en el momento en el que se descubre el nuevo dispositivo). En este punto el lector debería definir esa estructura, así como crear dos instancias de la misma. Aunque en esta fase de la práctica no hay todavía información específica de cada unidad, para practicar, de momento podemos incluir el único dato que distingue por ahora a las dos unidades: su número de *minor*.

En cuanto a las funciones exportadas por el módulo, sólo se especificarán las cuatro operaciones presentadas previamente. Además, en esta fase, dichas funciones sólo mostrarán un mensaje con `printk` mostrando qué función se está invocando junto con el *minor* asociado a la misma, para distinguir de esta forma sobre qué unidad se está realizando la operación.

Dentro de la estructura `inode`, que reciben las llamadas `open` y `release`, se encuentra el identificador del dispositivo que se está accediendo, cuyo *minor* se puede extraer usando la función `iminor`. Por tanto, es trivial imprimir esta información dentro de `open` y `release`.

Sin embargo, las llamadas de lectura y escritura no reciben una estructura `inode` directamente. Para facilitar a estas funciones el acceso al *minor*, dado que hemos incluido este valor en la estructura de datos asociada a cada unidad, se plantea usar la solución que se usa habitualmente en el diseño de manejadores para poder acceder desde las operaciones de lectura y escritura a toda la información de la unidad involucrada, y que describiremos a continuación.

El truco está en usar el campo `private_data` de la estructura `file`, ideado para guardar en el mismo la información que considere oportuna el diseñador del manejador. En la función de apertura se hace que ese campo haga referencia a la información que nos convenga (en este caso, la estructura de datos que representa una unidad), de manera que en las funciones de lectura y escritura se pueda acceder a la misma.

Para evitar que los programas que usen este dispositivo todavía incompleto se comporten de manera errónea, las funciones de apertura y liberación deberían devolver un 0, para señalar que no ha habido error, la función de lectura debería retornar un 0, para indicar que no hay datos que leer, mientras que la de escritura debería devolver el mismo valor que recibe como tercer parámetro (`count`), para indicar que se han procesado los datos a escribir.

Para probar la funcionalidad de esta fase, una vez cargado el módulo y creados los ficheros especiales, puede ejecutar los siguientes mandatos para comprobar que se activan las funciones de apertura, lectura y cierre imprimiéndose correctamente el número *minor*:

```
$ cat /dev/canal1
$ cat /dev/canal2
```

y el siguiente para el caso de la escritura (apertura, escritura y cierre):

```
$ echo hola  > /dev/canal1
$ echo hola  > /dev/canal2
```

5.6.5 Tercera fase: Implementación del primer dispositivo

En esta fase abordaremos el desarrollo del primer dispositivo (canal1). Este dispositivo/unidad únicamente requiere trabajar sobre las operaciones de lectura y escritura, tratando únicamente aquellos aspectos que tienen que ver con la transferencia de datos y obviando cualquier tipo de sincronización.

Para implementar estas operaciones, es necesario explicar cómo se reserva memoria dinámica dentro del núcleo y de qué manera se accede al mapa de usuario del proceso para obtener o depositar información en el mismo.

Concepto teórico: Reserva y liberación de memoria dinámica

Las funciones para reservar y liberar memoria dinámica son kmalloc y kfree, cuyas declaraciones son las siguientes:

```
#include <linux/slab.h>
void *kmalloc(size_t size, int flags);
void kfree(const void *);
```

Sus prototipos son similares a las funciones correspondientes de la biblioteca de C. La única diferencia está en el parámetro flags, que controla el comportamiento de la reserva. Los tres valores más usados para este parámetro son:

- GFP_KERNEL: Reserva espacio para uso del sistema operativo pero asumiendo que esta llamada puede bloquear al proceso invocante si es necesario. Es el que usaremos en la práctica.

- GFP_ATOMIC: Reserva espacio para uso del sistema operativo pero asegurando que esta llamada nunca se bloquea. Es el método que se usa para reservar memoria en el ámbito de una rutina de interrupción.

- GFP_USER: Reserva espacio para páginas de usuario. Se usa en la rutina de fallo de página para asignar un marco al proceso.En caso de error, la llamada kmalloc devuelve NULL. Habitualmente, y así se debe hacer en la práctica, en ese caso se termina la función correspondiente retornando el error -ENOMEM.

Concepto teórico: Acceso al mapa de usuario del proceso

Habitualmente, un manejador necesita acceder al mapa de memoria de usuario para leer información del mismo, en el caso de una escritura, y para escribir información en él, si se trata de una lectura. Los prototipos para estas funciones son, respectivamente, los dos siguientes:

```
#include <asm/uaccess.h>
unsigned long copy_from_user(void *to, const void *from, unsigned long
n);
unsigned long copy_to_user(void *to, const void *from, unsigned long
n);
```

En caso de éxito, estas funciones devuelven un 0. Si hay un fallo, que se deberá a que en el rango de direcciones del *buffer* de usuario hay una o más direcciones inválidas, devuelve un valor distinto de 0 que representa el número de bytes que no se han podido copiar.

Normalmente, y así se hará en la práctica, si se produce un error, la función correspondiente devuelve el error `-EFAULT`.

A continuación, se describe el comportamiento que deben de tener las llamadas de lectura y escritura de este primer dispositivo:

- La escritura reservará un buffer del sistema operativo (mediante `kmalloc`) y copiará los datos (usando `copy_from_user`) en el mismo. Esos datos almacenados en el *buffer* los consumirá la próxima lectura. El manejador sólo tendrá un *buffer* asociado de manera que si se produce una escritura y hay datos en el *buffer*, la operación de escritura devolverá un error `-ENOSPC`. Si la escritura es correcta, devolverá el número de caracteres escritos.

- La lectura retornará 0 si no hay datos en el *buffer*. En el caso de que haya datos, se copiará al proceso (utilizando `copy_to_user`) el número de bytes adecuado, determinado tal como se explica en el siguiente punto, se liberará el *buffer* (mediante `kfree`) y se retornará el número de caracteres realmente leídos.

- Como se explicó previamente, la comunicación seguirá un modelo de tipo datagrama (frente al modelo *stream*).

Dado que toda la funcionalidad desarrollada en esta fase sólo estará asociada por el momento al primer dispositivo, podemos añadir a las operaciones de lectura y escritura una comprobación de que realmente se trata de este dispositivo antes de llevarlas a cabo, no haciendo nada en caso contrario.

Pruebas

A continuación se proponen algunas pruebas para verificar si la funcionalidad se ha desarrollado correctamente:

1. Ejecutar un lector antes de un escritor (no debe devolver nada):

```
$ cat /dev/canal1
```

2. Ejecutar un escritor, otro escritor, que debe dar error, y un lector que imprimirá lo que generó el primer escritor:
```
$ /bin/echo hola > /dev/canal1
$ /bin/echo adios > /dev/canal1
/bin/echo: error de escritura: No queda espacio en el
dispositivo
$ cat /dev/canal1
hola
```

3. Ejecutar un escritor y, a continuación, un lector que lea un tamaño de datos menor que el escrito, y, finalmente, un nuevo lector que no debe imprimir ningún dato:
```
$ /bin/echo hola > /dev/canal1
$ dd bs=3 count=1 if=/dev/canal1 2>/dev/null
hol
$ cat /dev/canal1
```

5.6.6 Cuarta fase: Implementación del segundo dispositivo: control de apertura

En esta fase y en la siguiente vamos a abordar la implementación del segundo dispositivo (`canal2`), que tiene un modo de operación con sincronización. El diseño de este manejador permitirá practicar con algunos aspectos obviados en el dispositivo anterior debido a su simplicidad.

Dado que se plantea que un mismo manejador gestione dos dispositivos relacionados pero con ciertas diferencias en su comportamiento (algo similar a lo que ocurre con el manejador `mem` que implementa los dispositivos `/dev/zero`, `/dev/null`,...), hay que establecer alguna estrategia para poder implementar las partes de su funcionalidad que difieran. A continuación, se plantean algunas alternativas:

- Ambos dispositivos comparten todas las funciones de acceso pero dentro de las mismas se discrimina entre ellos y se implementa la funcionalidad específica de cada uno.
- De manera similar a lo que hace el manejador `mem` antes citado, se puede hacer que las funciones de lectura, escritura y cierre sean diferentes para cada dispositivo (operaciones para `/dev/zero`, operaciones para `/dev/null`,...), registrando como operaciones de los dispositivos una estructura con sólo la función de apertura (operaciones registradas) y redefiniendo las operaciones dentro de la misma dependiendo de qué dispositivo se trate (redefinición de las operaciones).
- Realizar dos operaciones de alta de dispositivo independientes especificando en cada una un conjunto de operaciones diferente.

En esta primera fase, concretamente, nos centraremos en la necesidad de incorporar labores de control al manejador tanto en la operación de apertura como en la de cierre. El nuevo dispositivo deberá tener las siguientes características específicas:

- Permite que se comuniquen sólo dos procesos: un proceso haciendo el papel de escritor/productor/cliente y otro en el rol de lector/consumidor/servidor.
- Siguiendo el modo de operación más habitual en la arquitectura cliente/servidor, se plantea que primero tiene que ocurrir la apertura de lectura por parte del lector y, posteriormente, la de escritura por parte del escritor. En todo momento, sólo podrá haber un único proceso que haya abierto el fichero para lectura y un solo proceso que lo haya abierto para escritura.

La implementación de estas características requeriría incluir la siguiente funcionalidad:

- Una petición de apertura para escritura se llevará a cabo de forma satisfactoria (`return 0`) sólo si se ha producido previamente una petición de apertura de lectura y no hay en este momento una apertura de escritura activa.
- Una petición de apertura para lectura se completará con éxito sólo si no está activa una apertura de lectura o de escritura en ese momento (puede parecer sorprendente que pueda haber una sesión de escritura activa sin que exista a su vez una de lectura; sin embargo, esto puede ocurrir si se ha producido el cierre prematuro de un lector).
- En caso de que no se cumplan las condiciones descritas, la llamada de apertura terminará con un error: `-EBUSY` en el caso de que exista previamente una apertura que entra en conflicto con la solicitud, y `-ECONNREFUSED` si una solicitud de apertura de escritura no encuentra una sesión de lectura activa.

Para comprobar si se trata de una apertura de escritura o de lectura, se puede acceder al segundo parámetro de la función de apertura del manejador, que es de tipo `struct file`, y consultar su campo `f_mode` comparándolo con las constantes `FMODE_READ` y `FMODE_WRITE` para determinar el tipo de apertura.

Pruebas

A continuación se proponen algunas pruebas para verificar si la funcionalidad se ha desarrollado correctamente:

1. Si se ejecuta un solo escritor debe producirse un error de conexión rechazada:
```
$ cat > /dev/canal2
  bash: /dev/canal2: Conexión rehusada
```

2. Si se ejecuta un lector y llega otro lector debe producirse un error en el segundo:
```
# se puede lanzar en background o en una ventana diferente
$ sleep 20 < /dev/canal2 & # primer lector OK
$ cat /dev/canal2 # segundo lector error
cat: /dev/canal2: Dispositivo o recurso ocupado
```

3. Si se ejecuta un lector, luego un escritor y, a continuación, otro escritor, debe de producirse error en este último:
```
# se puede lanzar en background o en una ventana distinta
$ sleep 20 < /dev/canal2 & # primer lector OK
# se puede lanzar en background o en una ventana diferente
$ cat > /dev/canal2 &  # primer escritor OK
$ cat > /dev/canal2 # segundo escritor error
bash: /dev/canal2: Dispositivo o recurso ocupado
```

4. Si, habiendo un lector y un escritor, el lector realiza un cierre prematuro manteniéndose el escritor, la ejecución de un nuevo lector producirá un error:
```
# se puede lanzar en background o en una ventana diferente
$ sleep 10 < /dev/canal2 & # primer lector OK
# se puede lanzar en background o en una ventana diferente
$ cat > /dev/canal2 &  # primer escritor OK
# esperar hasta que termine el sleep del primer lector y
lanzar...
$ cat /dev/canal2 # nuevo lector error
cat: /dev/canal2: Dispositivo o recurso ocupado
```

5.6.7 Quinta fase: Implementación del segundo dispositivo: lectura y escritura con sincronización

En este segundo dispositivo, la comunicación utilizará un modo de operación síncrono (cita), lo que le diferencia de los otros mecanismos proporcionados habitualmente por el sistema operativo. Este carácter síncrono conlleva que no es necesario gestionar *buffers* para almacenar múltiples mensajes.

A continuación, se describe el comportamiento que deben de tener las llamadas de lectura y escritura teniendo en cuenta que deben de seguir este modelo síncrono:

- La escritura desbloqueará al proceso lector (en caso de que estuviera bloqueado en la llamada `read`) y, dado el carácter síncrono, se quedará bloqueado a la espera de que el lector le confirme que ya ha realizado la lectura, o hasta que éste realice un cierre de forma prematura. En el primer caso, donde todo va bien, la función de escritura debe de retornar el número de caracteres escritos. En cambio, si se trata de un cierre prematuro, al desbloquearse, la función de escritura devolverá el error `-EPIPE`.

- La lectura dejará al proceso bloqueado hasta que haya datos disponibles o el escritor cierre el fichero. En el caso de que haya datos, se copiarán desbloqueando, a continuación, al proceso escritor y retornando el número de caracteres realmente leídos. Si se trata del cierre del escritor, la llamada de lectura retornará 0 bytes.

- De lo comentado previamente, se desprende que en la operación de cierre de lectura o de escritura habrá que desbloquear al proceso escritor o lector, respectivamente, que pudiera estar bloqueado esperando.

Concepto teórico: Bloqueo y desbloqueo de procesos

A continuación, se explican algunos conceptos básicos de la gestión de bloqueos y desbloqueos de procesos en Linux.

- La gestión de bloqueos se basa en el mecanismo de colas de espera (*wait queues*). El siguiente ejemplo muestra cómo declarar e iniciar una cola de espera que, como es frecuente, está incluida dentro de la estructura que almacena la información del dispositivo:

```
#include <linux/wait.h>
#include <linux/sched.h>

// declaración de una variable dentro de una estructura
struct info_dispo {
    wait_queue_head_t lista_bloq;
    ...............
} info;
// iniciación de la variable (se suele hacer en la carga del módulo)
init_waitqueue_head(&info.lista_bloq);
```

- Para el bloqueo del proceso, que, evidentemente, se realizará en la función de lectura de nuestro manejador, Linux proporciona varias funciones. En la práctica se propone usar wait_event_interruptible cuyo prototipo es el siguiente:

```
int    wait_event_interruptible(wait_queue_head_t    cola,    int
condicion);
```

Esta función causa que el proceso se bloquee en la cola hasta que sea desbloqueado y se cumpla la condición. Nótese que si en el momento de invocar la función ya se cumple la condición, no se bloqueará.

La función `wait_event_interruptible` devuelve un valor distinto de 0 si el bloqueo ha quedado cancelado debido a que el proceso en espera ha recibido una señal. Si es así, el tratamiento habitual es terminar la llamada devolviendo el valor `-ERESTARTSYS`, que indica al resto del sistema operativo que realice el tratamiento oportuno. Esta misma estrategia con respecto al tratamiento de señales será la que se utilizará en el desarrollo del manejador planteado en este enunciado.

- Para el desbloqueo de otro proceso, que, evidentemente, se realizará en la función de escritura de nuestro manejador, se propone utilizar la función `wake_up_interruptible`, que desbloquea a todos los procesos esperando en esa cola de procesos. Su prototipo es el siguiente:

```
void wake_up_interruptible(wait_queue_head_t *cola);
```

Nótese que no es necesario comprobar que hay algún proceso bloqueado en la cola de espera (es decir, que la cola no está vacía) antes de usar esta función ya que esta comprobación la realiza la propia función.

Pruebas

A continuación se proponen algunas pruebas para verificar si la funcionalidad se ha desarrollado correctamente:

1. Prueba de un lector y un escritor que lee líneas del teclado, en ambos casos usando `cat`. Se pueden realizar varias ejecuciones tecleando distinto número de líneas de entrada en el escritor (incluso ninguna línea). Recuerde que para indicar el final de la entrada de datos se usa el `Control-D`.

```
# se puede lanzar en background o en una ventana diferente
$ cat /dev/canal2 &
$ cat > /dev/canal2
```

2. Prueba de un lector y un escritor que lee líneas de un fichero, en ambos casos usando `cat`.

```
# se puede lanzar en background o en una ventana diferente
$ cat /dev/canal2 &
$ cat > /dev/canal2 < /etc/passwd
```

3. Prueba de un lector y un escritor tal que el tamaño de las lecturas es menor que el de las escrituras, en ambos casos usando `dd`. Nótese que debe de perderse la mitad de la información del fichero de contraseñas.

```
# se puede lanzar en background o en una ventana diferente
$ dd bs=1 < /dev/canal2 &
$ dd bs=2 > /dev/canal2 < /etc/passwd
```

4. Para esta prueba se usará el siguiente programa, que denominaremos `lector.c`:

```
#include <stdio.h>
#include <unistd.h>
int main() {
        int tam;
        char buf[4096];
        while ((tam=read(0, buf, 4096))>0) {
```

```
                    write(1, buf, tam);
                    sleep(5);
            }
        return 0;
}
```

Se intenta comprobar el comportamiento síncrono del mecanismo, observando cómo una escritura quedará bloqueada hasta que se produzca la lectura. Para la prueba se ejecutará el mandato `strace`, muy usado por los programadores de código de sistema, que muestra las llamadas al sistema que va ejecutando un proceso.

```
# se deben lanzar en ventanas diferentes
$ strace ./lector < /dev/canal2
$ strace cat > /dev/canal2
```

5. Se va a comprobar si se produce la señal `SIGPIPE` en el escritor cuando hay un cierre prematuro en el lector.

```
# se puede lanzar en background o en una ventana distinta
$ head -3 /dev/canal2 &
$ cat > /dev/canal2
```

6. Esta prueba es similar a la anterior pero el escritor, en vez de leer de la entrada estándar, lo hace de un fichero.

```
# se puede lanzar en background o en una ventana distinta
$ head -3 /dev/canal2 &
$ dd bs=1 > /dev/canal2 < /etc/passwd
```

5.6.8 Bibliografía

- Jonathan Corbet, Alessandro Rubini, y Greg Kroah-Hartman. *Linux Device Drivers*. O'Reilly Media, 3ª edición, 2005

6. Archivos y Directorios

En este capítulo se presentan las prácticas relacionadas con archivos y directorios. El capítulo tiene dos objetivos básicos: mostrar los servicios que da el sistema operativo y proponer un conjunto de prácticas que permita cubrir los aspectos básicos y de diseño de archivos, directorios y del servidor de archivos. De esta forma, se pueden adaptar las prácticas del tema a distintos niveles de conocimiento.

6.1 Servicios POSIX para archivos y directorios

En esta sección se describen los servicios del sistema operativo necesarios para hacer las prácticas que se proponen en las secciones siguientes. En la mayoría de los sistemas operativos modernos los directorios se implementan como archivos que almacenan una estructura de datos definida: entradas de directorios. Por ello, los servicios de archivos pueden usarse directamente sobre directorios. Sin embargo, la funcionalidad necesaria para los directorios es mucho más restringida que la de los archivos, por lo que los sistemas operativos suelen proporcionar servicios específicos para satisfacer dichas funciones de forma eficiente y sencilla.

POSIX proporciona una visión lógica de archivo equivalente a una tira secuencial de bytes. Para acceder al archivo, se mantiene un apuntador de posición, a partir del cual se ejecutan las operaciones de lectura y escritura sobre el archivo. Para identificar a un archivo, el usuario usa nombres al estilo de UNIX, como por ejemplo `/users/miguel/datos`. Cuando se abre un archivo, se devuelve un descriptor de archivo, que se usa a partir de ese momento para identificar al archivo en otras llamadas al sistema. Estos descriptores son números enteros de 0 a n y son específicos para cada proceso. Cuando se realiza una operación `open`, el sistema de archivos busca desde la posición 0 hasta que encuentra una posición libre, siendo esa la ocupada. Cuando se cierra un archivo (`close`), se libera la entrada correspondiente. En los sistemas UNIX, cada proceso tiene tres descriptores de archivos abiertos por defecto. Estos descriptores ocupan las posiciones 0 a 2 y reciben los siguientes nombres:

- Entrada estándar, `fd = 0`.
- Salida estándar, `fd = 1`.
- Error estándar, `fd = 2`.

El objetivo de estos descriptores estándar es poder escribir programas que sean independientes de los archivos sobre los que han de trabajar.

Usando servicios de POSIX, se pueden consultar los atributos de un archivo. Estos atributos son una parte de la información existente en el descriptor interno del archivo (nodo-i). Entre ellos se encuentran el número de nodo-i, el sistema de archivos al que pertenece, su dispositivo, tiempos de creación y modificación, número de enlaces físicos, identificación de usuario y grupo, tamaño óptimo de acceso, modo de protección, etc. El modo de protección es especialmente importante porque permite controlar el acceso al archivo por parte de su dueño, su grupo y el resto del mundo. En POSIX, estos permisos de acceso se especifican usando máscaras de 9 bits con el siguiente formato:

```
dueño grupo   mundo
rwx   rwx     rwx
```

Los prototipos de los **servicios POSIX para archivos** que se usan en las prácticas son:

```
int creat(const char *path, mode_t mode);
```

Su efecto es la creación de un archivo con nombre `path` y modo de protección `mode`. En caso de que el archivo no pueda ser creado, devuelve -1 y pone el código de error adecuado en la variable `errno`.

```
int unlink(const char *path);
```

Este servicio permite borrar un archivo indicando su nombre. El argumento `path` indica el nombre del archivo a borrar.

```
int open(const char path, int oflag, /* mode_t mode */ ...);
```

Este servicio permite abrir un archivo indicando su nombre en el argumento `path`. El argumento `oflag` permite especificar qué tipo de operación se quiere hacer con el archivo: lectura (`O_RDONLY`), escritura (`O_WRONLY`), lectura-escritura (`O_RDWR`), añadir información nueva (`O_APPEND`), creación (`O_CREAT`), truncado (`O_TRUNC`), escritura no bloqueante (`O_NONBLOCK`), etc. Si el archivo no existe, no se puede abrir con las características especificadas o no se puede crear, la llamada devuelve -1 y un código de error en la variable `errno`.

```
int close(int fildes);
```

Esta llamada libera el descriptor de archivo obtenido cuando se abrió el archivo, dejándolo disponible para su uso posterior por el proceso.

```
ssize_t read(int fildes, void *buf, size_t nbyte);
ssize_t write(int fildes, const void *buf, size_t nbyte);
```

Estos servicios permiten a un proceso leer y escribir datos de un archivo, que debe abrirse previamente, y copiarlos a su espacio de memoria. El descriptor de archivo se indica en `fildes`, la posición de memoria donde copiar, o de donde escribir, los datos se especifica en el argumento `buf` y el número de bytes a leer, o escribir, se especifica en `nbyte`. La lectura se lleva a cabo a partir de la posición actual del apuntador de posición del archivo. Si la llamada se ejecuta correctamente, devuelve el número de bytes leídos realmente, que pueden ser menos que los pedidos, y se incrementa el apuntador de posición del archivo con esa cantidad.

```
off_t lseek(int fildes, off_t offset, int whence);
```

Esta llamada permite cambiar el valor del apuntador de posición de un archivo abierto, de forma que posteriores operaciones de E/S se ejecuten a partir de esa posición. El descriptor de archivo se indica en `fildes`, el desplazamiento se indica en `offset` y el lugar de referencia para el desplazamiento se indica en `whence`.

```
int stat(const char *path, struct stat *buf);
int fstat(int fildes, struct stat *buf);
```

POSIX especifica los servicios `stat` y `fstat` para consultar los distintos atributos de un archivo, si bien en el caso de `fstat` dicho archivo debe estar abierto. Ambas devuelven una estructura de tipo `stat`.

A continuación se describen los **servicios POSIX para directorios** más comunes.

```
int mkdir (const char *path, mode_t mode);
```

El servicio `mkdir` permite crear un nuevo directorio en POSIX. Esta llamada al sistema crea el directorio especificado en `path` con el modo de protección especificado en `mode`.

```
int rmdir (const char *path);
```

Permite borrar un directorio especificando su nombre. El directorio se borra únicamente cuando está vacío.

```
DIR *opendir(const char *dirname);
int closedir (DIR *dirp);
```

Abre el directorio de nombre especificado en la llamada y devuelve un identificador de directorio. El apuntador de posición indica a la primera entrada del directorio abierto. En caso de error devuelve `NULL`. Un directorio abierto, e identificado por `dirp`, puede ser cerrado ejecutando la llamada `closedir`.

```
struct dirent *readdir (DIR *dirp);
```

Este servicio permite leer de un directorio abierto, obteniendo como resultado la siguiente entrada del mismo.

6.2 Práctica: Gestión de cuotas de disco usando scripts de UNIX

6.2.1 Objetivos de la práctica

El objetivo de esta práctica es que el alumno se familiarice con la línea de mandatos de Unix y con la programación de scripts en Unix como método de automatización para las tareas de administración. En este caso, se gestionan las cuotas de disco asociadas a los usuarios.

- NIVEL: Introducción
- HORAS ESTIMADAS: 6

6.2.2 Descripción de la funcionalidad que debe desarrollar el alumno

La práctica consiste en desarrollar un script para un intérprete de mandatos de UNIX, de nombre *gestion_cuotas*, que pida un nombre de usuario y le asigne una cuota de disco a elegir entre tres: mínima (20 M), media (40 M) o máxima (100M). Si ya tiene cuota asignada, se indica y se pregunta si la quiere modificar. En caso positivo se solicita la cuota a aplicar y se asigna.

La sintaxis del mandato debe ser la siguiente:

```
./gestion_cuotas
```

El funcionamiento detallado del script es el siguiente:

- Tras ejecutar el mandato debe pedir un nombre de usuario. El script debe mirar si el usuario existe en el sistema. En caso negativo da un error por pantalla.
- Si el usuario existe, debe mirar si ya tiene cuota de disco asignada (mediante el mandato `quota`). Si no la tiene, debe pedir el tipo de cuota y asignársela mediante el mandato `setquota`.
- Si ya tiene cuota, se pregunta si se quiere modificar. En caso positivo, debe pedir el tipo de cuota y asignársela mediante el mandato `setquota`.

El resultado de `gestion_cuotas` asigna una cuota del tipo deseado a un usuario del sistema. Este script podría ser parte de uno más grande que creara cuentas de usuario en un sistema UNIX.

6.2.3 Recomendaciones generales

Para realizar el programa se recomienda estudiar con detalle la pagina de manual referente al *bash*, donde se encuentra casi todo lo necesario para realizar la práctica. Para poder guardar dicha información en un archivo ASCII se debe ejecutar el siguiente mandato:

```
man bash | gtroff -t -e -mandoc -Tascii | col -bx > bash.txt
```

Especial atención merece la opción `#set -x` que permite ver todo lo que hace el script y es muy útil para su depuración mientras se programa.

Además, conviene estudiar en detalle el comportamiento de los mandatos `quota` y `setquota`.

6.2.4 Entrega de documentación

Se recomienda que el alumno entregue los siguientes archivos:

- `memoria.txt`: Memoria de la práctica.
- `gestion_cuotas`: Archivo que contiene el script.

6.2.5 Bibliografía

- A. Afzal, *Introducción a UNIX,* Prentice-Hall, 1997.
- C. Newham and B. Rosenblatt, *Learning the bash shell*, Sebastopol : O'Reilly , 1995
- S.R. Bourne, *The UNIX System,* Addison-Wesley, 1983.
- J. Carretero, F. García, A. Calderón, J. Fernández, *Diseño e implementación de programas en C,* Pearson Educación, 2002.

6.3 Práctica: Implementación del mandato du

6.3.1 Objetivos de la práctica

Esta práctica permitirá al alumno familiarizarse con los servicios que ofrece el estándar POSIX para la gestión de archivos y directorios.

- NIVEL: Introducción
- HORAS ESTIMADAS: 6

6.3.2 Descripción de la funcionalidad que debe desarrollar el alumno

Se trata de desarrollar un programa similar al mandato `du` de UNIX, denominado `midu`. A continuación se describe este programa.

Programa `midu`

Este programa deberá calcular el tamaño ocupado por todos los archivos que se encuentran en un determinado árbol de directorios. La sintaxis de este programa será la siguiente:

```
./midu directorio
```

El programa deberá recorrer todos los archivos situados dentro del directorio pasado como argumento. Por cada archivo deberá imprimir una línea con el nombre del archivo y su tamaño expresado en bytes.

La última línea a imprimir por el programa será el tamaño total ocupado por todos los archivos. Este último tamaño también se expresará en bytes. El directorio debe recorrerse en profundidad.

A modo de ejemplo, considérese el árbol de directorios situado debajo del directorio `dir` (véase la Figura 6.1). Las entradas de directorio con nombre `fi` representan nombres de archivo y las entradas con nombre `di` nombres de directorio. El número encerrado entre paréntesis indica el tamaño que ocupa el archivo.

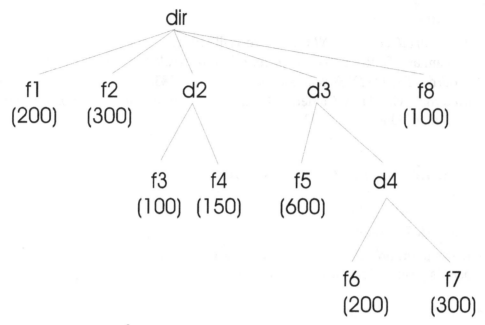

Figura 6.1 Árbol de directorios que recorre el programa du

La salida que debe imprimir el programa `midu` deberá ser la siguiente y en ese mismo orden:

F1 200
```
     f2 300
     d2/f3 100
     d2/f4 150
     d3/f5 600
     d3/d4/f6 200
     d3/d4/f7 300
     f8 100

     Espacio total ocupado: 1900 bytes
```

Para realizar el recorrido en profundidad del directorio puede emplearse el siguiente algoritmo:

```
     recorrido(directorio)
     {
        para cada entrada del directorio
        {
          if (entrada es un directorio)
             recorrido(entrada);
           else
              Indicar el espacio que ocupa el archivo
        }
     }
```

El programa deberá realizar un correcto tratamiento de todos los errores.

6.3.3 Código fuente de apoyo

Para facilitar la realización de la práctica se recomienda proporcionar a los alumnos un archivo comprimido que contenga el código fuente de apoyo. Dentro de un archivo como el propuesto existente en la página Web del libro (`practica_6.3.tgz`), se han incluido los siguientes archivos:

- `Makefile`: Archivo fuente para la herramienta `make`. Con él se consigue la recompilación automática de los archivos fuente cuando se modifiquen. Basta con ejecutar el mandato `make` para que el programa se compile de forma automática.
- `midu.c`: archivo fuente de C donde se incluirá el programa `midu`.

6.3.4 Recomendaciones generales

Es importante estudiar previamente el funcionamiento del mandato `du` de UNIX.

6.3.5 Entrega de documentación

Se recomienda que el alumno entregue los siguientes archivos:

- `memoria.txt`: Memoria de la práctica.
- `midu.c`: Código fuente del programa `midu`.

6.3.6 Bibliografía

- J. Carretero, F. García, P. de Miguel y F. Pérez, *Sistemas Operativos: Una visión aplicada*, McGraw-Hill, 2001.
- J. Carretero, F. García, A. Calderón, J. Fernández, *Diseño e implementación de programas en C,* Pearson Educación, 2002.
- M.J. Rochkind, *Advanced UNIX Programming*, Prentice-Hall, 1985.
- W. R. Stevens, *Advanced Programming in the UNIX Environment*, Addison-Wesley, 1992.

6.4 Práctica: Gestión de archivos usando scripts de UNIX

6.4.1 Objetivos de la práctica

El objetivo de esta práctica es que el alumno se familiarice con la línea de mandatos de archivos disponibles en UNIX.

- NIVEL: Introducción
- HORAS ESTIMADAS: 6

6.4.2 Descripción de la funcionalidad que debe desarrollar el alumno

La práctica consiste en desarrollar un script para un intérprete de mandatos de UNIX, de nombre *purgar*, que recorra una lista de archivos y realice una copia, en un directorio auxiliar, de todos aquellos archivos cuyo tamaño sea igual a cero.

La sintaxis del mandato debe ser la siguiente:

```
./purgar [-R] archivo[...]
```

El funcionamiento detallado del script es el siguiente:

- Si se ejecuta el mandato sin parámetros debe imprimirse por pantalla un mensaje de ayuda y después el programa debe terminar. El mensaje de ayuda será el siguiente:

```
Use: purgar [-R] archivo[...]
```

- El programa deberá recorrer la lista de archivos proporcionada como parámetro en la línea de mandatos. Aquellos archivos que sean archivos regulares (eso excluye los directorios) y cuyo tamaño sea igual a cero, deberán ser copiados a un directorio nuevo, de nombre ".*aux*", que deberá crear el script en el directorio de trabajo actual.
- Si se activa la opción -*R*, el script, además de procesar los archivos regulares, deberá recorrer de forma recursiva, todos y cada uno de los directorios que se encuentran como parámetro en la línea de mandatos, copiando al directorio ".*aux*" todos los archivos regulares de tamaño cero que encuentre.

Por ejemplo, para el árbol de directorios siguiente:

```
pepe
    .
    ..
    f 1974  f1.o
    d 1024  f2
          f 0  vacío
          f 23 lleno
    f 0     f3.c
    f 2345  f5.c
    f 19288 f7.c
```

El resultado de ./purgar pepe copiaría en el directorio el archivo f3.c. El resultado de purgar -R pepe sería la copia de f3.c y de vacío.

6.4.3   Recomendaciones generales

Para realizar el programa se recomienda estudiar con detalle la pagina de manual referente al *bash*, donde se encuentra casi todo lo necesario para realizar la práctica. Para poder guardar dicha información en un archivo ASCII se debe ejecutar el siguiente mandato:

```
man bash | gtroff -t -e -mandoc -Tascii | col -bx > bash.txt
```

Especial atención merece el mandato #set -x que permite ver todo lo que hace el script y es muy útil para su depuración mientras se programa.

6.4.4   Entrega de documentación

Se recomienda que el alumno entregue los siguientes archivos:

- `memoria.txt`: Memoria de la práctica.
- `Purgar`: Archivo que contiene el script.

6.4.5   Bibliografía

- A. Afzal, *Introducción a UNIX,* Prentice-Hall, 1997.
- C. Newham and B. Rosenblatt, *Learning the bash shell,* O'Reilly , 1995
- S.R. Bourne, *The UNIX System,* Addison-Wesley, 1983.

6.5   Práctica: Intérprete de mandatos con redirección y mandatos internos

El objetivo de esta práctica es completar la funcionalidad de la práctica 2.8 y 4.2, incluyendo la funcionalidad necesaria para la ejecución de mandatos y secuencias de mandatos con redirección de archivos y mandatos internos relacionados con archivos.

- NIVEL: Intermedio
- HORAS ESTIMADAS: 4

6.5.1   Descripción de la funcionalidad que debe desarrollar el alumno

La práctica a desarrollar tiene que completar la funcionalidad de la práctica 2.8 y 4.2. Para el desarrollo de esta práctica, debe utilizarse el mismo material de apoyo y la misma función `obtain_order`, descrita en las prácticas anteriores y que permite obtener el mandato o secuencia de mandatos que hay que ejecutar. A partir de la práctica 4.2 desarrollada en el Capítulo 4, el alumno deberá incluir la siguiente funcionalidad:

1. *Ejecución de mandatos con redirecciones* (entrada, salida y de error).
2. *Ejecución de mandatos internos.* Un mandato interno es aquél que bien se corresponde directamente con una llamada al sistema, o bien es un complemento que ofrece el propio *minishell*. Para que su efecto sea permanente, ha de ser implementado y ejecutado dentro del propio minishell. Será ejecutado en un subshell sólo si se invoca en *background* o aparece en una secuencia y no es el último. Todo mandato interno comprueba el número de argumentos con que se le invoca y si encuentra este o cualquier otro error, lo notifica (por el error estándar) y termina devolviendo un **valor** distinto de cero. Los mandatos internos a desarrollar en el *minishell* son:

`cd [Directorio]`. Cambia el directorio por defecto. Si aparece **Directorio**, debe cambiar al mismo. Si no aparece, cambia al directorio especificado en la variable de entorno `HOME`. Presenta (por la salida estándar) como resultado el camino absoluto al directorio actual de trabajo con el formato: `"%s\n"`.

`umask [Valor]` Cambia la máscara de creación de archivos. Presenta (por la salida estándar) como resultado el valor de la actual máscara con el formato: `"%o\n"`. Además, si aparece **Valor** (dado en octal, `man strtol`), cambia la máscara a dicho valor.

6.5.2 Código fuente de apoyo

Para la realización de esta práctica, el alumno debe partir de código desarrollado en la práctica 4.2 y que permitía la ejecución de mandatos sencillos y secuencias de mandatos conectados por tuberías. Sobre este código deberá incorporarse la funcionalidad descrita en el apartado anterior.

6.5.3 Entrega de documentación

El alumno deberá entregar los siguientes archivos:

- `memoria.txt`: Memoria de la práctica.
- `main.c`: Código fuente del *minishell*, implementando todas las funcionalidades que se requieren en la práctica 2.9, 4.2 y en esta misma.

6.5.4 Bibliografía

- F. García, J. Carretero, J. Fernández, A. Calderón, *Lenguaje de programación C: diseño e implementación de programas,* Prentice-Hall, 2002.
- J. Carretero, F. García, P. de Miguel, F. Costoya, *Sistemas Operativos: una visión aplicada,* McGraw-Hill, 2001.
- K. A. Robbins, S. Robbins, *UNIX Programación Práctica,* Prentice-Hall, 1997.
- M.J. Rochkind, *AdvancedUNIX Programming,* Prentice-Hall, 1985.

6.6 Práctica: Llamadas al sistema para la gestión de archivos y directorios en POSIX: micp y mils

6.6.1 Objetivos de la práctica

Esta práctica permitirá al alumno familiarizarse con los servicios que ofrece el estándar POSIX para la gestión de archivos y directorios.

- NIVEL: Intermedio
- HORAS ESTIMADAS: 6

6.6.2 Descripción de la funcionalidad que debe desarrollar el alumno

Parte obligatoria de la práctica

Se trata de desarrollar dos programas similares a los mandatos `cp` y `ls` de UNIX. El primero se denominará `micp` y el segundo `mils`. A continuación se describen estos dos programas.

Programa `micp`

Este programa copiará un archivo a otro. Su sintaxis será la siguiente:

```
micp archivo_origen archivo_destino
```

El programa deberá copiar `archivo_origen` en `archivo_destino`. Si el archivo destino no existe, deberá crearse. En caso de existir deberá truncarse su contenido. En este caso se deberán utilizar las llamadas al sistema POSIX que sean necesarias.

La memoria deberá incluir la lista de llamadas al sistema que se han empleado para el desarrollo de este programa. Cada una de estas llamadas se describirá muy brevemente, indicando los argumentos que recibe y el resultado que devuelve.

Programa `mils`

Se trata de desarrollar un programa similar al mandato `ls` de UNIX, aunque con una funcionalidad reducida. El programa se denominará `mils` y recibirá el nombre de uno o varios directorios y mostrará el contenido de cada uno de ellos. Si no recibe ningún argumento, listará el contenido del directorio actual. En el caso de que alguno de los argumentos no sea un directorio sino un archivo ordinario, el programa tratará directamente el archivo imprimiendo una línea que lo describa.

Cuando no recibe ninguna opción, muestra sólo el nombre de los archivos contenidos en el directorio restringiéndose a aquéllos cuyo nombre no empieza por el carácter . (se podría decir que en UNIX los archivos cuyo nombre empieza por dicho carácter son *ocultos*). El programa puede además recibir dos opciones:

* Si recibe la opción `-a`, mostrará todos los archivos, es decir, los ocultos y no ocultos.
* Si se especifica la opción `-l`, además del nombre de cada archivo se imprimirá en la misma línea algunos de sus atributos: su tipo (*R* para regular, *D* para directorio, *C* para un dispositivo de caracteres, *B* para un dispositivo de bloques y *F* para un FIFO), el número de enlaces, el tamaño y la fecha del último acceso. Para procesar este último valor se recomienda usar las funciones `gmtime` o `localtime` (se recomienda consultar el manual interactivo del sistema para aclarar su uso: `man gmtime` o `man localtime`).

Un ejemplo de ejecución del mandato `mils -la` sería el siguiente:

```
D    2 12456    27/1/98    .
D    6 8978     27/1/98    ..
R    1 9878     27/1/98    f1.o
R    1 1024     27/1/98    f2
R    1 2039     27/1/98    f3.c
R    1 2345     27/1/98    f5.c
R    1 19288    27/1/98    f7.c
R    1 512      27/1/98    f9.c
```

La primera columna indica el tipo de cada archivo, la segunda el número de enlaces, la tercera el tamaño, la cuarta la fecha del último acceso. La última línea contiene el nombre del archivo.

Parte opcional de la práctica

Se plantea una parte opcional que consiste en modificar el programa `mils` anterior para que realice un listado recursivo (opción `-R`) de todo el árbol de archivos y directorios que hay por debajo de cada uno de los directorios que recibe como argumento.

Uno de los aspectos que hay que tener en cuenta a la hora de realizar el recorrido recursivo es que se debe evitar atravesar los directorios . y .. presentes en todo directorio ya que de hacerlo se entraría en un bucle infinito.

Para emular dentro de lo posible el comportamiento de este mandato en UNIX, el recorrido del árbol se hará como se describe a continuación. No se realizarán las llamadas recursivas correspondientes a los subdirectorios encontrados en un determinado directorio hasta que no se haya tratado dicho directorio. Una posible forma de llevar a cabo este recorrido es utilizar una lista. Cada vez que el programa encuentre un directorio, insertará su nombre en la lista. Cuando se haya terminado de recorrer un determinado directorio, se comenzará con los directorios que se han almacenado en la lista, cada uno de los cuales se recorrerá a su vez de la forma descrita. A continuación se presenta un posible pseudocódigo de dicho recorrido. Este pseudocódigo asume la existencia de dos funciones, `insertar` y `extraer`. La primera introduce el nombre de un directorio en la lista y la segunda lo extrae.

```
recorrido(raíz) {
    para cada nodo que cuelgue directamente de la raíz {
        visitar el nodo;
        si (nodo es un directorio)
           insertar(nodo);
    }
        mientras (lista no sea vacía) {
        extraer(&siguiente);
        recorrido(siguiente);
    }
}
```

El alumno deberá modificar el programa `mils` siguiendo las siguientes normas:

- Se deberá recoger la opción `-R` dentro de la función `main`.

- Se deberá incorporar el recorrido descrito anteriormente, para lo cual deberá implementar la lista y las funciones `insertar` y `extraer` comentadas.

6.6.3 Código fuente de apoyo

Para facilitar la realización de la práctica se recomienda proporcionar a los alumnos un archivo comprimido que contenga el código fuente de apoyo. Dentro de un archivo como el propuesto existente en la página Web del libro (`practica_6.6.tgz`), se ha incluido el archivo:

- `Makefile`: archivo fuente para la herramienta **make**. Con él se consigue la recompilación automática de los archivos fuente cuando se modifique. Basta con ejecutar el mandato `make` para que el programa se compile de forma automática.

6.6.4 Recomendaciones generales

Es importante estudiar previamente el funcionamiento del mandato `cp` y `ls` de UNIX.

6.6.5 Entrega de documentación

Se recomienda que el alumno entregue los siguientes archivos:

- `memoria.txt`: Memoria de la práctica.

- `micp.c`: Código fuente del programa `micp`.

- `mils.c`: Código fuente del programa `mils`.

6.6.6 Bibliografía

- J. Carretero, F. García, P. de Miguel y F. Pérez, *Sistemas Operativos: Una visión aplicada*, McGraw-Hill, 2001.

- J. Carretero, F. García, A. Calderón, J. Fernández, *Diseño e Implementación de Programas en Lenguaje C,* Pearson Educación, 2002.
- M.J. Rochkind, *Advanced UNIX Programming*, Prentice-Hall, 1985.

6.7 Práctica: : Llamadas al sistema para la gestión de archivos y directorios en POSIX: mywc, myenv, myishere

Esta práctica permite al alumno familiarizarse con las llamadas al sistema operativo de gestión de ficheros yi directorios siguiendo el estándar POSIX.

- NIVEL: Intermedio
- HORAS ESTIMADAS: 8

UNIX permite efectuar llamadas al sistema directamente desde un programa realizado en un lenguaje de alto nivel, que para esta práctica será el lenguaje C. La mayor parte de las entradas/salidas (E/S) sobre ficheros en Unix pueden realizarse utilizando solamente cinco llamadas: `open`, `read`, `write`, `lseek` y `close`.

Para el kernel del sistema operativo, todos los archivos abiertos son identificados por medio de *descriptores de archivo*. Un descriptor de archivo es un entero no negativo. Cuando abrimos, `open`, un archivo que ya existe, el núcleo devuelve un descriptor de archivo al proceso. Cuando queremos leer o escribir de/en un archivo, identificamos el archivo con el descriptor de archivo que fue devuelto por la llamada anteriormente descrita.

Cada archivo abierto tiene una *posición de lectura/escritura actual* ("**current file offset**"). Está representado por un entero no negativo que mide el número de bytes desde el comienzo del archivo. Las operaciones de lectura y escritura comienzan normalmente en la posición actual y provocan un incremento en dicha posición, igual al número de bytes leídos o escritos. Por defecto, esta posición es inicializada a 0 cuando se abre un archivo, a menos que se especifique la opción `O_APPEND`. La posición actual (`current_offset`) de un archivo abierto puede cambiarse explícitamente utilizando la llamada al sistema `lseek`.

Para manipular directorios, se pueden utilizar las llamadas al sistema `opendir`, `readdir` y `closedir`. Un directorio abierto se identifica con un descriptor de directorio, que es un puntero a un tipo `DIR` (`DIR*`). Cuando abrimos un directorio con `opendir`, el núcleo devuelve un descriptor de directorio, sobre el cual se pueden leer las entradas de dicho directorio mediante llamadas a la función `readdir`. La llamada readdir devuelve una entrada de directorio en un puntero a una estructura `dirent` (`struct dirent*`). Dicha estructura contendrá los campos correspondientes a esa entrada como el nombre de la entrada, o el tipo (si es un fichero normal, si es otro directorio, enlaces simbólicos, etc.). Sucesivas llamadas a la función `readdir` irán devolviendo las sucesivas entradas de un directorio abierto.

6.7.1 Descripción de la funcionalidad que debe desarrollar el alumno

Se pretende implementar tres programas en C que utilicen las llamadas al sistema anteriormente descritas. Dichos programas serán *mywc*, *myenv* y *myishere*. Para ello, crearán los correspondientes ficheros de código:

```
mywc.c, myenv.c y myishere.c.
```

mywc

El primer programa, *mywc*, abrirá un fichero especificado como argumento, contará el número de líneas, palabras y bytes del mismo, y mostrará estas cuentas por la salida estándar (la consola) utilizando las llamadas al sistema que considere oportunas. Para ello:

- Abrirá el fichero pasado como parámetro.
- Leerá los contenidos del fichero de byte en byte.
- Actualice los contadores en base a los bytes leídos. Se entiende que dos líneas están separadas por el carácter '\n', mientras que dos palabras pueden estar separadas por los caracteres ' ' o '\t'. No habrá más de un espacio o salto de línea sucesivo.
- Mostrará los resultados por la salida estándar, seguidos del nombre del fichero. Separe cada valor del siguiente con un espacio.
- Finalmente cerrará el fichero.

```
./mywc f1.txt
6 25 1048 f1.txt
```

Uso: ./mywc <fichero de entrada>

Requisitos:

- El programa debe mostrar el número de líneas, palabras y bytes por consola, seguidos del nombre del fichero leído.
- El programa mostrara los datos en el siguiente formato: `<líneas><espacio><palabras><espacio><bytes><espacio><nombre fichero>`.
- El programa debe devolver -1 si no se le ha pasado ningún argumento de entrada.
- El programa debe devolver -1 si hubo un error al abrir el fichero (*e.g.* el fichero no existe).
- El programa debe devolver 0 si todo funcionó correctamente.

myenv

El segundo programa, *myenv*, guardará en un fichero las variables de entorno almacenadas en la variable *environ*, proporcionada en el programa. Para ello:

- Abrirá el fichero pasado como parámetro.
- Leerá las entradas de la variable de una en una.
- Guardará dichas variables en el fichero.
- Finalmente cerrará el fichero.

./myenv salida.txt

Uso: ./myenv <fichero de salida>

Requisitos:

- El programa debe almacenar <u>todas las entradas</u> de la variable, en el orden en que estén almacenadas.

- El programa debe separar cada entrada por un salto de línea (\n).
- El programa debe devolver -1 si no se le ha pasado ningún argumento de entrada.
- El programa debe devolver -1 si hubo un error al abrir el fichero (*e.g.* el fichero no existe).
- El programa debe devolver 0 si todo funcionó correctamente.

myishere

El tercer programa, ***myishere***, abrirá un directorio pasado como parámetro y buscará en el mismo si existe un fichero cuyo nombre también se pasará como parámetro. Para ello:

- Abrirá el directorio pasado como parámetro mediante la llamada al sistema correspondiente.
- Luego, leerá las entradas del directorio sucesivamente mediante *readdir* hasta que o bien se encuentre una entrada cuyo nombre coincida con el parámetro, o bien se terminen las entradas.
- Si el nombre se ha localizado, se imprimirá por pantalla el mensaje "File <nombre a buscar> is in directory <nombre directorio>". En caso de no haberse localizado, se imprimirá por pantalla el mensaje "File <nombre a buscar> is not in directory <nombre directorio>".
- Finalmente cerrará el directorio.

```
../myishere /tmp ishere.txt
File ishere.txt is in directory /tmp
../myishere /tmp isnothere.txt
File isnothere.txt is not in directory /tmp
```

Uso: `./myishere <directorio> <nombre de fichero>`
Requisitos:

- El programa deberá poder revisar un directorio cualquiera y comprobar si alguna de sus entradas coincide con el nombre que se desea localizar.
- El programa deberá mostrar uno de los dos mensajes descritos anteriormente, según corresponda.
- El programa debe devolver -1 si hubo un error al abrir el directorio.
- El programa debe devolver un 0 si todo funcionó correctamente (se entiende que el programa funciona correctamente si es capaz de determinar que el fichero está o no en el directorio sin que se produzcan errores).

6.7.2 Código Fuente de Apoyo

Para facilitar la realización de esta práctica se dispone del fichero `practica_6.7.tgz` que contiene código fuente de apoyo. Para extraer su contenido ejecutar lo siguiente:

```
tar zxvf practica_6.7.tgz
```

Al extraer su contenido, se crea el directorio ***p6-7_llamadas/***, donde se debe desarrollar la práctica. Dentro de este directorio se habrán incluido los siguientes ficheros:

Makefile

Fichero fuente para la herramienta `make`. **NO debe ser modificado.** Con él se consigue la recompilación automática sólo de los ficheros fuente que se modifiquen. Utilice `$ make` para compilar los programas, y `$ make clean` para eliminar los archivos compilados.

mywc.c

Fichero fuente de C en donde los alumnos deberán codificar el programa *mywc*.

myenv.c

Fichero fuente de C en donde los alumnos deberán codificar el programa *myenv*.

myishere.c

Fichero fuente de C en donde los alumnos deberán codificar el programa *myishere*.

format.sh

Shell script que permite comprobar si los ficheros de entrega cumple las normas especificadas de formato.

6.8 Práctica: Creación de un sistema de archivos: mkfs

6.8.1 Objetivos

Esta práctica tiene como objetivo principal que el alumno aprenda a relacionar los conceptos de sistemas de archivos vistos, y las estructuras de datos asociadas a los mismos, con el uso práctico de las mismas. Para ello, el alumno deberá construir un sistema de archivo muy sencillo, similar al de UNIX System V o MINIX.

- NIVEL: Diseño
- HORAS ESTIMADAS: 24

6.8.2 Descripción de la funcionalidad que debe desarrollar el alumno

El alumno debe desarrollar una aplicación que permita crear sistemas de archivos en un dispositivo cualquiera (incluyendo un archivo normal).

El sistema de archivos que hay que construir tiene los siguientes elementos constructivos: superbloque, mapa de bits de nodos-i, mapa de bits de bloques, nodos-i y bloques (Figura 6.2). Se supone que el bloque 0 se deja reservado para un programa de carga.

Boot	Super Bloque	Mapa bits nodos-i	Mapa bit bloques	nodos-i	Bloques de Datos

Figura 6.2 Estructura del sistema de archivos

El **superbloque** ocupa, como mínimo, un bloque y dentro de él hay una estructura de datos que contiene, al menos, lo siguiente:

- Tipo de sistema de archivos. En este caso un entero de 4 bytes que contiene el valor 32.
- Nombre del dispositivo (máximo 32 bytes).
- Tamaño del dispositivo en bytes.
- Tamaño de bloque del sistema de archivos.
- Tamaño del dispositivo en bloques.
- Tamaño en bloques del bitmap de nodos-i.
- Tamaño en bloques del bitmap de bloques.
- Número del primer bloque de nodos-i.
- Número del primer bloque de datos.

El nodo-i es una estructura de datos que identifica a un archivo. Dentro de él hay lo siguiente:

- Número de nodo-i (entero de 4 bytes).
- Nombre del archivo (máximo 32 bytes).
- Longitud del archivo (entero de 4 bytes).
- Lista de 10 bloques (enteros de 4 bytes) que puede tener asignado el archivo como máximo (tamaño máximo de archivo = 10 * tamaño de bloque).

La aplicación que genera el sistema de archivos se denominará `pr-mkfs` y su sinopsis es:
```
pr-mkfs  [-i numero-nodosi] [tamaño-bloque]
    [tamaño-en-bloques] dispositivo
```
Las opciones del mandato significan lo siguiente:

- `-i numero-nodosi`: Especifica el número de nodos-i del sistema de archivos. Si no se especifica nada, se crea un nodo-i por cada dos bloques.

- `tamaño-bloque`: tamaño del bloque del sistema de archivos en Kbytes. Si no especifica nada se usan 2 Kbytes.

- `tamaño-en-bloques`: tamaño del sistema de archivos en bloques. Si no se especifica nada, se obtiene del tamaño del archivo y se calcula en número de bloques que caben en él. El tamaño máximo debería ser de 1 Mbyte.

- `dispositivo`: nombre del archivo sobre el que se crea el sistema de archivos. Puede ser un archivo normal.

La aplicación debe crear el archivo si no existe. Si ya existe se indica un error.
Además, el alumno debe desarrollar una **biblioteca con cuatro funciones** para probar que el sistema de archivos es correcto:

- `int asignar-nodoi(char *nombre-archivo, pr-nodoi *nodo-i);` Busca un número de nodo-i libre en el mapa de bits de nodos i y lo marca ocupado. Devuelve una estructura nodo-i iniciada con su número y el nombre de archivo. Devuelve –1 si hay error y 0 si fue bien.

- `int asignar-bloque (pr-nodo-i *nodo-i);`
Busca un bloque libre en el mapa de bits de bloques. Cuando lo encuentra, lo marca

como ocupado, devuelve su número y lo inserta dentro de la lista de bloques del nodo-i. Devuelve −1 si hay error y un número positivo, el de bloque, si fue bien.

- `int leer-bloque (int num-bloque, char *buffer, int tamanyo);`
  Lee del bloque especificado al buffer un tamaño máximo de datos. Devuelve −1 si hay error y el número de bytes leídos si fue bien.

- `int escribir-bloque (int num-bloque, char *buffer, int size);`
  Escribe al bloque especificado desde el buffer un tamaño máximo de datos. Devuelve −1 si hay error y el número de bytes escritos si fue bien.

Usando estas funciones, debe escribir un **programa de prueba** que:

- Asigne un nodo-i para un archivo con nombre "`prueba-mkfs`".

- Escriba la frase: "Prueba del sistema de archivos pr-mkfs" en los bloques 50, 60, 70 y 80, poniéndolos previamente como ocupados y asignándolos al archivo.

- Lea los bloques y escriba su contenido por pantalla. En caso de que no coincida con el pedido, se indicará un error de coherencia en el sistema de archivos.

6.8.3   Código fuente de apoyo

Para facilitar la realización de la práctica se recomienda proporcionar a los alumnos un archivo comprimido que contenga el código fuente de apoyo. Dentro de un archivo como el propuesto existente en la página Web del libro (archivo `practica_6.8.tgz`), se han incluido los siguientes archivos:
- `Makefile`: Archivo fuente para la herramienta `make`. Con él se consigue la recompilación automática de los archivos fuente cuando se modifiquen. Basta con ejecutar el mandato `make` para que el programa se compile de forma automática.
- `pr-mkfs.c`: Archivo fuente de C donde se incluirá el programa `pr-mkfs`.
- `pr-mkfs.h`: Archivo de cabecera con la definición parcial de las estructuras de datos.

6.8.4   Recomendaciones generales

Es importante estudiar previamente el funcionamiento del mandato `mkfs` de UNIX y LINUX (`man mkfs.minix` en Linux).

6.8.5   Entrega de documentación

Se recomienda que el alumno entregue los siguientes archivos:

- `memoria.txt`: Memoria de la práctica.
- `pr-mkfs.c`: Código fuente del programa de la utilidad pr-`mkfs`.
- `pr-mkfs.h`: Archivo de cabecera con la definición de las estructuras de datos.
- `mkfs-lib.c`: Código fuente con el código de las funciones de biblioteca.
- `prueba-mkfs.c`: Código fuente del programa de prueba descrito para probar `mkfs`.

6.8.6 Bibliografía

- J. Carretero, F. García, P. de Miguel y F. Pérez, *Sistemas Operativos: Una visión aplicada*, McGraw-Hill, 2001.
- J. Carretero, F. García, A. Calderón, J. Fernández, *Diseño e Implementación de programas en C,* Pearson Educación, 2002.
- M.J. Rochkind, *Advanced UNIX Programming*, Prentice-Hall, 1985.
- W. R. Stevens, *Advanced Programming in the UNIX Environment*, Addison-Wesley, 1992.

6.9 Práctica: Diseño e implementación de archivos con bandas

6.9.1 Objetivos

Esta práctica tiene como objetivos principales permitir que el alumno entienda que se puede optimizar el almacenamiento en archivos haciendo uso de la concurrencia y del paralelismo, enseñar al alumno a diseñar las estructuras que representan un archivo, y familiarizar al alumno con los mecanismos de programación de sistemas de archivos.

- NIVEL: Diseño
- HORAS ESTIMADAS: 30

6.9.2 Entorno de desarrollo de la práctica

La práctica consiste en el diseño e implementación de archivos con bandas sobre el sistema de archivos de UNIX, siguiendo las directrices de este enunciado.

Para ello, se proporciona al alumno una estructura de datos, denominada `nodo_sfp`, en la que se describe el archivo con bandas, y una descripción de cuál es la representación de un archivo con bandas.

6.9.3 Sistemas de archivos con bandas

Un sistema de archivos con bandas permite crear sistemas de archivos que ocupan varias particiones. Su estructura distribuye los bloques de datos de forma cíclica por los discos que conforman la partición lógica, repartiendo la carga de forma equitativa. Para optimizar la eficiencia del sistema de archivos, se puede definir una unidad de almacenamiento en cada banda con un tamaño mayor que el del bloque del sistema de archivos. Esta unidad, denominada unidad de distribución (*stripe unit*) es la unidad de información que se escribe de forma consecutiva en cada banda. Este valor cambia de un sistema, e incluso archivo, a otro, siendo 64 Kbytes el valor por defecto en Windows-NT.

La figura 6.3 muestra la estructura de un sistema de archivos de bandas con 4 particiones.

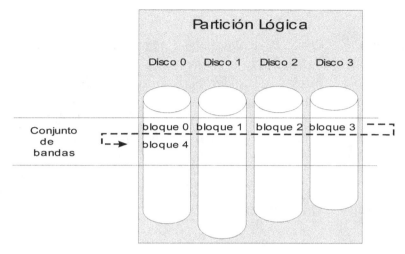

Figura 6.3 Formato de archivo con bandas

Además, este tipo de sistemas de archivos permite incrementar la fiabilidad del sistema de archivos insertando bloques de paridad con información redundante. De esa forma, si falla un dispositivo, se puede reconstruir la información mediante los bloques de los otros dispositivos y mediante la información de paridad. Además, se puede hacer que la partición sea más tolerante a fallos distribuyendo también la información de la partición del sistema.

Un archivo con bandas queda definido por dos parámetros:

- **Unidad de distribución**. Es la unidad de información que se escribe de forma consecutiva en cada banda.
- **Número de subarchivos**. Número de archivos UNIX que componen el archivo con bandas.

En el caso de la práctica, tanto la unidad de distribución como el número de subarchivos, son parámetros que se piden a la hora de crear el archivo con bandas.

Lógicamente, el archivo con bandas se ve como un único archivo por el usuario. Esto significa que el puntero de posición es único para el archivo con bandas, independientemente de que internamente el sistema mantenga un puntero por cada subarchivo. Igualmente, cuando se pide información de estado del archivo, o se hace un `ls`, la información que aparece es global para el archivo.

La forma de operar sobre un archivo con bandas es la siguiente. Cuando se va a leer del archivo, se accede al subarchivo donde indica el puntero de posición del archivo con bandas. Sobre esa subunidad se lee lo que reste de la unidad de reparto y luego se pasa a los siguientes subarchivos. Evidentemente, si se leyera de varias subunidades se podría hacer en paralelo, pero teniendo en cuenta que la modificación del puntero de posición será la del puntero global.

Nodo_sfp de un archivo con bandas (`nodo_sfp`)

En un objeto archivo se puede almacenar información de tipo muy distinto: código fuente, programas objeto, bibliotecas, programas ejecutables, texto ASCII, agrupaciones de registros, imágenes, sonidos, etc. Desde el punto de vista del sistema operativo, un archivo se caracteriza por tener una serie de atributos. Dichos atributos varían de unos sistemas operativos a otros, pero todos ellos tienen una estructura interna que los describen. En nuestro caso, esa estructura se denominará `nodo_sfp` y se muestra en la Figura 6.4.

Número de nodo-i
Protección
Propietario
Grupo del Propietario
Tamaño
Instante de creación
Instante de la última modificación
Nombre del archivo
Número de subarchivos
Veces abierto

Figura 6.4 Superbloque de un sistema de archivos con bandas

El `nodo_sfp` usado contiene la siguiente información:
- Identificador único: a nivel interno, el sistema operativo no usa el nombre para identificar a los archivos, sino un identificador único fijado con criterios internos al sistema operativo. Este identificador suele ser un número y habitualmente es desconocido por los usuarios. En el caso de la práctica será un número entero que nunca decrece. Por tanto hay que tener un contador para asignar el número de `nodo_sfp`.
- Identificador del proceso propietario y de su grupo. Son el `pid` y el `gid` del proceso creador.
- Protección: información de control de acceso que define quién puede hacer qué sobre el archivo (el dueño del archivo, su creador, etc.).
- Nombre: identificador del archivo en formato comprensible para el usuario. Definido por su creador.
- Número de subarchivos que componen el archivo con bandas. Definido por su creador.
- Tamaño de la unidad de distribución, en bytes. Este dato indica la cantidad de datos consecutiva que se escribe en cada subarchivo.
- Tamaño del archivo: número de bytes en el archivo.
- Tiempos de creación y de última actualización. Esta información es muy útil para gestionar, monitorizar y proteger los sistemas de archivos.
- Número de veces que el archivo ha sido abierto simultáneamente. Es el número de sesiones existentes sobre el archivo.

La biblioteca debe mantener en memoria una **tabla de nodos_sfp** abiertos, denominada `tnodos_sfp`. En esa tabla estarán los `nodo_sfp` con sesiones pendientes, pero cada `nodo_sfp` estará únicamente una vez, independientemente de las sesiones que tenga abiertas. Las entradas de la tabla tendrán un `nodo_sfp` con un número identificador positivo si están ocupadas y con identificador -1 si están libres.

Cuando se abre un archivo, hay que entrar en la tabla y buscar el primer hueco libre. Esa entrada es la ocupada y sobre ella se almacena el `nodo_sfp` leído del archivo de `nodos.sfp` que incluye las estructuras `nodo_sfp` de los archivos con bandas existentes en el sistema. El número de `nodo_sfp` no coincide con su posición en las filas de la tabla, por lo que cuando se busque un `nodo_sfp` habrá que buscar desde el principio. El valor del `nodo_sfp` se extrae del archivo de `nodos.sfp`. Si el archivo pedido ya estaba abierto, tendrá una entrada en esta tabla. Por tanto, lo único que se debería hacer es incrementar en 1 el número de veces que está abierto.

Cuando se cierre un archivo, hay que decrementar el contador de sesiones abiertas y, si es cero, liberar la entrada de la tabla asociada al `nodo_sfp`. En el archivo `nodos.sfp` también hay que actualizar el valor del nodo_sfp con el número de sesiones pendientes a cero.

IMPORTANTE: Todas las modificaciones del `nodo_sfp` deben reflejarse en el archivo `nodos.sfp`, es decir, se debe usar la política de escritura inmediata (*write-through*).

Tabla de descriptores de archivos (`tdf_sfp`)

Para desacoplar a los procesos que usen la biblioteca de los descriptores internos de los archivos, `nodo_sfp`, y para permitir que un archivo se pueda abrir varias veces sin que haya conflictos con los accesos, se usará una tabla de descriptores de archivos como la que se muestra en la Figura 6.5.

La tabla tiene cuatro entradas:

- Descriptor de archivo abierto. Es el que obtiene el proceso cuando ejecuta `open`. Este descriptor es un número entero entre 0 y `MAX_FD`. Teniendo en cuenta que 0, 1 y 2 están reservados para la `STDIN`, `STDOUT` y `STDERR` como en UNIX.

- Número de `nodo_sfp`. Descriptor interno del archivo. Con este descriptor se pueden buscar los metadatos del archivo en la tabla `tnodos_sfp`.

- Puntero de posición del archivo. Para esa sesión del archivo abierto incluye la posición del archivo sobre la que se ejecutan las operaciones de E/S.

- Bandera de ocupado o libre. Está a 0 cuando está a libre y a 1 cuando está ocupado.

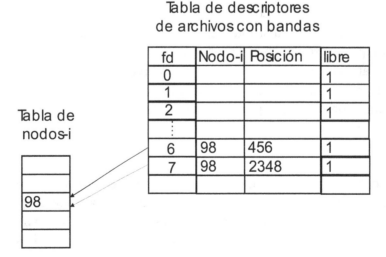

Figura 6.5 Tabla de descriptores de archivos

Cuando se abre un archivo, hay que entrar en la tabla y buscar el primer descriptor libre. Esa entrada es la ocupada y su descriptor de archivo el devuelto. En la práctica, el número de `fd` coincidirá con su posición en las filas de la tabla. El valor del puntero de posición del archivo recién abierto es cero. El valor del `nodo_sfp` se extrae del archivo de `nodos_sfp`, `nodos.sfp`, y se incluye en la columna correspondiente. Puesto que, como se ve en la figura, varias entradas de esta tabla pueden apuntar al mismo `nodo_sfp`, se puede abrir un archivo repetidamente sin ningún problema.

Cuando se cierre un archivo, hay que liberar la entrada del descriptor asociado al mismo y se borran los contenidos de dicha entrada.

6.9.4 Organización de la información

Con lo descrito hasta ahora, ya se puede explicar cómo y dónde debe quedar la información resultante de la ejecución de la práctica. Para simplificar la realización de la práctica, supondremos que todos los archivos con bandas se crean dentro de un subdirectorio del directorio donde se ejecuta la práctica, denominado `sfp`. Por tanto, todos los nombres de archivo con bandas deberían empezar por `./sfp/`.

Dentro del directorio `./sfp` estarán:

- El archivo `nodos.sfp`. Todos los accesos a este archivo se hacen usando el tipo `nodo_sfp` definido.
- Los subarchivos resultantes de los archivos con bandas creados. Por tanto, cuando se ejecute un mandato `ls ./sfp` de UNIX sobre ese directorio, se verán entradas del tipo `mi_fbandas_1` a `mi_fbandas_n`. No existirá ninguna entrada de archivo con bandas, ya que esta entelequia existe únicamente a nivel de biblioteca y de metadatos.

Para saber si las operaciones de archivos con bandas funcionan bien, bastará en muchos casos con monitorizar el directorio `./sfp`.

6.9.5 Descripción de la funcionalidad que debe desarrollar el alumno

Para construir un servidor de archivos similar a un servidor real, se recomienda desarrollar está práctica en varias etapas.

Primera Etapa

En esta etapa, el alumno debe desarrollar una **biblioteca de funciones** para manipular los archivos con bandas. En esta sección se describe la funcionalidad de esta biblioteca, que debe incluir las siguientes funciones para manejar este tipo de archivos:

crear_sfp. Permite crear un archivo con bandas. Su prototipo es:

```
int crear_sfp (char * nombre, unsigned int permisos,
        unsigned int num_bandas, unsigned int u_distribucion);
```

Esta función crea el archivo, pero no lo abre. Para abrirlo es necesario hacer la llamada que se describe a continuación. El efecto de `crear_sfp` es la aparición de un archivo vacío con el nombre, protecciones, número de bandas y unidad de distribución definida en la llamada. Si el archivo ya existe, se trunca, dejándolo vacío de contenido. Además, se crea el `nodo_sfp` y se incluye, relleno con los datos del archivo, en el archivo `nodos.sfp`. En caso de que ya exista el archivo, se modifica su longitud a cero y se liberan sus datos. Si se intenta crear un archivo que está abierto, la llamada debe devolver un error. El código de error es -1.

Cuando se abra un archivo con bandas aparecerán en el subdirectorio `./sfp` tantos subarchivos (archivos UNIX) como se indique en la creación. El nombre de dichos subarchivos se debe construir uniendo al nombre del archivo con bandas un entero correspondiente al número de subarchivo. Por ejemplo, para `mi_fbandas`, los subarchivos serían: `mi_fbandas_1` a `mi_fbandas_n`. Los permisos de acceso de los subarchivos deberán estar en consonancia con los solicitados para el archivo con bandas.

abrir_sfp. Permite abrir un archivo con bandas. Su prototipo es:

```
int abrir_sfp (char * nombre, unsigned int modo);
```

Esta llamada abre el archivo, y sus subarchivos asociados, y devuelve un identificador de archivo con el que trabajar. Además, lee el `nodo_sfp` en el archivo `nodos.sfp` y lo carga en la tabla de nodos_sfp en memoria, dentro de la primera entrada de la tabla que esté libre. Los modos de acceso posibles son `FD_READ`, `FD_WRITE` y `FD_RDWR`, para lectura, escritura y lectura-escritura respectivamente.

Si el archivo ya estaba abierto, incrementa el contador de aperturas del `nodo_sfp`. Para terminar, actualiza la tabla de descriptores de archivos con una nueva entrada para este archivo. En caso de que el archivo no exista, el modo de acceso solicitado no sea adecuado o no haya espacio en alguna tabla, la llamada devuelve un -1.

cerrar_sfp. Permite cerrar un archivo con bandas. Su prototipo es:

```
int cerrar_sfp (int fd);
```

Esta llamada cierra el archivo con bandas y sus subarchivos asociados y decrementa el contador de aperturas del `nodo_sfp`. Además, se libera su entrada de la tabla de descriptores de archivos. Si el contador de aperturas del archivo es igual a cero, se elimina el `nodo_sfp` del archivo de la tabla de `nodo_sfp`. Si el identificador de archivo pedido no existe, debe devolver un error.

borrar_sfp. Borra un archivo con bandas. Su prototipo es:

```
int borrar_sfp (char * nombre);
```

Esta llamada comprueba si el archivo está abierto, devolviendo error en este caso. Si el archivo no está abierto por ningún usuario, se borra el archivo con bandas y los subarchivos que lo componen y se elimina su `nodo_sfp` del archivo `nodos.sfp`.

leer_sfp. Lee de un archivo con bandas a un buffer de memoria. El archivo debe estar abierto. Su prototipo es:

```
int leer_sfp (int fd,  char * buffer, int tamanyo);
```

Lee del archivo `fd` a un `buffer` la cantidad de datos `tamanyo`. Además, adelanta el puntero de posición y lo modifica en la tabla de descriptores de archivo y en el `nodo_sfp`. Evidentemente, si el tamaño pedido es mayor que la unidad de distribución, hay que leer de los distintos subarchivos que contienen los datos. En caso del puntero de posición se encuentre en medio de una unidad de distribución, hay que leer en ese subarchivo la porción de unidad restante y luego seguir a los otros.

Esta función devuelve la longitud de los datos leídos realmente, que será siempre menor o igual al tamaño pedido. Si el archivo no está abierto debe dar un error. Si se intenta leer más allá del fin de archivo, se deben devolver los datos existentes. En caso de que no haya ninguno, se devuelve cero.

escribir_sfp. Escribe un buffer de memoria a un archivo con bandas. El archivo debe estar abierto. Su prototipo es:

```
int escribir_sfp (int fd,  char * buffer, int tamanyo);
```

Escribe en el archivo `fd` desde un `buffer` la cantidad de datos `tamanyo`. Además, adelanta el puntero de posición, lo actualiza en la tabla de descriptores de archivos y modifica su hora de última actualización. Evidentemente, si el tamaño pedido es mayor que la unidad de distribución, hay que escribir en los distintos subarchivos que contienen los datos. En caso de el puntero de posición se encuentre en medio de una unidad de distribución, hay que escribir en ese subarchivo la porción de unidad restante y luego seguir a los otros.

Esta función devuelve la longitud de los datos escritos realmente, que será siempre menor o igual al tamaño pedido. Si el archivo no está abierto, debe dar un error. Si se intenta escribir más allá del fin de archivo, no hay ningún problema, simplemente se añaden los datos al archivo y se modifica su longitud. En caso de que no haya espacio en el dispositivo, se devuelve error.

posicionar_sfp. Mueve el puntero de posición de un archivo con bandas. Su prototipo es:

```
int posicionar_sfp (int fd, off_t desplazamiento, int desde);
```

Esta operación se hace sobre la tabla de descriptores de archivo, donde está su puntero de posición. Con ella se puede cambiar dicho puntero mediante un `desplazamiento` con relación a `desde`. Los puntos que se pueden usar como referencia para `desde` son el principio del archivo (`SEEK_SET`), el final (`SEEK_END`) y la posición actual (`SEEK_CUR`). Si se mueve más allá del fin de archivo, la llamada debe devolver un error. El archivo debe estar abierto.

Segunda Etapa

Además de la biblioteca anterior, el alumno puede hacer los mandatos `sfp_ls` y `sfp_cat` para poder consultar la información de dichos archivos.

sfp_ls.

Permite ver los metadatos de los archivos con bandas que se han creado hasta el momento, es decir, todos los existentes en el directorio `./sfp/`. La información debe representar al archivo con bandas y no a sus subarchivos. La información a mostrar por cada archivo es: permisos, gid, uid, longitud, fecha de última escritura y nombre. Similar a un `ls -l` de UNIX:

```
-rw-r--r--   1 jcarrete        937 Sep 23 16:05 Makefile.
```

El mandato admite dos formatos:

- `sfp_ls ./sfp/nombre-archivo,` para ver información de un archivo específico, y
- `sfp_ls ./sfp` para ver todos los archivos del directorio.

sfp_cat.

Permite ver los datos de un archivo con bandas existente en el directorio `./sfp/` por la salida estándar. El formato del mandato es `sfp_cat ./sfp/nombre-archivo`. Es similar al mandato `cat` de UNIX.

Tercera Etapa

Completar las llamadas **crear_sfp** y **open_sfp** para incluir control de acceso mediante bits de protección al estilo de UNIX, además de un **uid** y un **gid** como identificador de usuario y de grupo.

Al crear el archivo se introducirá en el `nodo_sfp` el uid y el gid del usuario (serán los de UNIX, que se pueden obtener del archivo `/etc/passwd`).

Al abrir el archivo habrá que comprobar la identidad del usuario y de su grupo para ver si tiene los permisos adecuados. Básicamente son: `O_RDONLY` para lectura, `O_WRONLY` para escritura y `O_RDWR` para lectura-escritura. Es necesario definir estas constantes.

Además, se pide implementar una llamada nueva: **estado_sfp**. Permite consultar la información de estado de un archivo. Su prototipo es:

```
int estado_sfp (char *nombre, struct nodo_sfp *estado);
```

Se entiende por información de estado la contenida en el `nodo_sfp` del archivo. El archivo no tiene porqué estar abierto. Esta operación se hace sobre el `nodo_sfp` del archivo. Devuelve un −1 en caso de error.

6.9.6 Recomendaciones generales

Se recomienda:

- Programar funciones de utilidad para ver los contenidos de las tablas de `nodo_sfp`, de descriptores de archivos y del archivo de `nodos.sfp`.
- Existen varias pruebas que el alumno puede realizar para ver si la funcionalidad de la práctica es correcta. A continuación se sugieren algunas:
  - Después de crear un archivo con bandas, se puede verificar que las entradas de los subarchivos están en `./sfp` con longitud cero. Después de borrarlo, dichas entradas deberán haber desaparecido. Igualmente, cuando se cree un archivo, debe aparecer un `nodo_sfp` nuevo en el archivo `./sfp/nodos.sfp`. En caso de borrado la entrada deberá desaparecer. Si se crea un archivo que ya existe, compruebe que su longitud se trunca a cero.
  - Después de abrir un archivo, la entrada de su `nodo_sfp` deberá estar en la tabla de `nodos_sfp` de memoria. Si ya lo estaba, su contador de aperturas se habrá incrementado en 1. Después de cerrarlo, la entrada deberá desaparecer. Si el contador era mayor que 1, se decrementará en 1.
  - Se recomienda al alumno implementar dos rutinas, `read-verify` y `write-verify`, para comprobar que los datos se leen y escriben bien en los archivos. Como indica su nombre, leen y escriben datos y después verifican que los datos manipulados están correctos en el archivo con bandas.
  - Escribir en medio de la unidad de distribución y ver si los datos se distribuyen bien. No se limite a escribir siempre en bloques que coinciden con la unidad de distribución.
  - Comprobar que tras las operaciones de creación y de escritura de un archivo, las fechas correspondientes del *nodo_i* se habrán modificado.
  - Escribir un archivo con longitud y datos conocidos. Hacer una operación de posicionar y leer para ver si se está en el lugar adecuado. A continuación, intentar ir más allá del fin de archivo para ver si se obtiene error.
  - Escribir un archivo con longitud y datos conocidos y ejecutar un mandato `sfp_cat` para ver si se obtienen los datos escritos previamente.

6.9.7   Entrega de documentación

Se recomienda que el alumno entregue los siguientes archivos:

- `memoria.txt`: Memoria de la práctica.
- `Makefile`. Archivo de compilación.
- `sfp_llamadas.c`. Archivo con las llamdas pedidas para la biblioteca.
- `sfp_ls.c`. Archivo con el comando ls.
- `sfp_cat.c` Archivo con el comando cat.

6.9.8   Bibliografía

- J. Carretero, F. García, P. de Miguel y F. Pérez, *Sistemas Operativos: Una visión aplicada*, McGraw-Hill, 2001.
- J. Carretero, F. García, A. Calderón, J. Fernández, *Diseño e Implementación de programas en C,* Pearson Educación, 2002.
- A. Silberchatz and Galvin, *Operating Systems Concepts, Fifth Edition*, Addison Wesley, 1999.
- A.S. Tanenbaum, *Modern Operating Systems*, Prentice Hall, 1991.
- W.R. Stevens, *Advanced Programming in the UNIX Environment*, Addisson-Wesley 1992.
- P.S. Wang, *An Introduction to Berkeley Unix*, Wadsworth.International Student Edition, 1988.
- M. Solomon, *Inside Windows NT*, Microsoft Press, 1998.

6.10 Práctica: Módulo del núcleo que muestra información interna del uso de ficheros

6.10.1 Objetivo de la práctica

Esta práctica plantea el desarrollo de un módulo que exporte información de las estructuras de datos internas de Linux, de manera que pueda facilitar una mejor comprensión de cómo es su modo de operación interno. Concretamente, se va a exportar información relacionada con los ficheros que utilizan los procesos, por tratarse de uno de los aspectos más ilustrativos.

En primer lugar, se especifica qué información del sistema debe exportar el módulo, para, a continuación, explicar cuál debe ser el modo de operación del módulo.

Por simplicidad, durante el desarrollo del módulo, se van a obviar todos los problemas relacionados con la sincronización. Por ese motivo, dicho módulo presenta condiciones de carrera cuando se ejecuta en un multiprocesador o, incluso, en un sistema monoprocesador donde Linux esté configurado como un núcleo expulsivo (con la opción `CONFIG_PREEMPT` activa en el menú correspondiente durante el proceso de configuración del núcleo mediante `make config`).

6.10.2 Información exportada por el módulo

El módulo debe exportar la información correspondiente al camino que va desde cada descriptor de fichero abierto por el proceso hasta el *inodo* que lo representa. En los sistemas operativos de la familia UNIX se usan las siguientes estructuras de datos para almacenar la información de los ficheros abiertos:

- La tabla de ficheros abiertos por el proceso. Se trata de un vector englobado en el BCP, tal que el valor del descriptor de fichero se usa como índice en el vector. Cada posición guarda una referencia a una entrada de una tabla intermedia, denominada habitualmente tabla *filp*. Dos descriptores del mismo o de distinto proceso pueden hacer referencia a la misma entrada de la tabla *filp*, lo que posibilita que compartan la posición (*offset*) dentro del fichero.

- Cada entrada de la tabla *filp* almacena información sobre una sesión de acceso a un fichero, conteniendo información como la posición actual dentro del fichero o el modo de apertura de la sesión. Asimismo, también almacena un contador de referencias (cuántos descriptores de fichero apuntan a esta entrada) y la dirección en memoria del *inodo* del fichero.

- La tabla de *inodos* en memoria. Cuando un fichero está abierto, por eficiencia, su *inodo* se mantiene en memoria. Además de los campos presentes en el *inodo* del disco (como, por ejemplo, el número de enlaces, el tamaño, los permisos, el tipo de fichero, etc.), en memoria se guarda información adicional tal como el número de entradas *filp* que hacen referencia a este *inodo* en memoria.

Linux tiene una estructura similar pero con algunas diferencias. A continuación, se revisan estas estructuras de datos en Linux, siguiendo los punteros que las conectan y mostrando el nombre de los campos involucrados:

- La primera diferencia aparece en la tabla de ficheros abiertos, que no está englobada en el BCP (en Linux, el BCP se corresponde con el tipo `struct task_struct` definido en el fichero `sched.h`), sino en una estructura de datos externa. El almacenamiento de la tabla de ficheros abiertos fuera del BCP permite que los procesos la compartan lo que facilita la implementación de *threads*. Téngase en cuenta que Linux no tiene un soporte clásico de *threads* sino que proporciona un mecanismo que algunos autores denomina procesos de peso variable para implementar esta abstracción.
Para acceder a la tabla de ficheros hay que seguir el campo `files.`del BCP, que es un puntero al tipo `struct files_struct` (definido en el fichero `fdtable.h`).

- En esta estructura de tipo `struct files_struct`, de cara a la práctica, nos interesan dos elementos:
  - o El contador de referencias de esta estructura, que permite saber cuántos procesos comparten la tabla. Se trata del campo `count`, que es una estructura que tiene un campo interno de tipo entero denominado `counter` (es decir, que el valor del contador se corresponde con `count.counter`). Todos los *threads* del mismo proceso compartirán esta estructura.
  - o Un puntero a la tabla de ficheros abiertos. Se trata del campo denominado `fdt` que contiene un puntero al tipo `struct fdtable` asociado. Hay que seguir este puntero para llegar a la tabla de ficheros abiertos.
- La tabla de ficheros está almacenada en el campo `fd` de la estructura `struct fdtable` y está organizada como un vector de entradas de tipo *filp* (así, por ejemplo, `fd[0]` correspondería a la entrada asociada al primer descriptor de fichero). En esta estructura `struct fdtable`, además del campo `fd`, nos interesa el campo `max_fds` para obtener el tamaño máximo de ese vector. Nótese que aquellas entradas del vector que no están

siendo usadas (las que corresponden a descriptores de fichero que actualmente no están abiertos) almacenarán en la posición correspondiente del vector un valor nulo. Cada entrada de la tabla de ficheros abiertos (`fd[i]`), como ocurre en los sistemas operativos de la familia UNIX, almacena la dirección de una entrada *filp* (en Linux, se trata del tipo `struct file` definido en `fs.h`).

- De la entrada *filp*, de cara a la práctica, nos van a interesar los siguientes campos:
  - El contador de referencias (campo `f_count` que, como ocurría en el contador previamente comentado, también incluye un campo `counter`), que determina cuántos descriptores hacen referencia a esta entrada.
  - La posición dentro del fichero (campo `f_pos`).
  - El modo de apertura (campo `f_mode`).
  - Un puntero a una estructura de tipo `struct inode` (campo `f_inode`), que comentaremos justo a continuación.
- El *inodo* es el final del camino y corresponde al tipo `struct inode` definido en `fs.h`). Con vistas a la práctica, del *inodo* nos interesan los siguientes campos:
  - El número de *inodo*: `i_ino`.
  - El número de enlaces: `i_nlink`.
  - El tamaño del fichero: `i_size`.
  - El tipo de fichero y los permisos, almacenados ambos en el campo `i_mode`.
  - El contador de referencias: `i_count`.

Nótese que, como se comentó previamente, se ha asumido que esta práctica ejecutará en un sistema monoprocesador con el sistema operativo configurado como no expulsivo. Además, sería conveniente que el proceso al que se le está monitorizando su uso de ficheros no esté usándolos en el momento que el monitor toma su *instantánea*. Estas restricciones permiten navegar a través de las estructuras de datos que se acaban de describir usando directamente punteros sin tener que tomar precauciones por problemas de condición de carrera. En caso contrario, habría que hacer uso de los diversos cerrojos que protegen todas estas estructuras de datos, lo que aumentaría significativamente la complejidad de la práctica. Para ilustrar el problema, considere la ejecución en paralelo en un multiprocesador del acceso del monitor a los descriptores de fichero abiertos por un proceso mientras que el proceso está cerrando uno de ellos.

Para facilitar la legibilidad por parte de los usuarios y siguiendo el modelo usado en numerosas entradas del sistema de ficheros `/proc`, el módulo exportará la información en modo texto y orientada a líneas. La información exportada por el monitor debería ser similar a la siguiente:

```
Tabla de ficheros abiertos PID 6647: dir f7d18180 | n_refs 1
+ Descriptor 0 -> Dir. entrada filp ea2f3980
++ Entrada filp -> n_refs 10 | offset  0 | (RD 1 WR 1) | dir inodo
f4fe92f0
+++ Inodo -> nº inodo 8 | n_refs 1 | enlaces 1 | tam 0 | tipo (disp.
caracteres) | permisos 620
. . . . . . . . . . . . . . . . . . . . . . . . . . . . . . . . . . . . . . . . . . . . . . . . .
+ Descriptor 3 -> Dir. entrada filp eca0f580
++ Entrada filp -> n_refs 2 | offset  0 | (RD 1 WR 0) | dir inodo
dee237d8
```

```
+++ Inodo -> n° inodo 31096891 | n_refs 1 | enlaces 1 | tam 38 | tipo
(normal) | permisos 644
```
. . . .

En la misma se puede observar que la primera línea se corresponde con datos de la tabla de ficheros abierta especificando su dirección y el número de referencias a la misma (count). A continuación, hay un bloque de cuatro líneas por cada uno de los ficheros abiertos incluyendo la información de interés que se comentó previamente:

- La primera línea se corresponde con el descriptor de fichero abierto y simplemente especifica cuál es el número de descriptor y qué dirección tiene la entrada *filp* asociada.
- La segunda muestra información de la entrada *filp* con el número de referencias (f_count), la posición en el fichero, el tipo de apertura (como dos valores booleanos), y la dirección del *inodo* asociado.
- La tercera línea detalla la información del *inodo* de interés para la práctica: el número del *inodo*, su número de referencias (i_count), su número de enlaces, el tamaño, el tipo del fichero (en el ejemplo, el descriptor 0 se corresponde con un dispositivo de caracteres, mientras que el 3 está asociado a un fichero normal) y los permisos del fichero.

6.10.3 Modo de operación del módulo monitor

La información se exportará usando un dispositivo de caracteres, que denominaremos monitor, y que, concretamente, se creará en el directorio /dev (es decir, /dev/monitor). Nótese que una alternativa hubiera sido crear una nueva entrada del /proc para exportar esta información, dado que para eso justamente se utiliza. Sin embargo, se ha preferido esta opción para poder facilitar el desarrollo reutilizando parte del conocimiento obtenido en el diseño del módulo manejador planteado en el capítulo dedicado a la entrada/salida. El modo de operación del dispositivo será el siguiente:

- Cada vez que se quiera obtener el estado de los ficheros abiertos de un proceso, se escribirá su PID en el dispositivo que corresponde al monitor. En la implementación de esta operación de escritura, el monitor lleva a cabo la obtención de la información sobre los ficheros usados por ese proceso almacenándola en un *buffer* interno. Como ocurre con los datos proporcionados por el monitor, el PID se escribirá como una línea de texto (por ejemplo, "1234\n"). Así, para obtener los datos del proceso 1234 bastará con ejecutar el mandato: `echo "1234" > /dev/monitor`
- La llamada de lectura retorna la información del *buffer*. Si el tamaño de la lectura es menor que el de la información en el *buffer*, sólo se retornará la parte del tamaño correspondiente. La próxima lectura obtendrá la siguiente información almacenada. Cuando el *buffer* está vacío, la llamada de lectura devolverá 0 bytes.
- Si se produce una escritura de un PID, sin haberse consumido toda la información del *buffer*, se descartará dicha información restante. La petición de escritura provocará una nueva recopilación de la información de ficheros del proceso especificado.

Dado que el monitor maneja información en modo texto orientada a líneas, para probar el monitor basta con ejecutar una secuencia de mandatos como la siguiente:
```
echo $$ > /dev/monitor
cat < /dev/monitor
```

Esa secuencia imprimirá la información de ficheros abiertos del *shell* ($$ corresponde al PID del *shell*) activo en el terminal que se ejecuta el mandato.

6.10.4 Bibliografía

- Jonathan Corbet, Alessandro Rubini, y Greg Kroah-Hartman. *Linux Device Drivers*. O'Reilly Media, 3ª edición, 2005

7. Introducción a los sistemas distribuidos

En este capítulo se presentan prácticas relacionadas con sistemas distribuidos. Este capítulo tiene dos objetivos básicos: en primer lugar se muestran al lector los servicios y mecanismos básicos que permiten construir aplicaciones distribuidas; en segundo lugar, las prácticas propuestas intentan que el lector entienda cómo se construyen algunos de los servicios que ofrece un sistema operativo distribuido, como son el sistema de archivos distribuido y los servicios de sincronización para aplicaciones distribuidas.

7.1 Sockets

Un *socket* es una abstracción que representa un extremo en la comunicación bidireccional entre dos procesos. Ofrece una interfaz para acceder a los servicios de red en el nivel de transporte de los protocolos TCP/IP. Actualmente la interfaz de sockets está siendo estandarizada dentro de POSIX y está disponible en prácticamente todos los sistemas Linux.

Utilizando esta interfaz dos procesos que desean comunicarse crean cada uno de ellos un socket o extremo de comunicación. Cada socket se encuentra asociado a una dirección y permite enviar o recibir datos a través de él.

En las siguientes secciones se van a describir todos los aspectos relacionados con la interfaz de sockets necesarias para el desarrollo de las prácticas.

Dominios de comunicación

Un dominio representa una familia de protocolos que se utiliza para el intercambio de datos entre sockets. Es importante destacar que sólo se pueden comunicar sockets del mismo dominio. En un sistema UNIX los dominios más habituales son:

- Dominio UNIX (`PF_UNIX`), que se utiliza para la comunicación de procesos dentro del mismo computador.
- Dominio Internet (`PF_INET`), que se emplea para la comunicación de procesos que ejecutan en computadores conectados por medio de los protocolos TCP/IP.

Tipos de sockets

Existen dos tipos básicos de sockets que determinan el estilo de comunicación empleado. Estos dos tipos son:

- Sockets *Stream* (`SOCK_STREAM`). Con este tipo de sockets la comunicación es orientada a conexión. El intercambio de datos utilizando sockets de este tipo es fiable y además se asegura el orden en la entrega de los mensajes. El canal de comunicaciones puede verse como un flujo de bytes en el que no existe separación entre los distintos mensajes. Cuando se emplea el dominio Internet, este tipo de sockets se corresponde con el protocolo de transporte orientado a conexión, TCP.
- Sockets de tipo *datagrama* (`SOCK_DGRAM`). Este tipo de sockets se corresponde con una comunicación no orientada a conexión. Los mensajes en este caso se denominan datagramas y tienen un tamaño máximo de 64 KB. No se asegura fiabilidad, los

datagramas se pueden perder y tampoco se asegura la entrega ordenada de los mismos. En este caso sí existe separación entre cada uno de los distintos datagramas. Cuando se emplea el dominio Internet, los sockets de este tipo permiten acceder a los servicios del protocolo de transporte UDP.

Direcciones de sockets

Cada socket debe tener asignada una dirección única. Se usan para asignar una dirección a un socket local y para especificar la dirección de un socket remoto con el que de desea comunicar. Cada dominio utiliza una dirección especifica. Existen por tanto dos familias de direcciones:

- AF_UNIX para sockets del dominio UNIX. Utilizan como dirección el nombre de un archivo local, lo que representa una dirección única.
- AF_INET para sockets del dominio Internet. Utilizan la dirección IP de una máquina y un número de puerto dentro de la máquina. El par (dirección IP, puerto) representa también una dirección única en Internet.

La dirección genérica de un socket se describe utilizando una estructura de tipo struct sockaddr. Cuando se trata de sockets del dominio Internet, se usa la estructura struct sockaddr_in. Una estructura de este tipo incluye, entre otros, la dirección IP (un número entero de 32 bits) y un número de puerto (un número entero de 16 bits). En TCP/IP los números se representan con formato *big-endian*, es decir, con el byte de mayor peso el primero.

Una dirección IP se representa mediante una estructura de tipo struct in_addr. Aunque las direcciones IP son números de 32 bits, normalmente lo que se hace es utilizar la notación decimal-punto (por ejemplo "138.100.8.100") o la notación dominio-punto (por ejemplo "laurel.datsi.fi.upm.es"). Existen diversas funciones que permiten obtener la dirección o direcciones IP asociadas a una máquina a partir de las notaciones anteriores. La más útil es, quizá, la siguiente:

```
struct hostent *gethostbyname(char *name);
```

La función recibe el nombre de la máquina y devuelve una estructura con información relativa a dicha máquina. Esta estructura es la siguiente:

```
struct hostent {
     char h_name;            /* nombre de la máquina */
     char **h_aliases;       /* lista de alias */
     int h_addrtype;         /* tipo de dirección */
     int h_length;           /* longitud de las direcciones */
     char **h_addr_list;     /* lista de direcciones */
};
```

Como se dijo anteriormente, en TCP/IP los números se emplean con formato *big-endian*. Sin embargo, este formato no se emplea en todos los computadores. En este caso es necesario utilizar una serie de rutinas que permiten traducir números entre el formato que utiliza TCP/IP y el empleado por el propio computador. Estas rutinas son:

```
u_long htonl(u_long hostlong);
u_sort htons(u_sort hostsort);
u_long ntohl(u_long netlong);
u_short ntohs(u_long netshort);
```

La primera traduce un entero de 32 bits representado en el formato del propio computador al formato de red (el empleado por TCP/IP). La segunda traduce un número de 16 bits representado en el formato del computador al formato de red. Las dos últimas realizan el trabajo inverso.

7.2 Operaciones con sockets

A continuación se describen otras operaciones típicas relacionadas con los sockets.

```
int socket(int dominio, int tipo, int protocolo);
```

Permite crear un socket. El primer argumento especifica el dominio (PF_UNIX o PF_INET). El segundo indica el tipo de socket creado: socket *stream* (SOCK_STREAM) o socket de tipo datagrama (SOCK_DGRAM). El tercer argumento permite especificar el protocolo a emplear. Por lo general se utiliza para este argumento el valor 0, aunque en el archivo /etc/protocols de las máquinas UNIX/Linux se pueden encontrar diversos protocolos. La llamada socket devuelve un descriptor de archivo que se emplea en el resto de operaciones (especialmente en las de envío y recepción de datos), de forma similar a lo ocurre con los archivos en POSIX. En caso de error se devuelve -1. Es importante recordar que el socket creado con esta llamada no tiene asociada ninguna dirección, por lo que no se puede utilizar tal cual para la transferencia de datos.

```
int bind(int socket, struct sockaddr *dir, int long);
```

Permite asignar una dirección a un socket. El primer argumento es el descriptor de socket devuelto en la llamada socket. El segundo argumento especifica la dirección que se va asignar al socket. El tercer argumento especifica la longitud en bytes que ocupa la dirección.
La dirección que se utiliza en el segundo argumento depende del dominio del socket creado. Si el dominio del socket es PF_UNIX, la estructura que se emplea es del tipo struct sockaddr_un. Si el dominio es PF_INET, la estructura es de tipo struct sockaddr_in, que incluirá, entre otras cosas, una dirección IP y un número de puerto. La llamada devuelve 0 en caso de éxito ó -1 si hubo algún error.

```
int connect(int socket, struct sockaddr *dir, int long);
```

Llamada de solicitud de conexión. La invoca el cliente para establecer una conexión con un proceso servidor cuando se utilizan *sockets* de tipo *stream*. El primer argumento representa el descriptor de socket devuelto en la llamada socket. El segundo representa la dirección del socket del proceso servidor y que deberá haber sido rellenada con la dirección IP y el número de puerto correspondiente. El tercer argumento especifica en bytes la longitud de la dirección utilizada en el segundo argumento. La llamada devuelve 0 si se ejecutó con éxito ó -1 en caso de error.

```
int listen (int socket, int baklog);
```

Esta llamada se utiliza para preparar la aceptación de conexiones. Se utiliza en el servidor cuando se utilizan sockets de tipo *stream*. El primer argumento es el descriptor de socket y el segundo representa el número máximo de peticiones pendientes de aceptar que se encolarán. Su valor típico y máximo en algunos casos es 5.

```
int accept(int socket, struct sockaddr *dir, int *long);
```

Una vez que el socket está preparado para aceptar conexión, esta llamada permite al servidor aceptar peticiones por parte de los clientes (los clientes utilizarán connect). El primer argumento representa el descriptor de socket. En el segundo se almacena la dirección del socket del proceso cliente que realiza la conexión. En el tercer argumento se almacena la longitud en bytes de la dirección anterior.

Esta llamada bloquea al proceso servidor hasta que un cliente realice una conexión. Cuando se produce la conexión, el servidor obtiene en el segundo argumento la dirección del socket del cliente. Además la llamada devuelve un nuevo descriptor de socket que será el que utilice el servidor para recibir o enviar datos. Nótese que después de la conexión permanecen activos dos descriptores de socket en el servidor: el original que se utilizará para aceptar nuevas conexiones y el devuelto por la llamada, que se usará para la transferencia de datos con el proceso que ha establecido la conexión.

```
int write(int socket, char *mensaje, int longitud);
int send(int socket, char *mensaje, int longitud, int flags);
```

Permiten enviar datos a través de un socket. El primer argumento representa el descriptor de socket, el segundo el mensaje que se quiere enviar y el tercero la longitud de ese mensaje en bytes. El argumento flags en la llamada send se utiliza en aspectos avanzados que no serán cubiertos en este libro. Su valor típico es 0. Las llamadas anteriores devuelven el número de bytes realmente transferidos.

```
int read(int socket, char *mensaje, int longitud);
int recv(int socket, char *mensaje, int longitud, int flags);
```

Estas llamadas bloquean al proceso esperando la recepción de un mensaje. La llamada devuelve el número de bytes que se han transferido ó -1 en caso de error.

En las llamadas de envío y recepción, es importante comprobar siempre el valor que devuelven las llamadas de envío y recepción de datos, ya que el valor devuelto puede no coincidir con el campo longitud que indica la cantidad de datos que se quieren transferir. En caso de que ambos valores no coincidan debería volverse a enviar o recibir los datos que aun no se han transferido. A continuación se presenta una función que se puede utilizar para enviar un bloque de datos haciendo los reintentos que sean necesarios. La función devuelve 0 en caso de éxito o -1 si hubo algún error y no se pudieron enviar todos los datos.

```
int enviar(int socket, char *mensaje, int longitud)
{
    int r;
```

```
        int long = longitud;

        do {
            r = write(socket, mensaje, long);

            long = long - r;
            mensaje = mensaje + r;
        } while ((long > 0) && (r >= 0));
        if (r < 0)
            return (-1);      /* la última llamada falló */
        else
            return (0);
}
```

```
int sendto(int socket, char *mensaje, int longitud, int flags, struct
sockaddr *dir, int long);
```

Se utiliza para enviar un datagrama cuando se emplean sockets de tipo datagrama. El argumento `dir` representa la dirección del socket remoto al que se quieren enviar los datos y `longitud` la longitud en bytes que ocupa.

```
int recvfrom(int socket, char *mensaje, int longitud, int flags, struct
sockaddr *dir, int *long);
```

Se emplea para recibir datos a través de un socket de tipo datagrama. En este caso en `dir` se almacena la dirección del socket del que se han recibido los datos y en `longitud` la longitud que ocupa en bytes.

```
int close(int socket);
```

La llamada `close` se utiliza para cerrar un socket. En el caso de que el socket sea de tipo *stream* la llamada cierra además la conexión en ambos sentidos.

7.2.1 Utilización de sockets de tipo stream

Cuando se utilizan sockets de tipo *stream* es necesario llevar a cabo todos los pasos que se pueden ver en la Figura 7.1.

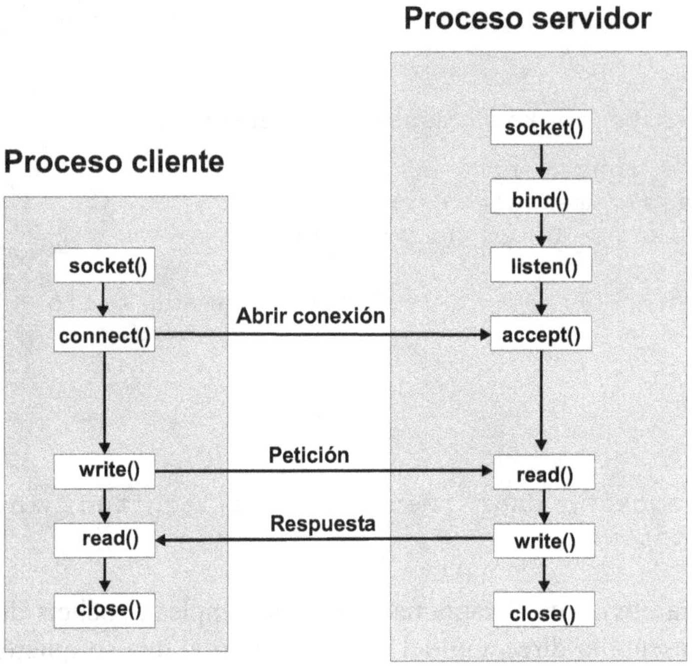

Proceso servidor

Proceso cliente

Figura 7.1 Escenario típico con sockets de tipo stream

El proceso servidor de la aplicación (véase la figura 7.1), realiza los siguientes pasos:

1. Crea un `socket` de tipo *stream*.
2. Le asigna una dirección utilizando `bind`. Cuando se utiliza un socket de dominio `PF_INET`, la estructura que define la dirección tiene tres campos básicos que hay que rellenar:
   - Familia de dirección (`sin_family`). En este caso será `AF_INET`.
   - Número de puerto asignado (`sin_port`). El rango de puertos disponibles es 0..65535, estando reservados los 1024 primeros para el sistema.
   - Estructura que contiene, entre otras cosas, la dirección IP de una máquina (`struct in_addr sin_addr`).
3. Se prepara para recibir conexiones utilizando `listen`.
4. Se bloquea esperando la recepción de conexiones por parte de los clientes utilizando la llamada `accept`. Cuando se desbloquea la llamada anterior devuelve un nuevo descriptor de socket que será el que se utilice en la transferencia
5. El proceso recibe un mensaje del proceso cliente. Para ello se utiliza la llamada `read`.
6. El proceso servidor ejecuta el trabajo necesario.
7. Devuelve el resultado al cliente utilizando `write`.
8. Cierra el descriptor de socket devuelto en la llamada `accept`, ya que este no volverá a utilizarse. Al mismo tiempo se cierra la conexión con el cliente.
9. Vuelve al paso 4 para esperar nuevas peticiones.

Los pasos que debe realizar el cliente (véase la Figura 7.1) son más sencillos. El cliente debe:
1. Crear un socket de tipo *stream*.

2. Establecer una conexión con el proceso servidor utilizando `connect`.
3. Enviar los datos necesarios para que el servidor realice la operación utilizando la llamada `write`.
4. Esperar el resultado utilizando `read`.
5. Cerrar la conexión con `close`.

El cliente obtiene la dirección IP del servidor utilizando la función `gethostbyname`. Esta función devuelve información sobre el servidor. Para rellenar la dirección del servidor basta con acceder a los campos correspondientes de la estructura devuelta por la función anterior.

```
hp = gethostbyname ("laurel.datsi.fi.upm.es");

memcpy (&(server_addr.sin_addr), hp->h_addr, hp->h_length)
```

7.3 Llamadas a procedimientos remotos

Las llamadas a procedimientos remotos (RPC, *Remote Procedure Call*) representan un híbrido entre las llamadas a procedimientos y el paso de mensajes. Las RPC constituyen el núcleo de muchos sistemas distribuidos y llegaron a su culminación con DCE (*Distributed Computing Environment*). Actualmente han evolucionado hacia la invocación de métodos remotos como los utilizados en CORBA y RMI de Java.

En una llamada a procedimiento remoto el programador no necesita preocuparse de cómo se realiza la comunicación entre procesos. Simplemente realiza llamadas a procedimientos que serán ejecutados en computadores remotos. En este sentido el programador desarrolla sus aplicaciones de forma convencional descomponiendo su software en una serie de procedimientos bien definidos. En una RPC, el proceso que realiza la llamada empaqueta los argumentos en un mensaje, se los envía a otro proceso y espera el resultado. Por su parte, el proceso que ejecuta el procedimiento extrae los argumentos del mensaje, realiza la llamada de forma local, obtiene el resultado y se lo envía de vuelta al proceso que realizó la llamada. Este proceso, totalmente transparente al usuario que utiliza las RPC, es realizado por unos módulos denominados **suplentes** o *stubs*. Este funcionamiento se puede apreciar en la Figura 7.2

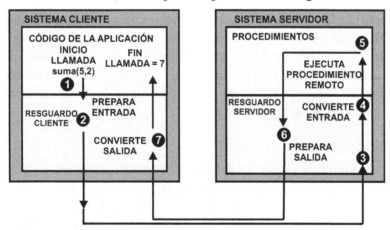

Figura 7.2 Llamadas y mensajes en una RPC

A continuación se describen los pasos que se presentan en la figura anterior.

- El código de la aplicación hace una llamada a procedimiento. Por ejemplo puede invocar `sumar(5,2)`. En una llamada a procedimiento remoto, al igual que en una llamada a procedimiento convencional, la llamada anterior supone la creación en la pila del proceso del registro de activación correspondiente. Este registro incluye, entre otras cosas, los parámetros del procedimiento (5 y 2 en este caso) y la dirección de retorno.
- El procedimiento invocado anteriormente, que forma parte del código del propio proceso, se encuentra en un módulo del programa cliente que se denomina suplente o *stub* y que como se verá más adelante se obtiene de forma automática. Este procedimiento extrae de la pila los argumentos pero no realiza la operación, en este caso la suma de los dos números pasados en la pila. Lo que hace es enviar los argumentos al proceso servidor para que sea éste el que realiza la llamada. Para ello:
  - Localiza al servidor que ejecuta el procedimiento remoto. Más adelante se verá cómo se realiza este proceso.
  - Construye un mensaje y empaqueta los parámetros en él. Asimismo, indica en el mensaje el procedimiento que debe realizar el servidor.
  - Envía el mensaje al proceso servidor y espera un mensaje de él con la respuesta.
- El proceso servidor, que se encuentra en un bucle esperando la llegada de peticiones por parte de los clientes:
  - Extrae del mensaje los argumentos y la función que debe invocar.
  - Una vez extraídos invoca a una función, del propio código del servidor, para realizar la llamada y obtiene el resultado.
  - Una vez tomado el resultado, construye un nuevo mensaje en el que introduce el resultado y se lo envía al proceso cliente.
- El proceso cliente que se encuentra bloqueado esperando la respuesta del servidor, extrae del mensaje el resultado y simplemente lo retorna.

Con los pasos anteriores todos los aspectos relacionados con el paso de mensajes quedan ocultos al programador, siendo el software del paquete de RPC utilizado el encargado de realizarlo.

Un aspecto muy importante de las llamadas a procedimientos remotos es el **lenguaje de definición de interfaces (IDL)**, que permite especificar las interfaces de los procedimientos a ejecutar en el servidor. A partir de un programa escrito utilizando un lenguaje de definición de interfaces el **compilador de interfaces,** se encarga de obtener los suplentes del cliente y del servidor. En la siguiente sección se muestra un ejemplo de uso de un paquete de RPC, que será utilizado en las prácticas que se describen al final del capítulo.

7.3.1 Guía de programación con las RPC de Sun/ONC

El mecanismo de llamadas a procedimientos remotos del *Open Network Computing* de Sun es uno de los más extendidos, debido al indiscutible éxito de algunos de los productos que se sustentan sobre el mismo, como NFS. Eso hace que, a pesar de sus evidentes limitaciones frente a otros mecanismos de RPC, como el proporcionado por el entorno DCE, resulte una opción interesante a la hora de familiarizarse, desde un punto de vista docente, con la programación de servicios utilizando RPCs, ya que cualquier sistema Linux dispone en su instalación básica de todo el software requerido para su utilización.

Estas RPC constan de unos formatos de datos descritos utilizando el formato de representación de datos XDR (*eXternal Data Representation*) desarrollado también por Sun. Este formato describe un lenguaje de descripción de datos y estandariza una sintaxis de transferencia. Dentro del lenguaje de descripción de datos, XDR dispone de una serie de tipos elementales (`int`, `bool`, `string`, etc) y una serie de constructores para declarar tipos de datos más complejos (vectores, estructuras, uniones). Casi todos estos tipos y constructores tienen su equivalente en los lenguajes de programación más habituales.

En estas RPC, se utiliza el término programa para hacer referencia a un servicio. Un programa consta de una serie de procedimientos que pueden ser utilizados por los clientes. Cada programa puede tener varias versiones. Los programas, versiones y procedimientos se identifican mediante números enteros. De acuerdo a esto, cada procedimiento queda perfectamente identificado por la terna `<programa, versión, procedimiento>`.

La especificación de una aplicación consiste en la definición de un conjunto de procedimientos dentro de un programa. De manera más formal, la definición de un protocolo de aplicación debe seguir la siguiente sintaxis.

```
programa-def:
"program" identifier "{"
        version-def
        version-def *
    "}" "=" contant ";"

version-def:
    "version" identifier "{"
        procedude-def
    procedure-def *
    "}" "=" constant ";"
```

Principales tipos de datos en XDR

En esta sección se van a describir algunos de los tipos de datos definidos en XDR.

Enteros con signo:
    Declaración: `int a;`
    Equivalente en C: `int a;`

Enteros sin signo:
    Declaración: `unsigned a;`
    Equivalente en C: `unsigned a;`

Valores lógicos:
    Declaración: `bool a;`
    Equivalente en C: `enum bool_t {TRUE = 1, FALSE=0};`
                         `typedef enum bool_t bool_t;`
                         `bool_t a;`

Números en coma flotante:
    Declaración: `float a;`
    Equivalente en C: `float c;`

Cadenas de bytes de longitud fija:

Declaración:	`opaque a[20];`
Equivalente en C:	`char a[20];`

Cadenas de bytes de longitud variable:

Declaración:
```
opaque a<37>;
opaque b<>;
```
Equivalente en C:
```
struct {
        int a_len;
        char *a_val;
} a;
```

Cadenas de caracteres:

Declaración:
```
string a<37>;
string b<>;
```
Equivalente en C:
```
char *a;
chat *b;
```

Vectores de tamaño fijo:

Declaración:	`int a[12];`
Equivalente en C:	`int a[12];`

Vectores de tamaño variable:

Declaración:
```
int a<12>;
float b<>;
```
Equivalente en C:
```
struct {
        int a_len;
        int *a_val;
} a;
struct {
        int b_len;
        float *b_val;
} b;
```

Estructuras:

Declaración:
```
struct t {
        int c1;
        string c2<20>;
};
t a;
```
Equivalente en C:
```
struct t {
        int c1;
        string *c2;
};
typedef struct t t;
t a;
```

Constantes:

Declaración:	`const MAX = 12;`
Equivalente en C:	`#define MAX 12`

Programa `rpcgen`

El programa `rpcgen` genera a partir de un fichero con la especificación de una aplicación (por defecto el fichero tiene extensión `.x`), al menos, los siguientes ficheros:

1. Archivo de cabecera con estructuras de datos en C equivalentes a las definidas en fichero de especificación. Este archivo deberá incluirse en el código del cliente y el código del servidor.
2. Archivo con funciones de transformación de datos XDR, una por cada tipo de datos definido.
3. Archivo con el *sutb* del cliente.
4. Archivo con el *stub* del servidor.

Tradicionalmente una llamada a procedimiento remoto acepta un único parámetro y devuelve un único resultado. Para poder pasar diferentes valores a una llamada a procedimiento remoto es necesario agrupar éstos en una estructura y pasar esta estructura como parámetro. Si se quieren recoger varios valores de vuelta, también es necesario agruparlos estos en una estructura y hacer que el procedimiento devuelva una estructura. También es posible pasar múltiples parámetros en las RPC, pero para ello debe utilizarse la opción `-N` con el programa `rpcgen`.

Servidores

Los servidores deben implementar cada una de las funciones especificadas en el fichero de definición de interfaces. Estas funciones, en el caso de utilizar múltiples parámetros, tienen la siguiente forma:

```
tipo_resultado *procedimiento_V_svc(tipo_argumento2 arg1,
                            tipo_argumento2 arg2 ,
                            struct svc_req *rqstp);
```

Al nombre del procedimiento se le añade el número de versión y el sufijo "svc".

Clientes

El cliente para poder ejecutar un procedimiento remoto debe en primer lugar establecer una conexión con un servidor, mediante el siguiente servicio:

```
CLIENT *clnt_create(char *host, u_long prognum,
                u_long versnum, char *nettype);
```

El primer argumento (`host`) especifica el nombre de la máquina donde ejecuta el servidor. Los dos siguiente argumentos especifican el número de programa y número de versión del procedimiento remoto a ejecutar. El último argumento especifica el protocolo ("udp" o "tcp").

El prototipo que debe emplear el cliente para las llamadas a procedimientos remotos es:

```
tipo_resultado *procedimiento_V(tipo_argumento1 arg1,
                tipo_argumento2 arg2, ..., CLIENT *cl);
```

donde el sufijo V representa el número de versión.

Ejemplo de uso

Se pretende desarrollar un servidor que ofrezca a los clientes dos operaciones:

- Dado un `uid`, averiguar cuál es el nombre de usuario que tiene asignado ese identificador en la máquina donde ejecuta el servidor. Por tanto, se trata de un servicio que requiere un único parámetro de tipo entero y retorna un único valor: el *string* correspondiente al nombre de usuario asociado al identificador.
- Dado un nombre de usuario, averiguar cuál es el `uid` que tiene asignado en la máquina donde ejecuta el servidor. En este caso, recibe un único parámetro de tipo *string* y retorna un entero.

El primer paso a la hora de desarrollar un servicio es especificar en un fichero IDL, con extensión `.x`, el nombre del servicio (palabra reservada `program`) y su número de versión (`version`), asignándoles, además de un nombre, sendos identificadores numéricos. Observe el uso de mayúsculas en los nombres de los identificadores. Esta convención reduce la posibilidad de conflictos entre los nombres generados automáticamente por el sistema de RPCs y los que usa la aplicación.

El próximo paso sería declarar los servicios que proporcionará el servidor. El siguiente listado (que se asume se encuentra en el fichero `rusuarios.x`) muestra esta declaración, donde nuevamente se han usado nombres en mayúsculas por los motivos antes explicados y se le han asignado valores enteros sucesivos a partir de 1 a cada función (el 0 está reservado para un servicio nulo que incluye automáticamente el sistema de RPCs en cada servidor).

En el caso del servicio usado como ejemplo, la definición podría ser como la que aparece en el siguiente listado.

```
program RUSUARIOS_SERVICIO {
    version RUSUARIOS_VERSION {
        int OBTENER_UID(string nombre)=1;
        string OBTENER_NOMBRE(int uid)=2;
    }=1;
}=666666666;
```

En este momento ya se pueden generar los *stub* del cliente y del servidor. Para ello, hay que procesar el fichero IDL que se acaba de definir usando el mandato `rpcgen`:

```
$ rpcgen rusuarios.x
$ ls
  rusuarios_clnt.c  rusuarios.h  rusuarios_svc.c  rusuarios.x
```

Como se puede observar, `rpcgen` ha generado el *stub* del cliente (`rusuarios_clnt.c`), el del servidor (`rusuarios_svc.c`) y un fichero de cabecera (`rusuarios.h`) que debería usarse en ambos lados de la comunicación (en este ejemplo, no se ha generado un fichero con extensión `.xdr` al usarse sólo tipos de datos básicos).

La mejor manera de comenzar la programación del servidor es usar el mandato `rpcgen` sobre el fichero IDL pero esta vez usando la opción `-Ss`, que genera un esqueleto del código del servidor:

```
$ rpcgen -Ss rusuarios.x > ../servidor/rusuariosd.c
```

El contenido inicial del fichero del servidor (al que hemos llamado `rusuariosd.c`) sería el siguiente:

```
#include "rusuarios.h"

int *
obtener_uid_1_svc(char **argp, struct svc_req *rqstp)
{
        static int  result;

        /*
         * insert server code here
         */

        return &result;
}

char **
obtener_nombre_1_svc(int *argp, struct svc_req *rqstp)
{
        static char * result;

        /*
         * insert server code here
         */

        return &result;
}
```

En ese código generado automáticamente, se pueden resaltar varios aspectos:

*   Las funciones de servicio tienen el mismo nombre que se les dio en el fichero IDL (`.x`), pero en minúsculas y con un sufijo que está compuesto por: `_N_svc`, donde `N` se corresponde con el número de versión.
*   El primer parámetro que recibe cada función se corresponde con el definido en el fichero IDL, pero con un nivel de indirección:
*   El tipo *string* especificado en la primera función, que corresponde al tipo `char *` de C puesto que C no soporta directamente ese tipo (recuerde que el lenguaje de IDL de las RPC de Sun/ONC no es directamente C, sino una extensión del mismo), se ha convertido en un tipo `char **`.

- De manera similar, el entero definido en la segunda función de servicio se ha transformado en un parámetro de tipo `int *`.
- Ambas funciones reciben un segundo parámetro que incluye información sobre el cliente que realiza la petición (por ejemplo, información de autenticación).
- De manera similar a lo que ocurre con el primer parámetro de cada función, el resultado corresponde a lo definido en el fichero IDL, pero con un nivel de indirección añadido: de `int` a `int *` y de `string` (es decir, `char *` en C) a `char **`.
- En el código generado automáticamente, en cada función aparece una variable estática (`result`) del tipo correspondiente al definido en el fichero IDL, y tal que la función termina retornando su dirección como valor de retorno. Este artificio merece una pequeña explicación. Hay que tener en cuenta que cuando se completa la ejecución de la función de servicio, el *stub* del servidor toma control y procede a *empaquetar* el resultado. Si la función de servicio terminara retornando la dirección de una variable local *automática* (es decir, residente en el registro de activación almacenado en la pila), se produciría un error puesto que esa variable desaparece al completarse la función de servicio. Al definir la variable local como estática (es decir, como una variable que no reside en la pila y cuyo valor se mantiene después de completarse la función), se elimina el problema.
- Sobre ese esqueleto, se pasa directamente a programar los servicios, usando las llamadas al sistema de UNIX `getpwnam` y `getpwuid`, respectivamente.

```c
#include <string.h>
#include <pwd.h>
#include <sys/types.h>
#include "rusuarios.h"

int *
obtener_uid_1_svc(char **argp, struct svc_req *rqstp)
{
    static int  result;
    struct passwd *desc_usuario;

    result=-1;
    desc_usuario=getpwnam(*argp);
    if (desc_usuario)
        result=desc_usuario->pw_uid;

    return &result;
}

char **
obtener_nombre_1_svc(int *argp, struct svc_req *rqstp)
{
    static char * result;
    struct passwd *desc_usuario;

    desc_usuario=getpwuid(*argp);
    if (desc_usuario)
        result=desc_usuario->pw_name;
    else
```

```
        result=NULL;

    return &result;
}
```

- Nótese que en la primera función, en caso de error, se ha devuelto un valor de -1, mientras que en la segunda se ha retornado un valor NULL (más adelante, se verá que eso es erróneo).
- En este punto, se puede compilar y ejecutar el servidor. Cuando ya esté arrancado, puede usar el mandato rpcinfo para ver cómo el servidor se ha dado de alta en el portmap (o binder):

```
$ rpcinfo -p
 programa vers proto   puerto
 ...........................
 666666666    1   udp  60659
 666666666    1   tcp  60674
 ...........................
```

De manera similar a lo que ocurre con el servidor, puede ser útil comenzar a programar un cliente usando la salida generada por el mandato rpcgen aplicado al fichero IDL pero esta vez usando la opción -Sc, que genera un fragmento de código que muestra la manera de invocar a cada una de las funciones de servicio.

Tomando como punto de partida ese código de muestra, se han desarrollado dos clientes, cada uno de los cuales usa uno de los servicios implementados.

El cliente getuid.c hace uso del servicio que retorna el uid dado un nombre de usuario para obtener esa información de todos los nombres de usuario que recibe como argumentos de la línea de mandatos (excepto argv[1] donde se especificará la máquina donde ejecuta el servidor).

```c
#include <stdio.h>
#include "rusuarios.h"

int main (int argc, char *argv[]) {
    CLIENT *clnt;    // PUNTO 1
    int  *result;
    int i;

    if (argc < 3) {
        printf ("usage: %s server_host nombre...\n", argv[0]);
        exit (1);
    }
    // PUNTO 2
    clnt    =    clnt_create    (argv[1],    RUSUARIOS_SERVICIO,
RUSUARIOS_VERSION, "tcp");
    if (clnt == NULL) { // PUNTO 3
        clnt_pcreateerror (argv[1]);
        exit (1);
    }
```

```
for (i=2; i<argc; i++) {
    result = obtener_uid_1(&argv[i], clnt); // PUNTO 4
    if (result == NULL) // PUNTO 5
        clnt_perror (clnt, "error en la llamada");
    else if (*result == -1)  // PUNTO 6
        printf("%s: no existe ese usuario\n", argv[i]);
    else
        printf("%s: %d\n", argv[i], *result);
}
clnt_destroy (clnt); // PUNTO 7
exit (0);
}
```

A continuación, se explican los puntos más relevantes de este código de cliente (identificados en el listado como comentarios con el formato PUNTO X):

- Hay que declarar una variable de tipo CLIENT * para almacenar el descriptor que retorna la llamada clnt_create, el cual se usará posteriormente a la hora de invocar las RPCs.
- La llamada clnt_create realiza todo el proceso de *enlace* con el servidor (su localización y la conexión con el mismo). En ella el cliente debe especificar los siguientes parámetros:
  - Nombre de la máquina donde ejecuta el servidor: en el ejemplo se obtiene del primer argumento de la línea de mandatos.
  - Nombre del servicio: RUSUARIOS_SERVICIO.
  - Versión del servicio: RUSUARIOS_VERSION.
  - Protocolo: en el ejemplo, TCP.
- En caso de que se produzca un error en el enlace con el servidor, la llamada clnt_create devuelve un valor nulo, y se puede usar la función clnt_pcreateerror para imprimir más información sobre el error.
- La función de servicio tiene el mismo nombre que se le dio en el fichero IDL (.x), pero en minúsculas y con un sufijo que está compuesto por: _N, donde N se corresponde con el número de versión. El primer parámetro que se especifica en la invocación de la función de servicio se corresponde con el definido en el fichero IDL, pero con un nivel de indirección: en vez de un string (es decir, char * en C) se le pasa un char **. El segundo parámetro es el descriptor devuelto por la llamada clnt_create. En cuanto al valor de retorno, corresponde al definido en el fichero IDL, pero nuevamente con un nivel de indirección añadido: de int a int *.
- En caso de que se produzca algún tipo de error en la invocación de la RPC, se devuelve un valor nulo, y se puede usar la función clnt_perror para imprimir más información sobre el error.
- Para acceder al valor devuelto por la RPC, hay que, evidentemente, deshacer ese nivel de indirección (*result).
- La llamada clnt_destroy rompe el *enlace* con el servidor.

En este momento ya se puede compilar y ejecutar este programa.

El segundo cliente (getname.c) es similar al primero pero haciendo uso del segundo servicio, que retorna el nombre de usuario asociado a un uid dado.

```
#include <stdio.h>
#include <stdlib.h>
#include "rusuarios.h"

int main (int argc, char *argv[]) {
    CLIENT *clnt;
    char   **result;
    int i;
    int uid;

    if (argc < 3) {
        printf ("usage: %s server_host uid...\n", argv[0]);
        exit (1);
    }
    clnt      =      clnt_create      (argv[1],      RUSUARIOS_SERVICIO,
RUSUARIOS_VERSION, "tcp");
    if (clnt == NULL) {
        clnt_pcreateerror (argv[1]);
        exit (1);
    }
    for (i=2; i<argc; i++) {
        uid=atoi(argv[i]);
        result = obtener_nombre_1(&uid, clnt);
        if (result == NULL)
            clnt_perror (clnt, "error en la llamada");
        else if (*result)
            printf("%d: %s\n", uid,
                *result);
        else
            printf("%d: no existe ese UID\n", uid);
    }
    clnt_destroy (clnt);
    exit (0);
}
```

Observe el uso de la expresión *result para acceder al *string* que se retorna como resultado del servicio. En caso de ejecutar este segundo programa cuando el uid pasado como argumento no se corresponde con ningún usuario en la máquina donde ejecuta el servidor produce un error. Este error se debe al manejo del tipo string de XDR. Cuando se usa este tipo en las declaraciones de un fichero XDR (ya sea como argumento de una función, como valor retornado, o como un campo de una estructura), hay que asegurarse en el código del cliente y/o en el del servidor de que una variable de este tipo siempre apunta a un *string* válido, es decir, a una cadena de 0 ó más caracteres que termina con un carácter nulo (\0) adicional.

En el ejemplo, cuando el servidor, dentro del servicio que obtiene el nombre de usuario asociado a un uid, encuentra que ese identificador de usuario no existe, realiza la siguiente asignación:

```
result=NULL;
```

Pero un valor nulo no es un *string* válido (para comprobarlo, pruebe a pasárselo a la función `strlen`). Hay que asegurarse de que la variable `result` hace referencia a un *string* válido también en este caso. Una posible solución sería asignarle un *string* vacío:

```
result="";
```

Con esa estrategia, habría que modificar el código del cliente afectado por ese cambio:

```
result = obtener_nombre_1(&uid, clnt);
        if (result == NULL)
                clnt_perror (clnt, "error en la llamada");
        else if (strlen(*result)!=0)
                printf("%d: %s\n", uid,
                        *result);
        else
                printf("%d: no existe ese UID\n", uid);
```

Nótese como en este caso para determinar si el `uid` no se corresponde con ningún nombre de usuario, comprobamos con `strlen` si el *string* retornado (`*result`) tiene longitud 0.

Con esa modificación, el servicio parece funcionar correctamente. Sin embargo, hay un error latente en el mismo.

Si revisamos el manual de la función `getpwuid`, observamos que explica que una llamada a esta función puede sobreescribir los datos devueltos por una llamada previa. Para entenderlo mejor, podemos usar el siguiente ejemplo, que, obviamente, no tiene nada que ver con las RPC.

```
#include <stdio.h>
#include <pwd.h>
int main() {
        struct passwd *desc_usuario;

        desc_usuario=getpwuid(0);
        getpwuid(1);
        printf("UID 0: %s\n", desc_usuario->pw_name);
        return 0;
}
```

Al ejecutar esa prueba, el nombre de usuario que se imprime no es el del *root*, sino el correspondiente al identificador de usuario 1.

En la función de servicio desarrollada (`obtener_nombre_1_svc`) sólo hay una llamada a `getpwuid`, pero el propio *stub* del servidor podría también hacer esa llamada, sobreescribiendo los datos obtenidos. Por tanto, lo más razonable es crear una copia en el *heap*:

```
if (desc_usuario)
        result=strdup(desc_usuario->pw_name);
```

Sin embargo, ahora surge un problema adicional: ¿quién se encarga de liberar la memoria dinámica reservada por `strdup` (recuerde que `strdup` realiza un `malloc`)? Téngase en cuenta que la memoria dinámica no se puede liberar al final de la función, puesto que el *stub* del servidor debe tener acceso a los datos almacenados en la misma cuando toma control al completarse la ejecución de la función.

Para resolver este problema, el sistema de RPC de Sun/ONC ofrece la función `xdr_free`. Si una función de servicio requiere el uso de memoria dinámica, para evitar *goteras de memoria*, debe incluir en su parte inicial una llamada a `xdr_free` especificando cuál es el tipo del resultado devuelto por la función, así como la dirección de la variable estática que almacena el resultado de la invocación previa de la función:

```
char **
obtener_nombre_1_svc(int *argp, struct svc_req *rqstp)
{
        static char * result;
        struct passwd *desc_usuario;

        xdr_free((xdrproc_t)xdr_string, (char *)&result);
        . . . . . . . . . . . . . . . . . . . . . . . . . . . . . . .
```

Téngase en cuenta que siempre se debe llamar a `xdr_free` pasándole el tipo y la dirección de la variable estática que almacena el resultado, incluso aunque en algunos casos, la memoria dinámica no esté asociada directamente a la variable que almacena el resultado, como sí ocurre en este ejemplo, sino a un campo interno de la misma.

Falta un último detalle para completar una solución válida. Al usar `xdr_free` al principio de la función `obtener_nombre_1_svc`, hay que asegurarse de que la variable `result` siempre hace referencia a información almacenada en el *heap*. Eso no ocurre si en la invocación previa el `uid` no existía, ya que en ese caso `result` apuntará a un literal vacío de tipo *string* (`""`) almacenado de forma estática.

Para resolver este problema, se puede usar `strdup` también en el caso de que el `uid` no exista:

```
result=strdup("");
```

Con todas estas modificaciones, el servidor queda de la siguiente forma:

```
char **
obtener_nombre_1_svc(int *argp, struct svc_req *rqstp)
{
        static char * result;
        struct passwd *desc_usuario;

        xdr_free((xdrproc_t)xdr_string, (char *)&result);

        desc_usuario=getpwuid(*argp);
        if (desc_usuario)
                result=strdup(desc_usuario->pw_name);
        else
                result=strdup("");
```

```
    return &result;
}
```

7.4 Práctica: Servicio de archivos remotos utilizando *sockets*

7.4.1 Objetivos de la práctica

Un **sistema de archivos distribuido** se encarga de la integración transparente de los archivos de un sistema distribuido, permitiendo compartir datos a los usuarios del mismo. En un sistema de archivos distribuido, cada archivo se almacena en un único servidor. El objetivo de esta práctica es doble, por una parte se pretende que los alumnos se familiaricen con los servicios disponibles en sistemas UNIX/LINUX para trabajar con *sockets*. Estos servicios permiten construir aplicaciones distribuidas utilizando el nivel de transporte de los protocolos TCP/IP. El segundo gran objetivo de la práctica es que los alumnos entiendan y analicen todos los aspectos relacionados con el diseño e implementación de un pequeño servicio de archivos distribuido.

- NIVEL: Intermedio
- HORAS ESTIMADAS: 16

7.4.2 Descripción de la funcionalidad que debe desarrollar el alumno

Un servicio de archivos se encarga de proporcionar a los clientes acceso a los datos de los archivos almacenados en un servidor. Para el diseño e implementación del servicio de archivos se utilizará un modelo de acceso basado en servicios remotos. En un **modelo de acceso basado en servicios remotos**, el servidor ofrece todos los servicios relacionados con el acceso a los archivos. Todas las operaciones de acceso a los archivos se resuelven mediante peticiones a los servidores, siguiendo un modelo cliente-servidor. El servicio a desarrollar estará compuesto de:

1. Un servidor que implementa el servicio.
2. Una interfaz de bajo nivel que utilizarán los clientes para acceder al servicio.

La **interfaz** que debe implementarse es la siguiente:

```
FD  *FD_creat(char *maquina, int puerto, char *nombre, int modo)
```

Esta función crea un archivo con nombre `nombre` en la máquina pasada en el primer argumento. El segundo argumento (`puerto`) indica el puerto en el que se encuentra el servidor que implementa el servicio. La llamada devuelve un puntero a un descriptor de archivo de tipo `FD`. Este descriptor se describirá más adelante. El argumento `modo` tiene el mismo significado que en la llamada `creat` de POSIX. En caso de error la llamada devuelve `NULL`. El archivo que se crea queda abierto para escritura (igual que la llamada `creat` en POSIX).

```
FD  *FD_open(char *maquina, int puerto, char *nombre, int flags)
```

La función abre un archivo cuyo nombre se pasa como parámetro. El archivo reside en la máquina con nombre `maquina`. El segundo argumento (`puerto`) indica el puerto en el que se encuentra el servidor que implementa el servicio. La llamada devuelve un puntero a un descriptor de archivo de tipo `FD`. Este descriptor se describirá más adelante. El argumento `flags` tiene el mismo significado que en la llamada `open` de POSIX e indica si el archivo se abre para lectura, escritura o lectura-escritura. En caso de error, la llamada devuelve `NULL`.

```
int FD_close(FD *fd)
```

La función cierra un archivo previamente abierto, cuyo descriptor es `fd`. La llamada devuelve 0 en caso de éxito y −1 en caso de error.

```
int FD_read(FD *fd, char *buf, int long)
```

Esta función es similar a la llamada `read` de POSIX y sus argumentos tienen el mismo significado. En este caso se leen datos del archivo previamente abierto cuyo descriptor es `fd` de tipo `FD`.

```
int FD_write(FD *fd, char *buf, int long)
```

Esta función es similar a la llamada `write` de POSIX y sus argumentos tienen el mismo significado. En este caso se escriben datos en el archivo previamente abierto cuyo descriptor es `fd` de tipo `FD`.

```
int FD_get_size(FD *fd)
```

Esta función devuelve el tamaño del archivo correspondiente al descriptor `fd`. La llamada devuelve 0 en caso de éxito y −1 en caso de error.

```
FD *FD_unlink(char *maquina, int puerto, char *nombre)
```

La función borra un archivo de una máquina. Los argumentos son similares a los de las llamadas `FD_creat` y `FD_open`.

El tipo `FD` se utiliza como descriptor de archivos en este servicio y permite identificar a un archivo en nuestro sistema distribuido. Existen varias posibilidades para definir este tipo, según el esquema de comunicación que se utilice. El alumno puede elegir el que más le convenga. Dos posibles enfoques son:

1. Mantener la conexión abierta durante toda la sesión (desde que se abre o se crea el archivo hasta que se cierra). En este caso si el servidor no es concurrente, no se podrá atender a varios clientes a no ser que se utilice la llamada `select`. En este caso el descriptor de archivo debe contener el *socket* de la conexión. Un posible ejemplo sería el siguiente:

```
typedef struct descriptor{
        int socket;
        int fd;    /* descriptor de archivo remoto */
} FD;
```

2. Crear una nueva conexión por cada operación que se realice. En este caso, cada operación necesita conocer la máquina y el puerto del servidor que atiende la petición. Estos datos deberán ir incluidos en el descriptor de archivo. La ventaja de esta solución frente a la anterior es que el servidor puede atender a varios clientes sin necesidad de utilizar la llamada `select`. Su desventaja es la sobrecarga de cada operación por la necesidad de establecer una conexión con el servidor en cada operación. Un posible ejemplo sería el siguiente:

```
typedef struct descriptor{
        struct sockaddr_in   sock;
        int fd; /* descriptor de archivo remoto */
} FD;
```

Se recomienda la implementación de un servidor *multithread*.

7.4.3 Ejemplo de aplicación cliente

El alumno deberá realizar, utilizando el servicio de archivos de bajo nivel diseñado e implementado anteriormente, una aplicación que permita transferir archivos entre un proceso cliente y otro servidor. El proceso cliente tendrá un bucle que aceptará las siguientes ordenes:

- `get host archivo_remoto archivo_local`. Permite transferir desde un *host* donde ejecuta el servidor, un archivo remoto a un archivo local en la máquina cliente.
- `put archivo_local host archivo_remoto`. Transfiere un archivo a la máquina remota.

Para facilitar la implementación, los nombres de archivo se indicarán con camino absoluto (por ejemplo: `/export/home/pepe/archivo.txt`). El cliente finalizará su ejecución al teclear `Control-D` (fin de archivo en UNIX).

7.4.4 Recomendaciones generales

Es importante estudiar el funcionamiento de los servicios que ofrece el estándar POSIX para trabajar con archivos (`open`, `creat`, `close`, `read` y `write`).

7.4.5 Entrega de documentación

La documentación a entregar será la siguiente:

- `memoria.txt`: memoria de la práctica, que incluirá el diseño del servidor de archivos, el diseño de la aplicación de transferencia de archivos y todos aquellos aspectos que se consideren de interés.
- `servicio.h` y `servicio.c`: código fuente con la implementación del servicio de archivos que puede utilizar un cliente.
- `cliente.c`: código fuente en C con el programa cliente que realiza la transferencia de archivos. Este módulo utilizará las funciones implementadas en el módulo anterior.
- `servidor.c`: código fuente en C con el programa servidor que implementa el servicio de archivos

7.4.6 Bibliografía

- J. Carretero, F. García, P. de Miguel, F. Costoya. Sistemas Operativos: una visión aplicada. McGraw-Hill, 2007.
- W. Richard Stevens, *Unix Network Programming, Volume 2: Interprocess Communications*, Prentice-Hall, 1999, 2/e
- M. Kerrisk. *The Linux Programming Interface.* No Starch Press, 2010.
- F. García, J. Carretero, J. Fernández y A. Calderón, *El lenguaje de programación C: diseño e implementación de programas,* Prentice-Hall, 2002

7.5 Práctica: Servicio de bloques paralelo con tolerancia a fallos RAID5

7.5.1 Objetivos de la práctica

El sistema de archivos es uno de los componentes fundamentales de cualquier sistema distribuido y es uno de los que mayor fiabilidad requiere. Habitualmente, la fiabilidad en los sistemas de archivos distribuidos se consigue mediante la **replicación** de archivos, es decir, la copia de los archivos en diferentes servidores, de forma que si uno de los servidores es inaccesible, siempre quedarán otros que sigan ofreciendo el servicio, y por tanto el acceso a los datos. En esta práctica, se propone un enfoque completamente distinto para conseguir fiabilidad y tolerancia a fallos. Para ello se propone construir un servicio de bloques paralelo soportado por diferentes servidores. La fiabilidad se conseguirá aplicando el concepto de disco RAID (*Redundant Array of Inexpensive Disks*) a estos servidores. El desarrollo de esta práctica permitirá al alumno:

1. Comprender el funcionamiento de un servicio de bloques paralelo y cómo se pueden agregar varios servidores de bloques para construir un servicio de bloques de mayor capacidad.
2. Comprender el funcionamiento de un dispositivo RAID5 y cómo este tipo de concepto se puede aplicar también a los servidores.

- NIVEL: Avanzado
- HORAS ESTIMADAS: 16

7.5.2 Dispositivos RAID

La técnica habitual para ofrecer fiabilidad y tolerancia a fallos en los dispositivos de almacenamiento consiste en utilizar dispositivos **RAID** (*Redundant Array of Inexpensive Disks*). Estos dispositivos están formados por un conjunto de discos que almacenan la información y otro conjunto que almacena información de paridad del conjunto anterior. Desde el punto de vista físico se ve como un único dispositivo, ya que existe un único controlador para todos los discos. Este controlador se encarga de reconfigurar y distribuir los datos entre los discos de forma transparente al sistema de E/S. Se han descrito diferentes niveles de discos RAID. Uno de los más utilizados habitualmente es el denominado RAID5. Un dispositivo RAID5 (véase la Figura 7.3) reparte los bloques y la paridad por todos los discos de forma cíclica. La paridad se calcula por el hardware en el controlador haciendo el XOR de los bloques de datos de cada franja. Así por ejemplo, la paridad correspondientes a los bloques 0 1 y 2 del RAID se almacena en el bloque físico 0 del disco 3.

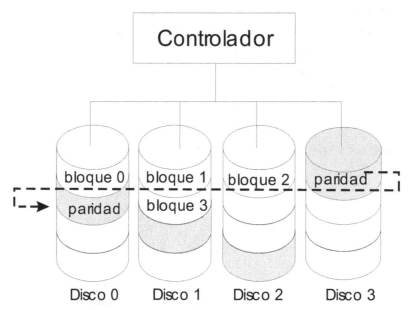

Figura 7.3 Distribución de bloques en un dispositivo RAID5

A continuación se describen diferentes escenarios de funcionamiento en el acceso a un bloque del RAID5.

- *Lectura de un bloque de un disco sin fallo.* Si se desea leer, por ejemplo el bloque 2, basta con calcular el disco y el bloque correspondiente a ese disco. El bloque 2 en el RAID5 de Figura 7.3 se corresponde con el bloque 0 del disco 2. Si este disco está funcionando correctamente, se lee el bloque y se devuelve.

- *Lectura de un bloque de un disco con fallo.* Si se desea leer un bloque, por ejemplo el bloque 2, de un disco con fallo, el controlador necesita reconstruir la información de ese bloque a partir de los otros bloques de su franja. Para ello, deberá leer el bloque 0, el 1 y el bloque de paridad. El bloque 2, se obtiene calculando la paridad de estos tres bloques:

  Bloque 2 = bloque 0 $\oplus$ bloque 1 $\oplus$ bloque de paridad (donde $\oplus$ define la operación XOR).

- *Escritura de un bloque en un RAID5 sin fallo.* Para escribir un bloque, por ejemplo el 2, es necesario actualizar el bloque de paridad. Para ello se lee el bloque 2, el bloque de paridad y se calcula la paridad como: nueva paridad = (bloque 2 antiguo $\oplus$ paridad antigua) $\oplus$ bloque 2 nuevo. Una vez calculada la paridad, se escribe el bloque 2 y el nuevo bloque de paridad.

- *Escritura de un bloque en un RAID5 con fallo en el bloque de paridad.* En este caso, basta con escribir el bloque en el disco correspondiente. Puesto que el disco de paridad no funciona, no se puede escribir en él.

- *Escritura de un bloque en un RAID5 con fallo en el disco en el que se almacena el bloque.* En este caso no se puede escribir en dicho disco, sin embargo, se necesita actualizar el bloque de paridad para que la información se pueda recuperar posteriormente. Para ello se lee el bloque 0 y el 1, y se calcula la nueva paridad como: nueva paridad = bloque 0 $\oplus$ bloque 1 $\oplus$ nuevo bloque 2. A continuación se escribe el bloque de paridad.

Observe que con el funcionamiento descrito anteriormente, siempre se podrá acceder, tanto para lectura como para escritura, a los datos, siempre y cuando no falle más de un disco.

Una cuestión a tener en cuenta cuando se realizan escrituras concurrentes sobre un RAID 4 o un RAID5 es que las mismas tienes que hacerse en exclusión mutua, es decir, dos escrituras no pueden realizarse de forma concurrente sobre la misma franja de paridad, debido a que podrían dejar el RAID en un estado inconsistente. Considere el siguiente escenario: dos procesos que intentan escribir en la misma franja de paridad (véase la Figura 7.3), el proceso A quiere escribir en el bloque 1 y el proceso B en el bloque 2, y acceden de la siguiente forma:

```
        Proceso A                    Proceso B
1       read(bloque1)         2      read(bloque2)
3       read(paridad)         4      read(paridad)
5       calculo nueva paridad 5      calculo nueva paridad
7       write(nuevo bloque1)  6      write(nuevo bloque2)
8       write(nueva paridad)  9      write(nueva paridad)
```

En el ejemplo anterior el bloque de paridad que queda escrito en el RAID es el bloque de paridad que calcula el proceso B. Este nuevo bloque de paridad no tiene en cuenta al bloque 1 escrito por el proceso A, por tanto, la franja de paridad correspondiente a los bloques 1, 2 y 3 queda en un estado inconsistente. Para solucionar este problema es necesario disponer de un mecanismo de cerrojos, que permitan bloquear las franjas cuando se va a realizar una operación de escritura. El objetivo es impedir que dos procesos escriban de forma concurrente sobre una misma franja. Aunque este problema habría que resolverlo en un sistema real, en la práctica a desarrollar no se contemplará el uso de este servicio de cerrojos.

7.5.3 Descripción de la funcionalidad que debe desarrollar el alumno

El alumno parte de **un** servidor de bloques ya implementado (se proporciona el ejecutable al alumno) con la siguiente interfaz (utilizando las RPC de Sun), disponible en el archivo *block_server.x*:

```
struct block_request {
        int block_no ;          /* número de bloque */
        opaque data[1024] ;     /* bloque de datos */
} ;
struct block_result {
        opaque data[1024] ;     /* bloque de datos */
        int result ;            /* resultado de la operación */
} ;

program BLOCK_SERVER
{
        version UNO
        {
```

```
            block_result   read_block  ( int block_no ) = 1;
            int            write_block ( block_request arg ) = 2;
            int            total_blocks( ) = 3;
        } = 1 ;
    } = 9999999 ;
```

La función `read_block` permite leer el bloque con número `block_no` del servidor. El tamaño del bloque de cada servidor es de 1 KB. La función devuelve en el campo `result` de `block_result` un 0 en caso de éxito y -1 en caso de error. La función `write_block` permite escribir un bloque en el servidor. La estructura `block_request` incluye el número de bloque y el contenido del bloque a leer. La función devuelve 0 en caso de éxito y valor -1 en caso de error. La función `total_blocks` devuelve el número total de bloques que gestiona el servidor de bloques.

El alumno debe utilizar *cuatro* servidores para construir un sistema de almacenamiento que define una partición distribuida entre los cuatro servidores de la forma que se muestra en la Tabla 7.1.

	servidor 0	servidor 1	servidor 2	servidor 3
b. físico 0	0	1	2	**P**
b. físico 1	3	4	**P**	5
b. físico 2	6	**P**	7	8
b. físico 3	**P**	9	10	11
b. físico 4	12	13	14	**P**
...	...	...	...	...

Tabla 7.1 Distribución de bloques en la partición RAID5

Esta partición distribuida tiene un comportamiento similar a un RAID5 sobre discos. Es muy importante entender cuál es la distribución de los bloques lógicos en los distintos nodos. Para empezar, los bloques que sirven los servidores de bloques los denominamos *bloques físicos*. Los bloques que sirve la biblioteca RAID5 a través de su interfaz se denominan *bloques lógicos*. Hay una correspondencia entre un bloque lógico y su bloque físico correspondiente. Como se puede ver en la tabla, cada elemento de la tabla representa el número de bloque lógico de la partición distribuida. Así, el bloque lógico 7 se corresponde con el bloque físico 0 del servidor 2. Por su parte, la paridad correspondiente a los bloques lógicos 3, 4 y 5 se encuentra en el bloque físico 1 del servidor 2.

El alumno debe utilizar cuatro servidores con la interfaz descrita anteriormente para construir sobre estos cuatro servidores un RAID5 con la distribución de bloques lógicos descrita anteriormente. Para ello debe implementar las dos siguientes funciones (cuya interfaz se encuentra en el archivo raid5.h, que se proporciona al alumno):

```
int raid5_read_block ( int block_no, char *data );

int raid5_write_block( int block_no, char *data );
```

La función raid5_read_block lee el bloque lógico con número block_no y lo almacena en el buffer data. La función raid5_write_block escribe un bloque lógico. Las funciones deben devolver 0 en caso de éxito y −1 en caso de error. Estas dos funciones deben gestionar el RAID5 y hacer frente de forma transparente a la caída de uno de los servidores.

Se proporciona al alumno un esqueleto de programa (test_raid5.c) que sirve para acceder al RAID5. Este programa permite leer y escribir bloques del RAID5 utilizando las funciones anteriores. El alumno debe modificar este programa para inicializar el RAID. Se recomienda que el alumno implemente en el archivo raid5.c una función denominada raid5_init, que se encargue de inicializar el RAID.

El alumno ha de programar la biblioteca *raid5*, así como el programa de prueba comentado anteriormente. El alumno ha de implementar además la funcionalidad de reconstrucción de la información de un servidor, supuesto que éste deja de funcionar y más tarde se rearranca.

La práctica ha de probarse suficientemente, eligiendo diferentes servidores de bloques a la hora de simular la caída matando el proceso.

7.5.4 Código fuente de apoyo

Para facilitar la realización de la práctica se dispone en la página Web del libro del archivo practica-7.5.zip, que contiene código fuente de apoyo. Al extraer su contenido se crea el directorio practica-7.5 donde se debe desarrollar la práctica. Dentro de este directorio se encuentran los siguientes archivos:

- Makefile: archivo fuente para la herramienta **make**. NO debe ser modificado. Con él se consigue la recompilación automática de los archivos fuente cuando se modifique. Basta con ejecutar el mandato make para que el programa se compile de forma automática.
- block_server: ejecutable de un servidor.
- block_server.x: archivo con la interfaz de un servidor.
- raid5.h: archivo de cabecera con la interfaz de la biblioteca *raid5* descrita anteriormente.
  Este archivo puede modificarse si se considera necesario.
- raid5.c: archivo fuente donde se implementará la biblioteca *raid5* descrita en el enunciado.
  Este archivo SÍ debe ser modificado y será parte de la documentación a entregar.
- test_raid5.c: archivo que permite al alumno probar las funciones que acceden al RAID5. Este archivo debe modificarse para iniciar el RAID5.
- rebuild.c: archivo que contiene la funcionalidad para reconstruir la información de un servidor, supuesto que había fallado y se recupera.

7.5.5 Recomendaciones generales

Es importante entender las bases del sistema: RPC y RAID5. Para el cálculo de la paridad es necesario emplear el operador binario de C que permite calcular el XOR (^) entre dos valores. Conviene que el alumno implemente una función con prototipo similar al siguiente:

```
void calcularParidad(char *datos1, char *datos2, char *paridad, int longitud);
```

que se encargará de calcular la paridad de dos bloques de datos (datos1 y datos2) y dejar el resultado en el bloque paridad. La longitud de los distintos bloques vendrá dada por el último parámetro (longitud).

Es importante que el alumno tenga en cuenta qué ocurre cuando un servidor falla y se pierde la conexión con él. En este caso se genera una señal que deberá ser tratada.

7.5.6 Entrega de documentación

El alumno debe entregar los siguientes archivos:

- memoria.txt: memoria de la práctica.
- raid5.c y raid5.h: código fuente en C con la biblioteca que implementa la funcionalidad pedida.
- test_raid5.c: código fuente en C con el programa de prueba.

7.5.7 Bibliografía

- J. L. Antonakos, K. C. Mansfiled Jr., *Programación Estructurada en C*, Prentice-Hall, 1997.

- F. García, J. Carretero, J. Fernández y A. Calderón, *El lenguaje de programación C: diseño e implementación de programas*, Prentice-Hall, 2002

- P. Jalote, *Fault Tolerance in Distributed Systems*, Prentice Hall, 1994.

7.6 Práctica: Exclusión mutua utilizando un anillo con paso de testigo

7.6.1 Objetivos de la práctica

El objetivo de esta práctica es mostrar al alumno la forma de ofrecer un servicio de sincronización que permite a los procesos de un aplicación distribuida acceder en exclusión mutua a un determinado recurso compartido. El método elegido es la configuración de los procesos de la aplicación como un anillo y la utilización de un mecanismo basado en el paso de un testigo.

- NIVEL: Avanzado
- HORAS ESTIMADAS: 16

7.6.2 Exclusión mutua basada en paso de testigo

Una forma de asegurar la exclusión mutua en una aplicación distribuida consiste en organizar los procesos de la aplicación como un anillo lógico, tal y como se muestra en la Figura 7.4. Por el anillo va circulando un testigo. Cuando un proceso desea entrar en la sección crítica, debe esperar a estar en posesión del testigo. Mientras el testigo no llegue a ese proceso, éste no podrá pasar a ejecutar dentro de la sección crítica. Cada vez que el testigo llega a un proceso, se comprueba si el proceso desea entrar en la sección crítica. En caso de no querer entrar, envía el testigo al siguiente proceso del anillo. En caso contrario no reenvía el testigo y pasa a ejecutar dentro de la sección crítica. El testigo permanece en el proceso hasta que abandone la sección crítica. Una vez abandonada la sección crítica se envía el testigo al siguiente proceso, dándole la oportunidad de entrar en la sección crítica.

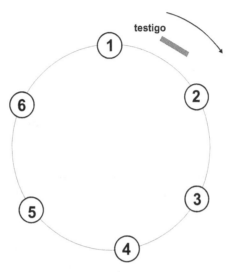

Figura 7.4 Sincronización en el acceso a un recurso compartido utilizando un anillo con paso de testigo

El proceso descrito asegura la exclusión mutua en el acceso a un determinado recurso compartido, puesto que sólo aquel proceso que esté en posesión del testigo podrá acceder al recurso.

7.6.3 Descripción de la funcionalidad que debe desarrollar el alumno

Se desea ofrecer un mecanismo de exclusión mutua que organice los procesos de una aplicación distribuida en forma de anillo. La descripción de la funcionalidad a desarrollar se explicará utilizando como ejemplo la aplicación distribuida de la Figura 7.5. En esta figura se muestran cuatro procesos (P0, P1, P2 y P3) que se van a configurar como un anillo. Para ejecutar estos cuatro procesos (bien en la misma máquina o bien en máquinas distintas) se deben ejecutar los siguientes mandatos:

```
anillo 0 m0 p0 m1 p1 m2 p2 m3 p3
anillo 1 m0 p0 m1 p1 m2 p2 m3 p3
anillo 2 m0 p0 m1 p1 m2 p2 m3 p3
anillo 3 m0 p0 m1 p1 m2 p2 m3 p3
```

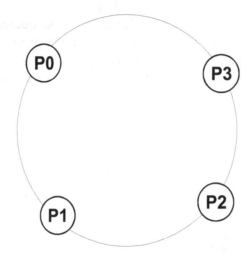

Figura 7.5 Ejemplo de aplicación configura en un anillo

Cada proceso (el nombre del ejecutable es `anillo`) recibe como segundo argumento en la línea de mandatos un número entero que lo identifica dentro del anillo. A continuación, se pasan los nombres de las máquinas y los puertos donde van a ejecutar cada uno de estos procesos. Así por ejemplo, el proceso P0 tiene como identificador 0, ejecutará en la máquina `m1` y utilizará como número de puerto `p1`; el proceso P2 ejecutará en la máquina `m2` y utilizará el puerto `p2`. Hay que asegurarse que cada proceso se ejecuta en la máquina correspondiente. Todos pueden ejecutarse en la misma máquina, siempre que se utilicen números de puerto distintos.

Cada uno de estos procesos debe ser capaz de utilizar las siguientes primitivas a desarrollar por el alumno:

```
mutex_init(int argc, char **argv);
mutex_lock(void);
mutex_unlock(void);
```

La función `mutex_init` es la encargada de inicializar el anillo tal y como se muestra en la Figura 7.6. Para conectar los procesos se utilizarán sockets *stream*. Observe que la función anterior crear un proceso ligero en cada proceso que será el encargado de hacer circular el testigo a través del anillo. Se puede elegir al proceso con identificador 0, como el proceso que inserta el testigo inicialmente en el anillo. El testigo puede ser un simple byte. Para que el anillo quede correctamente configurado, todos los procesos de la aplicación deben ejecutar la función `mutex_init`. El objetivo del proceso ligero creado en esta función es recircular el testigo a través del anillo, es decir, debe estar en un bucle infinito similar al que se muestra a continuación:

```
while(1)
{
    leer el testigo del proceso anterior;
    enviar el testigo al proceso siguiente;
}
```

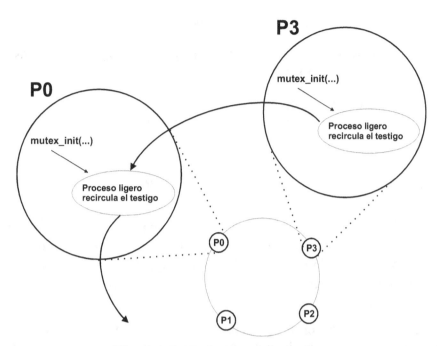

Figura 7.6 Primitiva mutex_init

Una vez creado el proceso ligero, se deberán utilizar los servicios `accept` y `connect` para conectar de forma lógica a todos los procesos del anillo. La formación del anillo se puede realizar a partir de los parámetros `argc` y `argv` que acepta la función `main` y que se deben pasar a la función `mutex_init`.

La función `mutex_lock` se utiliza para acceder en exclusión mutua a un determinado recurso. El código de esta función se debe sincronizar con el proceso ligero que se encarga de recircular el testigo a través del anillo. La función `mutex_lock` bloqueará al proceso que ejecuta la llamada hasta que el testigo llegue al proceso ligero que se encarga de recircular el testigo.

Cuando el proceso ligero recibe el testigo, comprueba si se ha ejecutado dentro del proceso la función `mutex_lock`. Si es así, no envía el testigo el siguiente proceso del anillo y despierta al proceso suspendido en la llamada `mutex_lock` permitiendo que continúe con su ejecución. El proceso ligero se bloqueará a continuación hasta que se ejecute la función `mutex_unlock`. La función `mutex_unlock` se utiliza para liberar el acceso al recurso compartido, el código de esta función tiene que ser capaz de despertar al proceso ligero de forma que éste vuelva a insertar el testigo en el anillo.

7.6.4 Recomendaciones generales

Para sincronizar el código de las funciones `mutex_lock` y `mutex_unlock` con el código del proceso ligero que se encarga de recircular el testigo a través del anillo se pueden utilizar mutex y variables condicionales como las descritas en el Capítulo 4.

7.6.5 Entrega de documentación

El alumno debe entregar los siguientes archivos:
- `memoria.txt`: memoria de la práctica.
- `anillo.c`: código fuente con el código del programa.

7.6.6 Bibliografía

- J. Carretero, F. García, P. de Miguel, F. Costoya. *Sistemas Operativos: una visión aplicada*. McGraw-Hill, 2007.

- F. García, J. Carretero, J. Fernández y A. Calderón, *El lenguaje de programación C: diseño e implementación de programas*, Prentice-Hall, 2002

7.7 Práctica: Diseño de servicios con y sin estado: Servicio RDIR

El objetivo principal es que el lector pueda ver de una forma aplicada la diferencia que existe, a la hora de diseñar un servidor, entre usar un modelo de servicio con estado frente a utilizar uno sin estado. Por tanto, como fruto del desarrollo de este ejercicio, el lector debe poder llegar a constatar de forma práctica las principales ventajas de cada modelo de servicio alternativo, que, entre otras, son las siguientes:

- Tamaño de los mensajes: el servicio con estado conlleva mensajes más cortos, aunque el servicio sin estado puede implicar protocolos con menos mensajes.
- Eficiencia del servicio: el servicio con estado suele ser más eficiente ya que la existencia de estado agiliza el tratamiento de las peticiones.
- Gasto de recursos en el servidor: el servicio con estado conlleva un mayor gasto de recursos en el servidor para, precisamente, almacenar ese estado.
- Tolerancia a fallos: el servicio sin estado proporciona mejor tolerancia a fallos. Una vez programadas las dos versiones del servicio, el lector puede constatar este hecho de forma práctica rearrancando el servidor mientras que se está proporcionando un servicio, sin que éste se vea afectado.

Asimismo, dado que en las distintas versiones de la práctica, la comunicación se realizará mediante distintos mecanismos de comunicación, sockets y RPC, el lector podrá percibir qué diferencias existen cuando se trabaja en distintos niveles de abstracción.

7.7.1 Descripción general del servicio

Se pretende ofrecer a las aplicaciones un conjunto de servicios que permitan acceder a un directorio remoto. Estas funciones van a ser similares a las funciones estándar POSIX para acceso a los directorios (`opendir`, `readdir` y `closedir`). Los prototipos de las funciones que hay que implementar son los siguientes (fichero `dirops.h`):

```
typedef void RDIR;

RDIR *r_opendir(char *dirname);

char *r_readdir(RDIR *dir);

int r_closedir(RDIR *dir);
```

Como se puede observar, los prototipos son como los definidos en POSIX, excepto en 2 aspectos:

- La función `r_readdir` que, por simplicidad, devuelve directamente el nombre de la entrada correspondiente del directorio, en vez de una estructura más compleja (`struct dirent`) como ocurre con la función POSIX. Devolverá un valor nulo cuando no queden más entradas en el directorio o se produzca un error.
- La función `r_opendir` devuelve un puntero a un valor de un tipo denominado `RDIR`, en vez de ser del tipo `DIR` como ocurre en POSIX. Este tipo `RDIR` está definido como un tipo genérico (`void`), para ocultar a la aplicación la estructura interna del tipo y permitir que la definición sea válida para ambas versiones del protocolo (con estado y sin estado).

Por lo demás, estas funciones tienen el mismo comportamiento que las de POSIX.

7.7.2 Arquitectura del servicio

La práctica consiste en programar tres versiones del servicio de acceso remoto a un directorio que se acaba de describir:

- La primera versión corresponde con un servicio con estado programado usando sockets *stream* (directorio `con_estado_sockets`).
- La segunda versión corresponde con un servicio sin estado programado usando sockets *stream* (directorio `sin_estado_sockets`).
- La tercera versión corresponde con un servicio sin estado programado usando RPC (directorio `sin_estado_RPC`).

Con independencia de qué versión se trate, el servicio distribuido estará organizado en los siguientes componentes:

- En el cliente (subdirectorio `cliente` de cada versión):
  - Aplicación `rls`. Este programa deber producir un listado de un conjunto de directorios remotos especificados como argumentos (fichero `rls.c`). Nótese que, para probar la tolerancia a fallos de cada versión del servicio, esta aplicación incluye una llamada a `getchar` después de cada lectura de una entrada del directorio. Para probar la tolerancia a fallos, estando la aplicación parada en el `getchar`, se probará a matar y rearrancar el servidor. Cuando se reanude la aplicación al teclear el carácter, el comportamiento deberá ser diferente para cada versión: en la versión con estado se producirá un error, mientras que en la versión sin estado el servicio debe continuar correctamente. Adicionalmente, se debe implementar otra aplicación (`rls_mix`), similar a la anterior, pero que realiza de forma entrelazada el listado de los directorios especificados como argumentos (o sea, primero lee la primera entrada del primer directorio, luego la primera entrada del segundo, y así sucesivamente).
  - Biblioteca de servicio. Esta biblioteca, que debe desarrollar el lector, hace uso de los servicios proporcionados por el servidor adaptándolos a los requisitos de la interfaz que se le proporciona a la aplicación. Se corresponde con el fichero `dirops.c` presente en los directorios de cliente de todas las versiones.

- En el servidor (subdirectorio `servidor` de cada versión):
  - o Código de servicio. Implementación del servicio (fichero `rdird.c`).

7.7.3 Aspectos generales sobre las comunicaciones usadas en la práctica

En las tres versiones de la práctica se usará una comunicación de tipo TCP por su mayor fiabilidad. En el caso de las versiones basadas en sockets, se tratará, por tanto, de sockets *stream*, mientras que en el caso de la versión basada en RPC, se usará RPC sobre TCP.

La conexión TCP presenta un problema en lo que se refiere a su uso para esta práctica. Se trata de un tipo de comunicación inherentemente con estado. Por tanto, aunque se desarrolle en el nivel de aplicación un servicio sin estado (como ocurre con la segunda y tercera versión de la práctica), que teóricamente permite que el cliente pueda seguir obteniendo servicio de un servidor después de que éste se caiga y vuelva a arrancar, el nivel de comunicaciones TCP no lo permitirá ya que se habrá perdido la conexión con el servidor. Ante esta situación, se plantean dos soluciones de cara a la práctica:

- Usar una conexión por cada servicio (de manera similar a lo que hace el protocolo HTTP/1.0) en vez de por cada cliente. Nótese que en el caso de la versión con RPC esto implica una llamada a `clnt_create` (y posteriormente a `clnt_destroy`) por cada petición. Esta solución es sencilla pero algo ineficiente por la gran cantidad de conexiones que genera.

- Mantener una única conexión por cliente, pero, si el cliente detecta un error de comunicación con el servidor (ya sea al enviarle información o al recibirla), el cliente volverá a intentar conectar con el servidor en ese momento (en el caso de RPC, realizará una llamada a `clnt_create`) y, en caso de éxito (que significaría que el cliente se ha podido reconectar con una nueva activación del servidor), volvería a mandar la petición en curso. Nótese que, dado el carácter idempotente del servicio, no habría problemas incluso aunque al servidor le hubiera dado tiempo a procesar la petición previa antes de caerse.

Con respecto al posible carácter heterogéneo de las máquinas, recuérdese que el mecanismo de RPC lo maneja de forma transparente, pero no es así en el caso de los sockets. En la versiones basadas en sockets se deben usar las funciones de transformación (`htonl`, `ntohl`, `htons` y `ntohs`) para solventar estos problemas.

Otro aspecto importante que afecta a las tres versiones de la práctica es el del direccionamiento del servidor: de qué manera el cliente puede localizar al servidor. A continuación, se analiza este aspecto para los dos tipos de comunicación utilizados.

Direccionamiento con sockets

El servidor recibirá como argumento el número de puerto por el que recibirá las peticiones. En cuanto al cliente, la biblioteca de servicio (fichero `dirops.c`) debe encargarse de obtener de las variables de entorno `SERVIDOR` y `PUERTO` el nombre de la máquina donde ejecuta el servidor y el puerto por el que está escuchando, respectivamente.

Direccionamiento con RPC

Dado que se trata de un servicio basado en las RPC de Sun, es necesario asignar un número de programa a este servicio. Siguiendo las recomendaciones de Sun, deberán usarse números mayores que 2 elevado a la 29, al tratarse de programas desarrollados por usuarios.

Por otro lado, para que el cliente pueda conocer en qué máquina está ejecutando el servidor, antes de ejecutar el cliente, se deberá definir la variable de entorno `SERVIDOR` con el nombre de la máquina donde ejecuta el servidor. La biblioteca de servicio (fichero `dirops.c`) debe encargarse de leer esta variable.

7.7.4 Desarrollo del servicio con estado basado en sockets

En primer lugar, hay que resaltar que debe desarrollarse un servicio concurrente: el servidor debe poder atender a nuevas peticiones mientras se está procesando una petición. Por tanto, debe realizarse un servidor con múltiples flujos de ejecución (*threads* o procesos convencionales).

En general, el desarrollo de un servicio con estado es más sencillo, ya que, básicamente, sólo hace falta que el servidor proporcione unos servicios prácticamente iguales a la interfaz que se le proporciona a la aplicación de usuario. O sea, el servidor ofrecerá un servicio para abrir el directorio, otro para leer una entrada y un tercer servicio que permita cerrar el directorio. Para ello, usará directamente las funciones POSIX para acceso a los directorios (`opendir`, `readdir` y `closedir`).

Se puede decir, por tanto, que el software que se desarrolla permite "conectar" las llamadas de la aplicación con los servicios del sistema operativo remoto.

Para construir una arquitectura cliente-servidor, como la que se plantea en esta práctica, usando un mecanismo de comunicación de paso de mensajes, como son los sockets, es necesario establecer qué información viajará entre el cliente y el servidor y viceversa. Deberá, por tanto, asignarse algún tipo de identificador a cada uno de los servicios proporcionados por el servidor, de manera que el cliente pueda especificarlo en sus peticiones, junto con los parámetros correspondientes a dicho servicio. Asimismo, deberá establecerse qué información viaja desde el servidor al cliente como resultado de cada servicio. Esta información debe ser compartida por el cliente y el servidor, para lo que, si es necesario, se usará el fichero de cabecera `rdir.h`.

Entre las múltiples posibilidades a la hora de implementar este servicio con estado, se deberá usar la que se explica a continuación. La estrategia es hacer que el valor devuelto por la rutina `r_opendir` sea directamente el que ha retornado la rutina `opendir` remota, eliminando la necesidad de gestionar algún tipo de descriptor. O sea, una solución en la que el puntero que devuelve la llamada `opendir` *viaje* como valor devuelto en el servicio de apertura del directorio y se devuelva directamente en la rutina `r_opendir`. Nótese que, dado que el cliente no realiza ninguna operación sobre ese valor, no deberá aplicársele ningún tipo de transformación sobre el mismo.

En las posteriores llamadas `r_readdir` y `r_closedir` la aplicación especificará *ciegamente* ese valor que *viajará* de vuelta en los mensajes correspondientes, de manera que el servidor pueda invocar correctamente las rutinas locales `readdir` y `closedir`.

En cualquier caso, el servidor no debe verse afectado por la recepción de valores incorrectos por parte de un cliente erróneo o malintencionado. Así, en el esquema que se debe usar para este servicio y que se acaba de describir, hay que asegurarse de que, aunque el cliente envíe un valor sin sentido como identificador del directorio en los mensajes asociados a `r_readdir` o `r_closedir`, el servidor no debe caerse y debe seguir proporcionando servicio. Téngase en cuenta que la llamada `readdir`, al menos en la implementación de Linux, ante un parámetro erróneo (es decir, que no corresponde a un valor devuelto por un opendir previo), no siempre devuelve un error, sino que puede producir directamente un *Segmentation fault*, con la consiguiente caída del servidor.

En último lugar, por si no ha quedado suficientemente claro, es conveniente resaltar en qué consiste el estado para este servicio que se va a implementar. Dado que en la solución propuesta, en principio, no hay que gestionar ninguna estructura en memoria dentro del servidor, puede parecer que no hay estado, pero no es así. Cada llamada a `opendir` "consume" un descriptor de fichero y memoria dinámica para almacenar el tipo `DIR`, que incluye entre otras cosas el descriptor de fichero y la posición de lectura actual dentro del directorio. Esos recursos sólo se liberan cuando se produce el `closedir` correspondiente.

Este estado, además de consumir recursos, proporciona un servicio sin tolerancia a fallos. Así, si el servidor muere y se rearranca, el servidor no podrá servir peticiones `readdir` y `closedir` correspondientes a directorios abiertos previamente ya que el directorio ya no está abierto y el parámetro que recibe ya no es significativo.

7.7.5 Desarrollo del servicio sin estado basado en sockets

En primer lugar, hay que resaltar que también en este caso debe desarrollarse un servicio concurrente.

En la versión sin estado las peticiones deben ser autocontenidas. Dado que se debe mantener la interfaz de servicio (el modelo de servicio no debe afectar a la aplicación), normalmente, se debe almacenar información en el cliente para lograr este carácter autocontenido. Así, debe ser el cliente el que se *acuerde* de en qué posición del directorio se quedó la última lectura del mismo.

Para implementar esta funcionalidad, puede optar por la solución que considere oportuna. En cualquier caso, a continuación, se proponen dos alternativas:

- El servidor puede usar las funciones `seekdir` y `telldir` para hacer que cada petición de lectura continúe por donde quedó la anterior. Nótese que, siendo estrictos, esta solución no es válida desde un punto de vista de POSIX, que especifica que el valor de `seekdir` puede no ser válido cuando se vuelve a abrir un directorio. Dado que en Linux sí que sigue siendo válido, se puede usar esta propuesta aunque no sea muy ortodoxa con respecto al estándar.
- Para leer la entrada *n-ésima*, se puede llamar *N* veces a `readdir` y quedarse con el último valor leído.

Asimismo, recuérdese que, aunque los mensajes de petición son más largos debido a su carácter autocontenido, normalmente disminuye el número de mensajes de protocolo. Así, en el caso de la práctica, no es necesario un mensaje para cerrar el directorio, ya que el directorio no permanecerá abierto entre las llamadas. Nótese que una de las *reglas de oro* del servicio sin estado es que el número de recursos usados en el servidor (gasto de memoria, ficheros abiertos, etc) debe permanecer constante entre peticiones: Si una función en el servidor realiza una llamada a `opendir`, deberá llamar a `closedir` antes de terminar.

El lector puede diseñar este servicio como considere oportuno, pero debe tener en cuenta los siguientes aspectos:

- Si el directorio especificado en `r_opendir` no existe o no es accesible, esta llamada debe generar un error.

- La biblioteca de servicio debe programarse suponiendo que la aplicación puede realizar múltiples llamadas a `r_opendir` (de hecho, así lo hace el programa `rls_mix`). Eso significa que dicha biblioteca debe almacenar información del estado de varios accesos simultáneos. Para evitar tener que gestionar una tabla que almacene estos estados, se recomienda reservar directamente en memoria dinámica la estructura que mantiene el estado.

- Compruebe que con este modelo de servicio, si se rearranca el servidor en mitad de un servicio, éste continuará sin verse afectado.

7.7.6 Desarrollo del servicio sin estado basado en RPC

En esta tercera versión, se plantea programar una funcionalidad similar a la versión previa, pero usando RPC en vez de sockets.

A continuación, se comentan los aspectos específicos en el desarrollo del servicio basado en RPC:

- Además de los mismos ficheros que hay en las otras versiones de la práctica (`dirops.c`, `dirops.h` y `rdird.c`), en este caso aparecen nuevos ficheros:
  - La especificación IDL del servicio que se almacenará en el fichero `rdir.x` del directorio `idl`.
  - En el cliente, los correspondientes al *stub* del cliente. Ficheros generados automáticamente por `rpcgen` (ficheros `rdir_clnt.c`, `rdir_xdr.c` y `rdir.h`).
  - En el servidor, los correspondientes al *stub* del servidor. Ficheros generados automáticamente por `rpcgen` (ficheros `rdir_svc.c`, `rdir_xdr.c` y `rdir.h`).
- Se debe usar el siguiente mandato para procesar el fichero IDL y generar los *stubs*: `rpcgen rdir.x`
- Para la implementación del servicio (`servidor/rdird.c`), se recomienda tomar como punto de partida la salida generada por el mandato: `rpcgen -Ss rdir.x`
- Para la implementación de la biblioteca de servicio (`cliente/dirops.c`), se recomienda tomar como punto de partida la salida generada por el mandato: `rpcgen -Sc rdir.x`

7.7.7 Entrega de documentación
El alumno debe entregar los siguientes archivos:

- `memoria.txt`: memoria de la práctica.
- `dirops.c`, `rls.c`, `rls_mix.c` y `rdir.c`: código fuente con el código del programa para cada una de las tres versiones.

7.7.8 Bibliografía

- J. Carretero, F. García, P. de Miguel, F. Costoya. Sistemas Operativos: una visión aplicada. McGraw-Hill, 2007.

- F. García, J. Carretero, J. Fernández y A. Calderón, *El lenguaje de programación C: diseño e implementación de programas*, Prentice-Hall, 2002
- M. Kerrisk. *The Linux Programming Interface.* No Starch Press, 2010.

8. Programación con lenguajes de scripts

A lo largo del libro se han propuesto varias prácticas en las que ha habido que desarrollar scripts que resolviesen un determinado problema. En esta sección se presentan algunos conceptos generales sobre el intérprete de mandatos de UNIX, denominado shell, *centrándose en los mecanismos de este intérprete más relacionados con el desarrollo de archivos de mandatos (*shell scripts*). Es conveniente resaltar, por tanto, que el objetivo de esta sección no es proporcionar un manual de usuario, lo cual el lector puede encontrar fácilmente en las referencias bibliográficas recomendadas en el libro.*

8.1 El shell de UNIX

El intérprete de mandatos de UNIX se denomina shell dado que, como una concha, envuelve al núcleo del sistema operativo ocultándolo al usuario. Puesto que el shell es un programa como otro cualquiera, a lo largo de la historia de UNIX ha habido muchos programadores que se han decidido a construir uno de acuerdo con sus preferencias personales. A continuación destacaremos aquéllos que han alcanzado mayor difusión:

- El shell de Bourne (`sh`). El shell original de UNIX. Se trata de un intérprete que ofrece al usuario una herramienta de programación poderosa. Su principal defecto es la falta de ayuda al usuario interactivo para facilitarle la labor de introducir mandatos. No incluye, al menos originalmente, facilidades para el control de trabajos.
- El C-shell (`csh`). Fue desarrollado en la universidad de Berkeley. Tiene una sintaxis que recuerda al lenguaje C. Incluye facilidades para el usuario interactivo y capacidad de control de trabajos. El `tcsh` es una versión mejorada del mismo con mayor funcionalidad para el usuario interactivo.
- El shell de Korn (`ksh`). Se desarrolló en AT&T. A diferencia del resto de los comentados en esta sección, no es de libre distribución. El diseño de este intérprete tomó como punto de partida el shell de Bourne añadiéndole muchas de las características del C-shell (y de otros sistemas operativos).
- El shell de GNU (`bash`: *Bourne-Again SHell*). Los planteamientos de diseño de este intérprete son similares a los del shell de Korn pero, obviamente, se trata de un programa de libre distribución que ha sido adoptado como el intérprete para Linux.

Dada la gran variedad de shells existente, la exposición se centrará, siempre que sea posible, en el **shell de Bourne** ya que es el que está disponible en todos los sistemas y dado que sus características son normalmente aplicables a todos los shells derivados del mismo (por ejemplo, ksh y bash). Además, la propuesta de shell especificada en el estándar POSIX 1003.2 está basada en la familia de shells derivados del sh. A continuación se presentan las características más relevantes de los shells de UNIX.

8.2 Estructura de los mandatos

Cada mandato es una secuencia de palabras separadas por espacios tal que la primera palabra es el nombre del mandato y las siguientes son sus argumentos. Así, por ejemplo, para borrar los archivos `arch1` y `arch2` se podría especificar el mandato siguiente:

```
rm arch1 arch2
```

Donde `rm` es el nombre del mandato y `arch1` y `arch2` sus argumentos.

Una vez leído el mandato, el shell iniciará su ejecución en el contexto de un nuevo proceso (*subshell*) y esperará la finalización del mismo antes de continuar (modo de ejecución *foreground*).

La ejecución de un mandato devuelve un valor que refleja el estado de terminación del mismo. Por convención, un valor distinto de 0 indica que ha ocurrido algún tipo de error (valor `falso`). Así, en el ejemplo anterior, si alguno de los archivos especificados no existe, `rm` devolverá un valor distinto de 0. Como se verá más adelante, este valor puede ser consultado por el usuario o por posteriores mandatos.

Si una línea contiene el carácter #, esto indicará que el resto de los caracteres de la misma que aparecen a partir de dicho carácter se considerarán un comentario y, por lo tanto, el shell los ignorará. Aunque se pueden usar comentarios cuando se trabaja en modo interactivo, su uso más frecuente es dentro de *shell scripts*.

8.3 Agrupamiento de mandatos

Los shells de UNIX permiten que el usuario introduzca varios mandatos en una línea existiendo, por lo tanto, otros caracteres, además del de fin de línea, que delimitan donde termina un mandato o que actúan de separadores entre dos mandatos. Esta posibilidad va a permitir que el usuario pueda expresar operaciones realmente complejas en una única línea. Cada tipo de carácter delimitador o separador tiene asociado un determinado comportamiento que afecta a la ejecución del mandato o de los mandatos correspondientes. El valor devuelto por una lista será el del último mandato ejecutado (excepto en el caso de una lista asíncrona que devuelve siempre un 0). Dependiendo del delimitador o separador utilizado se pueden construir los siguientes tipos de listas de mandatos:

- Lista con tuberías (carácter separador)
- Lista O-lógico (carácter separador)
- Lista Y-lógico (carácter separador)
- Lista secuencial (carácter delimitador)
- Lista asíncrona (carácter delimitador)

8.3.1 Lista con tuberías (*pipes*)

Se ejecutan de forma concurrente los mandatos incluidos en la lista de tal forma que la salida estándar de cada mandato queda conectada a la entrada estándar del siguiente en la lista mediante un mecanismo denominado tubería (*pipe*). En el apartado dedicado a las redirecciones se profundizará más sobre el concepto de entrada y salida estándar. La ejecución de la lista terminará cuando terminen todos los mandatos incluidos en la misma (algunos shells relajan esta condición terminando la lista cuando finaliza el mandato que aparece más a la derecha). El siguiente ejemplo muestra una línea de mandatos que imprime (mandato `lpr`) en orden alfabético (mandato `sort`) aquellas líneas que, estando entre las 10 primeras del archivo `carta` (mandato `head`), contengan la cadena de caracteres `Juan` (mandato `grep`).

```
head -10 carta | grep Juan | sort | lpr
```

8.3.2 Lista O-lógico (OR)

Se ejecutan de forma secuencial (de izquierda a derecha) los mandatos incluidos en la lista hasta que uno de ellos devuelva un valor igual a 0 (por convención, `verdadero`). El siguiente ejemplo imprime el archivo sólo si no es un directorio (mandato `test` con la opción `-d`).

```
test -d archivo || lpr archivo
```

8.3.3 Lista Y-lógico (AND)

Se ejecutan de forma secuencial (de izquierda a derecha) los mandatos incluidos en la lista hasta que uno de ellos devuelva un valor distinto de 0 (por convención, `falso`). El siguiente ejemplo imprime el archivo sólo si se trata de un archivo ordinario (mandato `test` con la opción `-f`).

```
test -f archivo && lpr archivo
```

8.3.4 Lista secuencial

Se ejecutan de forma secuencial (de izquierda a derecha) todos los mandatos incluidos en la lista. El resultado es el mismo que si cada mandato se hubiera escrito en una línea diferente. La siguiente línea intercambia el nombre de dos archivos usando repetidamente el mandato `mv`.

```
mv arch1 aux; mv arch2 arch1; mv aux arch1
```

8.3.5 Lista asíncrona (background)

Se inicia la ejecución de cada mandato de la lista, pero el shell no se queda esperando su finalización sino que una vez arrancados continúa con su labor (modo de ejecución *background*). Así, por ejemplo, si se quiere poder seguir trabajando con el shell mientras se compilan (mandato `cc`) dos programas muy largos, se puede especificar la siguiente línea:

```
cc programa_muy_largo_1.c & cc programa_muy_largo_2.c &
```

Los diversos tipos de listas se pueden mezclar para crear líneas más complejas. Cada tipo de delimitador o separador tiene asociado un orden de precedencia que determina cómo interpretará el shell una línea que mezcle distintos tipos de listas. En el caso de la misma precedencia, el análisis de la línea se hace de izquierda a derecha. El orden de precedencia, de mayor a menor, es el siguiente:

- Listas con tuberías
- Listas Y y O (misma preferencia)
- Lista asíncronas y secuenciales (misma preferencia)

Asimismo, existe la posibilidad de agrupar mandatos para alterar las relaciones de precedencia entre los separadores y delimitadores. De manera similar a lo que sucede con las expresiones aritméticas, se usan paréntesis o llaves. Hay algunas diferencias entre el uso de estos símbolos:

- `(lista)`: Los mandatos de la lista no los ejecuta el shell que los leyó sino que se arranca un subshell para ello. Como se verá más adelante esto tiene repercusiones en el uso de variables y mandatos internos.
- `{ lista;}`: Los mandatos de la lista los ejecuta el shell que los leyó. La principal desventaja de esta construcción es que su sintaxis es algo irritante (nótese el espacio que aparece antes de la lista y el punto y coma que hay después).

En el siguiente ejemplo, se muestra el uso combinado de varios tipo de listas. La línea que aparece a continuación imprime dentro de una hora (mandato `sleep`), en orden alfabético, de entre las primeras 100 líneas de `arc` las que contengan la palabra `Figura`, comprobando antes si `arc` es accesible (mandato `test` con la opción `-r`):

```
(sleep 3600; test -r arc && head -100 arc | grep Figura | sort | lp)&
```

Nótese la necesidad de usar paréntesis para lograr que la ejecución de toda la línea se haga de forma asíncrona, esto es, que el shell quede inmediatamente listo para atender más peticiones. Si no se usarán los paréntesis (o llaves), el shell se quedaría bloqueado durante una hora ya que la ejecución en background sólo afectaría a los mandatos que están a la derecha del punto y coma.

Este ejemplo muestra la versatilidad de la interfaz de UNIX que permite combinar mandatos que llevan a cabo labores básicas para realizar operaciones complejas. Obsérvese que las listas de mandatos se consideran a su vez mandatos y que, por lo tanto, cuando a partir de este momento usemos el término mandato, nos estaremos refiriendo tanto a mandatos simples como a listas de mandatos, a no ser que se especifique lo contrario.

8.4 Mandatos compuestos y funciones

Como se comentó previamente, el shell es una herramienta de programación y como tal pone a disposición del usuario casi todos los mecanismos presentes en un lenguaje de programación convencional. Así, proporciona una serie de mandatos compuestos que permiten construir estructuras de ejecución condicionales y bucles. Asimismo, permite definir funciones que facilitan la modularidad de los programas de mandatos. En todas las contrucciones que se presentarán a continuación, el valor devuelto por las mismas será el del último mandato ejecutado.

8.4.1 El mandato condicional if

Esta construcción ejecutará un mandato o no dependiendo del estado de terminación de otro mandato que ha ejecutado previamente. Su sintaxis es la siguiente:

```
if lista1
then
    lista # si verdadero lista1
elif lista2
then
    lista # si falso lista1 y verdadero lista2
```

```
else

    lista # si falso lista1 y lista2

fi
```

Nótese que tanto la rama correspondiente al elif como la del else son opcionales. El siguiente ejemplo, similar al usado para las listas-Y, imprime el archivo sólo si se trata de un archivo ordinario. En caso contrario, muestra por la pantalla un mensaje de error (mandato `echo`).

```
if test -f archivo

then

    lpr archivo

else

    echo "Error: Se ha intentado imprimir un archivo no regular!"

fi
```

8.4.2 El mandato condicional case

Este mandato condicional compara la palabra especificada con los distintos patrones y ejecuta el mandato asociado al primer patrón que se corresponda con dicha palabra. La comparación entre la palabra y los distintos patrones seguirá las mismas reglas que se usan en la expansión de nombres de archivos que se verá más adelante. Su sintaxis es la siguiente:

```
case palabra in

    patrón1) lista1;;  # ejecutada si palabra encaja en patron1

    patrón2|patrón3) lista2;; # ejecutada si palabra encaja en
                             # patron2 o patron3

esac
```

En el apartado correspondiente a las funciones se mostrará un ejemplo del uso de esta construcción.

8.4.3 El bucle until

Esta construcción ejecutará un mandato hasta que la ejecución de otro mandato devuelva un valor igual a verdadero. Su sintaxis es la siguiente:

```
until lista1

do

    lista # ejecutada hasta que lista1 devuelva verdadero

done
```

El siguiente ejemplo ejecuta en background un bucle until que muestrea cada 5 segundos (mandato `sleep`) la llegada de un mensaje (mandato `mail`) en cuya cabecera aparezca la palabra URGENTE. Cuando se detecta, se escribe (mandato `printf`) un pitido y se termina el bucle.

```
until mail -H | grep URGENTE && printf '\a'
do
    sleep 5
done &
```

8.4.4 El bucle while

Esta construcción ejecutará un mandato mientras que la ejecución de otro mandato devuelva un valor igual a verdadero. Su sintaxis es la siguiente:

```
while lista1
do
    lista # ejecutada mientrar verdadero lista1
done
```

8.4.5 El bucle for

En cada iteración de este tipo de bucle se ejecutará el mandato especificado tomando la variable el valor de cada uno de los sucesivos elementos que aparecen en la lista de palabras. Su sintaxis es la siguiente:

```
for VAR in palabra1 ... palabran
do
    lista # en cada iteración VAR toma valor de sucesivas palabras
done
```

Si no aparece la palabra reservada `in` ni la secuencia de palabras, equivale a especificar la variable `$` que, como se verá en la sección dedicada a las variables, se corresponde con la lista de parámetros de un archivo de mandatos o una función. Así, el siguiente fragmento:

```
for VAR
do
    lista
done
```

Equivaldría a:

```
for VAR in $*
do
    lista # en cada iteración VAR toma el valor de un argumento
done
```

En el siguiente ejemplo se usa un bucle for para realizar una copia de seguridad (con la extensión .bak) de un conjunto de archivos.

```
for ARCHIVO in m1.c m2.c cap1.txt cap2.txt resumen.txt
do
    test -f $ARCHIVO && cp $ARCHIVO $ARCHIVO.bak
done
```

8.4.6 Funciones

La definición de una función permite asociar con un nombre especificado por el usuario un mandato (simple, lista de mandatos o mandato compuesto). La invocación de dicho nombre como si fuera un mandato simple producirá la ejecución del mandato asociado que recibirá los argumentos especificados. Más adelante, en el apartado dedicado a los parámetros, se tratará en detalle este tema. El valor devuelto por la función será el del último mandato ejecutado dentro de la misma (por legibilidad, se suele usar el mandato interno return para terminarla). La sintaxis para definir una función es la siguiente:

```
nombre_funcion() lista
```

Por motivos de legibilidad, se usan normalmente las llaves para delimitar el cuerpo de la función. Así, la estructura resulta similar a la del lenguaje C.

```
nombre_funcion()
{
    lista
}
```

En cuanto a la invocación de la función, como se comentó antes, se realiza utilizando el nombre de la misma como si fuera un mandato simple:

```
nombre_funcion arg1 arg2 ... argn
```

El siguiente ejemplo muestra una función que recibe como argumentos un conjunto de archivos y que, de forma similar al ejemplo anterior, realiza una copia de seguridad de cada uno de ellos. Nótese el uso del case para evitar sacar copias de seguridad de las propias copias (archivos con extensión `bak` o `BAK`). En dicha construcción se ha usado el patrón que, como se verá en la sección dedicada a la expansión de nombres de archivos, representa a cualquier cadena de cero o más caracteres.

```
copia_seguridad()
{
    for ARCHIVO
    do
        case $ARCHIVO in
            *.BAK|*.bak) ;;
            *) test -f $ARCHIVO && cp $ARCHIVO $ARCHIVO.bak;;
        esac
    done
}
```

La función se invocaría como si fuera un mandato simple, especificando los archivos de los que se quiere sacar una copia de seguridad:

```
copia_seguridad m1.c m2.c cap1.txt cap2.txt resumen.txt
```

8.5 Redirecciones

El shell permite al usuario redirigir la entrada y salida que producirá un mandato durante su ejecución. Con este mecanismo, el usuario puede invocar un mandato especificando, por ejemplo, que los datos que lea el programa los tome de un determinado archivo en vez del terminal. Normalmente, este mecanismo se usa para redirigir alguno de los tres descriptores estándar.

La mayoría de los mandatos y, en general, de los programas de UNIX leen sus datos de entrada del terminal y escriben sus resultados y los posibles mensajes de error también en el terminal. Para simplificar el desarrollo de estos programas y permitir que puedan leer y escribir directamente en el terminal sin realizar ninguna operación previa (o sea, sin necesidad de realizar una llamada OPEN), los programas reciben por convención tres descriptores, normalmente asociados al terminal, ya preparados para su uso (esto es, para leer y escribir directamente en ellos):

- Entrada estándar (descriptor 0): De donde el programa puede leer sus datos.
- Salida estándar (descriptor 1): Donde el programa puede escribir sus resultados.
- Error estándar (descriptor 2): Donde el programa puede escribir los mensajes de error.

Anteriormente se presentó un primer tipo de redirección asociado a la lista con tuberías que permitía que la salida estándar de un mandato quedase conectada a la entrada estándar de otro. En este apartado nos centraremos en las redirecciones a archivos.

8.5.1 Redirección de salida

El usuario puede redirigir la salida estándar de un programa a un archivo usando el carácter `>` delante del nombre del archivo. En general, la expresión `n> arch` permite redirigir el descriptor de salida `n` al archivo `arch`. Con este tipo de redirección, si el archivo existe, su contenido inicial se pierde, esto es, el shell trunca el archivo a una longitud de cero antes de que se produzca la ejecución del mandato. Si lo que el usuario desea es que, en el caso de que el archivo exista, la salida producida por el mandato se concatene detrás del contenido inicial del archivo, deberá usar » (en general `n»` `arch`) para especificar la redirección.

Además de poder redirigir la salida a un archivo, el usuario puede especificar que la salida asociada a un determinado descriptor se redirija al mismo destino que tiene asociado otro descriptor. Así, la expresión `n>&m` indica que la salida asociada al descriptor `n` se redirige al mismo destino que corresponde al descriptor `m`. Si, por ejemplo, el usuario quiere que tanto la salida estándar como la salida de error de un mandato se redirijan a un archivo, puede usar la siguiente línea:

```
mandato > archivo 2>&1
```

8.5.2 Redirección de entrada

De manera similar a lo visto para la salida, el usuario puede redirigir la entrada estándar de un programa a un archivo usando el carácter < delante del nombre del archivo. En general, la expresión `n<` `arch` permite redirigir el descriptor de entrada `n` al archivo `arch`. Asimismo, el usuario puede especificar que la entrada asociada a un determinado descriptor se redirija a la misma fuente que tiene asociada otro descriptor. Así, por ejemplo, la expresión `n<&m` indica que la entrada asociada al descriptor `n` se redirige a la misma fuente que corresponde al descriptor `m`.

A continuación se muestra un ejemplo en el que se redirigen los tres descriptores del mandato `sort` para ordenar los datos contenidos en el archivo `entrada` dejando el resultado en el archivo `salida` y almacenando los posibles mensajes de error en el archivo `error`:

```
sort > salida < entrada 2> error
```

Otro tipo de redirección de entrada, usada principalmente en shell scripts, se corresponde con los denominados documentos `in-situ` (*here documents*). Con este mecanismo, el usuario especifica que la entrada estándar de un mandato se tomará de las líneas que siguen al propio mandato hasta que aparezca una línea que contenga únicamente una determinada palabra que especificó el usuario en la redirección. Dicho de manera informal, es como si el usuario pegará al mandato los datos que quiere que éste lea. Este tipo de redirección tiene la siguiente estructura:

```
mandato << marca_fin
linea de entrada 1
linea de entrada 2
.................
linea de entrada N
marca_fin
```

Las líneas que se tomarán como entrada del mandato sufrirán previamente las expansiones que realiza habitualmente el shell (ver la sección sobre la expansión de argumentos), a no ser que la palabra que aparece en la especificación de la redirección tenga algún carácter con *quoting* (este concepto se trata en el siguiente apartado).

8.6 Quoting

Algunos caracteres o palabras tienen un significado especial para el shell. Cuando al procesar una línea, el shell encuentra una de estas secuencias, en vez de pasársela directamente al mandato correspondiente, la procesa transformando la línea leída de acuerdo con las acciones asociadas a la misma. El mecanismo de *quoting* permite que el usuario especifique que el shell no procese un determinado carácter (o secuencia de caracteres), a pesar de que éste tenga un significado especial para el shell. Para ello usará a su vez un metacarácter de protección:

- Colocará el símbolo `backslash` delante del carácter que pretende proteger.

Encerrará entre comillas simples la secuencia de caracteres que pretende proteger.

- Encerrará entre comillas dobles la secuencia de caracteres que pretende proteger. En este caso la protección no es completa y permite que se realicen algunos tipos de procesamiento. Concretamente, no impide la expansión de variables y la sustitución de mandatos.

El siguiente ejemplo muestra como se pueden borrar los archivos `miotuyo` y `nombreraro`:

```
rm mio\;tuyo nombre';>'raro
```

Nótese que por comodidad el usuario normalmente aplicaría las comillas a todo el nombre del segundo archivo.

8.7 Expansión de argumentos

Ciertos caracteres tienen un significado especial para el shell y, siempre que aparecen sin proteger en una determinada línea, el shell llevará a cabo el procesado correspondiente transformando la línea original de acuerdo con la funcionalidad asociada a cada uno de ellos. El shell ejecutará la línea resultante del tratamiento como si la hubiese introducido de esta forma el usuario. A esta acción de procesar los metacaracteres presentes en un argumento la denominaremos expansión de argumentos y en esta sección trataremos los siguientes tipos de expansión: expansión de tilde, expansión de variables, sustitución de mandatos, expansión aritmética y expansión de nombres de archivos.

8.7.1 Expansión de tilde

El carácter tilde, no disponible en el Bourne shell pero sí en el resto de los comentados, se sustituye (se expande) por el nombre del directorio base (HOME) del usuario (o de otro usuario). Por ejemplo, el siguiente mandato muestra todos los archivos (mandato `ls`) contenidos en el subdirectorio `bin` del directorio base del usuario y en el subdirectorio `pub` del directorio base del usuario `jgarcia`.

```
ls ~/bin ~jgarcia/pub
```

8.7.2 Expansión de variables

Como es habitual en cualquier lenguaje de programación convencional, cada variable está identificada por un nombre y almacena un valor. Para obtener el valor de una variable debe especificarse el carácter $ delante de su nombre. Cuando ocurre esto en una línea, el shell lo sustituye por su valor asociado. Más adelante, en la sección que trata sobre los parámetros, se volverá a tratar este tema.

8.7.3 Sustitución de mandatos

Este mecanismo permite que el usuario especifique que en una línea se reemplace un determinado mandato por la salida que produce su ejecución. Para ello el mandato debe estar encerrado entre ` (o también dentro de la construcción $(mandato) en el caso del ksh y bash). Cuando el shell detecta esta construcción durante el tratamiento de una línea, ejecuta el mandato afectado por la misma y sustituye en la línea original el mandato por la salida que éste produce al ejecutarse. El siguiente ejemplo borra (mandato rm) los archivos que contengan la cadena de caracteres CADENA (el mandato grep con la opción -l imprime los nombres de los archivos que contengan la cadena especificada).

```
rm -f `grep -l CADENA arch1 arch2 arch3 arch4 arch5`
```

Suponiendo que arch2 y arch4 contienen dicha cadena de caracteres, la sustitución del mandato produciría la siguiente transformación:

```
rm -f arch2 arch4
```

8.7.4 Expansión aritmética

La mayoría de los shells, a excepción del de Bourne, poseen la capacidad de evaluar expresiones aritméticas. En el caso del ksh y bash la expresión debe estar incluida en la construcción $((expresión)). Cuando el shell detecta esta construcción durante el tratamiento de una línea, evalúa la expresión y la sustituye en la línea original por el resultado de la misma. El siguiente ejemplo muestra el uso combinado de la sustitución de mandatos y de la expansión aritmética para mostrar por la pantalla la primera mitad de las líneas del archivo archivo (el mandato wc -l cuenta el número de líneas de un archivo).

```
head -$((`wc -l < archivo` / 2)) archivo
```

Suponiendo que archivo tiene 16 líneas la sustitución del mandato produciría la siguiente transformación:

```
head -$((16 / 2)) archivo
```

Y la expansión aritmética tendría como resultado:

```
head -8 archivo
```

Como se comentó previamente el shell de Bourne no incluye esta facilidades por lo que hay que recurrir al mandato `expr` para realizar operaciones aritméticas. El ejemplo anterior habría que reescribirlo de la siguiente forma:

```
head -`expr \`wc -l < archivo\` / 2` archivo
```

8.7.5 Expansión de nombres de archivos

El shell facilita la labor de especificar un nombre de archivo proporcionando al usuario un conjunto de caracteres que actúan como comodines (*wildcards*). Cuando el shell encuentra uno de estos caracteres en una palabra, considera que se trata de un patrón de búsqueda y sustituye la palabra original por todos los nombres de archivo que encajan en ese patrón. En este tipo de expansión están involucrados los siguientes metacaracteres:

- El carácter representa a cualquier cadena de cero o más caracteres dentro del nombre de un archivo.
- El carácter ? se corresponde con un único carácter sea éste cuál sea.
- Una secuencia de caracteres encerrada entre llaves cuadradas se corresponde con único carácter de los especificados, presentándose las siguientes excepciones:
  - o Si el primer carácter de la secuencia es !, se corresponde con cualquier carácter excepto los especificados.
  - o Si aparece un - entre dos caracteres de la secuencia, se corresponde con cualquier carácter en el rango entre ambos.

El siguiente ejemplo borraría los archivos cuyo nombre comience y termine por A (incluido el archivo AA), aquéllos cuyo nombre empieza por la letra p seguida de otros cuatro caracteres cualquiera, los que tengan un nombre de dos caracteres ambos comprendidos entre la a y la z minúsculas y, por último, los archivos cuyo nombre tenga una longitud de al menos dos caracteres tal que el primer carácter sea 1 o 2 y el segundo no sea numérico.

```
rm -f A*A p???? [a-z][a-z] [12][!1-9]*
```

La siguiente línea invoca la función `copia_seguridad`, antes presentada, pasándole como argumentos todos los archivos del directorio actual de trabajo.

```
copia_seguridad *
```

8.8 Parámetros

Dado que el shell es una herramienta de programación, además de proporcionar los mecanismos para estructurar programas que se presentaron previamente, ofrece al usuario la posibilidad de utilizar variables, que en este entorno se las suele denominar de forma genérica como parámetros. Para obtener el valor almacenado en un parámetro se debe colocar un $ delante del nombre del mismo (o delante del nombre encerrado entre llaves). Hay tres tipos de parámetros: parámetros posicionales, parámetros especiales y variables propiamente dichas.

8.8.1 Parámetros posicionales

Se corresponden con los argumentos con los que se invoca un script o una función. Su identificador es un número que corresponde con su posición. Así, $1 será el valor del primer argumento, $2 el del segundo y, en general, $i se referirá al i-ésimo argumento. El usuario no puede modificar de forma individual un parámetro posicional, aunque puede reasignar todos con el mandato interno set. Después de ejecutar este mandato, los parámetros posicionales toman como valor los argumentos especificados en el propio mandato set.

8.8.2 Parámetros especiales

Se trata de parámetros mantenidos por el propio shell por lo que el usuario no puede modificar su valor. A continuación se muestran algunos de los más frecuentemente usados:

- 0: Nombre del script
- #: Número de parámetros posicionales
- : Lista de parámetros posicionales
- : Valor devuelto por el último mandato ejecutado
- $: Identificador de proceso del propio shell
- !: Identificador de proceso asociado al último mandato en background arrancado

8.8.3 Variables

Este tipo de parámetros se corresponden con el concepto clásico de variable presente en los lenguajes de programación convencionales, pero dada la relativa simplicidad de este entorno, la funcionalidad asociada a las variables es reducida. En primer lugar, las variables no se declaran, creándose cuando se les asigna una valor usando la construcción variable=valor (o con el mandato interno read). No existen diferentes tipos de datos: todas las variables son consideradas del tipo cadena de caracteres. Cuando se intenta acceder a una variable que no exista, no se producirá ningún error sino que simplemente el shell la expandirá como un valor nulo.

Otro aspecto importante relacionado con las variables es su posible exportación a los procesos creados por el propio shell durante la ejecución de los distintos mandatos. Por defecto, las variables no se exportan y, por lo tanto, los procesos creados no obtienen una copia de las mismas. Si el usuario requiere que una variable sea exportada a los procesos hijos del shell, debe especificarlo explícitamente mediante el mandato interno export. Nótese que, aunque una variable se exporte, las modificaciones que haga sobre ella el proceso hijo no afectan al padre ya que el hijo obtiene una copia de la misma.

El shell durante su fase de arranque crea una variable por cada una de las definiciones presentes en el entorno del proceso que ejecuta el shell. Estas variables se consideran exportadas de forma automática. Como ejemplo típico de este tipo de variables, podemos considerar la variable HOME, que contiene el nombre del directorio base del usuario, y la variable PATH, que representa la lista de directorios donde el shell busca los mandatos.

8.9 Shell scripts

El comportamiento del shell va a depender de los argumentos y opciones que se especifiquen en su invocación:

- Si recibe la opción `-i` o no se le especifican argumentos, el shell trabajará en modo interactivo, leyendo de su entrada estándar los mandatos que el usuario introduce.
- Si recibe la opción `-c cadena_de_caracteres`, el shell ejecutará únicamente los mandatos contenidos en `cadena_de_caracteres` y terminará.
- Si recibe como argumento el nombre de un archivo (shell script), el shell ejecutará los mandatos contenidos en el mismo.

En este apartado, nos centraremos en este último caso ya que, como se comentó al principio de la sección dedicada al shell de UNIX, esta exposición está centrada en los aspectos relacionados con la programación de scripts dejando a un lado las cuestiones asociadas al modo de trabajo interactivo.

La ejecución de un script, por lo tanto, se realiza de la siguiente manera:

```
sh script arg1 arg2 ... argn
```

Con lo que quedaría el parámetro `$0` con un valor igual a script, `$1` igual a `arg1` y así sucesivamente. El valor devuelto por el script será el del último mandato ejecutado (por legibilidad, se suele usar el mandato interno `exit` para terminarla).
Por motivos de comodidad para el usuario y para proporcionar una manera uniforme de invocar todos los programas en el sistema, los scripts también pueden arrancarse de la siguiente forma:

```
script arg1 arg2 ... argn
```

Evidentemente, esta segunda forma es ventajosa pero presenta el problema de cómo determinar qué shell quiere el usuario que se arranque para ejecutar el script (nótese que normalmente en un sistema UNIX hay varios shells disponibles). Va a ser la primera línea del script la que especifique qué intérprete se arrancará usándose la siguiente sintaxis:

```
#!interprete
```

Donde `interprete` debe especificar el nombre del archivo que contiene el ejecutable del intérprete. Así, si la primera línea del archivo `script` es la siguiente:

```
#!/bin/sh
```

Ejecutar la siguiente línea:

```
script arg1 arg2 ... argn
```

Equivaldría a lo siguiente:

```
/bin/sh arg1 arg2 ... argn
```

Nótese que se trata de un mecanismo genérico que permite especificar cualquier tipo de intérprete para procesar el archivo. Así, por ejemplo, el archivo podría contener mandatos de una determinada base de datos y el intérprete podría ser el programa de interfaz de la base de datos.

Existe una forma alternativa de ejecutar un script mediante el uso del mandato interno .. Cuando se invoca un script de esta forma, no se arranca un shell para ejecutar los mandatos contenidos en el mismo, sino que es el propio shell actual el que los lee y ejecuta. Esto hace que, a diferencia de lo que sucede cuando se ejecuta sin este mandato interno, tanto las funciones definidas en el script como las variables actualizadas afecten al shell actual una vez que finaliza la ejecución del script.

```
. script arg1 arg2 ... argn
```

A continuación se presentarán tres ejemplos de scripts cuyo estudio se deja al lector: El primero, denominado endir, comprueba si en un determinado directorio, especificado como primer argumento, están presentes una serie de archivos que se le pasan como los siguientes argumentos.

```
#!/bin/sh
# Este script determina si un archivo esta presente en un
# directorio.
#    - Primer argumento: el nombre de un directorio
#    - Argumentos restantes: los archivos que debe comprobarse
# Control de errores:
#    - Debe comprobarse que al menos se reciben dos argumentos.
#      Si no es asi se imprime un mensaje de error y termina
#      devolviendo un 1.
#    - Debe comprobarse que el primer argumento es un directorio.
#      Si no es asi se imprime un mensaje de error y termina
#         devolviendo un 2.
#    - Si alguno de los archivos recibidos como argumentos no existen
#      en el directorio o existiendo no son archivos regulares,
#      se imprime un mensaje de error y se continua
#      con el resto. Al final el script devolvera 3.
# NOTA: Este script solo tiene interes pedagogico. Esta no seria
#      la forma normal de hacer esta operacion
```

```
# Funcion que imprime un mensaje de error y termina. Recibe como
# parametro el valor que devolvera
Error()
{
    echo "Uso: `basename $0` directorio archivo ...">&2
    exit $1
}


# Si el numero de argumentos es menor que 2, llama a Error (valor=1)
test $# -lt 2 && Error 1


# Si el primer argumento no es un directorio, llama a Error (valor=2)
test -d $1 || Error 2


# Variable que mantiene el valor que devolvera el script
ESTADO=0


# Obtiene el nombre del directorio
DIRECTORIO=$1


# Desplaza los argumentos mediante el mandato interno shift:
# $2->$1, $3->$2, ...
shift


# Bucle que hace una iteracion por cada archivo recibido como
# argumento. En cada una, ARCHIVO contiene dicho argumento
for ARCHIVO
do
    # Si el nombre del archivo contiene informacion del path
    # (p.ej. /etc/passwd) la elimina (dejaria passwd)
    ARCHIVO=`basename $ARCHIVO`

    # Comprueba si existe un archivo regular con ese nombre
    if test -f $DIRECTORIO/$ARCHIVO
    then
```

```
        echo "$DIRECTORIO: $ARCHIVO"
    else
        echo "$DIRECTORIO: $ARCHIVO no existe o no es regular">&2
        ESTADO=3
    fi
done
exit $ESTADO
```

El segundo script, denominado `listdir`, muestra el contenido de un directorio.

```
#!/bin/sh
# Este script imprime el contenido de un directorio escribiendo un "/"
# al final de los nombres de los subdirectorios.
#       - Argumento: el nombre de un directorio
# Control de errores:
#       - Debe comprobarse que se recibe un solo argumento y que
#         este es un directorio.
#    Si no es asi se imprime un mensaje de error y termina
#         devolviendo un 1.


# NOTA: Este script solo tiene interes pedagogico. Esta no seria
#        la forma normal de hacer esta operacion


# Funcion que imprime un mensaje de error y termina.
Error()
{
        echo "Uso: `basename $0` directorio">&2
        exit 1
}


# Si el numero de argumentos no es 1 o el argumento no es un
# directorio, llama a Error
test $# -eq 1 && test -d $1 || Error


# Obtiene el nombre del directorio
```

```
DIRECTORIO=$1


# Bucle que hace una iteracion por cada archivo existente (*) en
# DIRECTORIO.
for ARCHIVO in $DIRECTORIO/*
do
        if test -d $ARCHIVO
        then
                echo "$ARCHIVO/"
        else
                echo "$ARCHIVO"
        fi
done
```

El tercer ejemplo, denominado elige1, escribe los argumentos que recibe y permite que el usuario elija uno de ellos tecleando el número que le corresponde.

```
#!/bin/sh
# Este script escribe por la pantalla sus argumentos y permite que
# el usuario seleccione interactivamente uno de ellos.
# El dialogo con el usuario esta asociado directamente al terminal
# (/dev/tty) de esta forma se asegura que, aunque se redirija
# el script, el dialogo sera con el terminal.


# Comprueba que al menos recibe un argumento
test $# -ge 1 || exit 1
# Bucle que imprime los argumentos recibidos
NUMERO=0
for i
do
   NUMERO=`expr $NUMERO + 1`
   echo "$i ($NUMERO)" > /dev/tty
done


ENTRADA=0
```

```
while test $ENTRADA -lt 1 || test $ENTRADA -gt $NUMERO
do
    echo -n "Elige introduciendo el numero correspondiente: ">/dev/tty
    read ENTRADA < /dev/tty
done


# imprime por la salida estandar el argumento seleccionado
shift `expr $ENTRADA - 1`
echo $1
```

8.10 Ejecución de un mandato

Una vez que el shell ha analizado la línea leída, llevado a cabo todas las expansiones y sustituciones anteriormente explicadas, identificado el o los mandatos simples implicados y realizadas las redirecciones, se realizaría la siguiente labor por cada mandato simple involucrado:

- Si el nombre del mandato coincide con el de una función, se invoca la función que recibirá los argumentos especificados como sus parámetros posicionales.
- Si no es una función pero se trata de un mandato interno, se invoca el mandato interno con los argumentos especificados.
- Si no es ni función ni mandato interno y el nombre no incluye ningún carácter /, se busca si existe un archivo ejecutable con ese nombre en alguno de los directorios almacenados en la variable PATH. Si es así, se arranca un proceso (una llamada FORK seguida por una llamada EXEC) para ejecutar el programa. El programa arrancado recibirá los argumentos especificados y como entorno todas las variables exportadas. En el caso de que el ejecutable sea un script, los argumentos los obtendrá como sus parámetros posicionales y el entorno como variables.
- En el caso de que el nombre contenga algún /, el shell comprobará si existe un archivo con ese nombre y es ejecutable. Si es así, se procede de la misma forma que en el caso anterior, arrancando un proceso (una llamada FORK seguida por una llamada EXEC) para ejecutarlo.

8.11 Mandatos de UNIX

La interfaz de usuario no consiste únicamente en el shell, sino también en un gran número de programas del sistema disponibles para el usuario. Nótese que al tratarse de un intérprete con mandatos externos, el shell es meramente un lanzador de programas y, por lo tanto, el sistema debe incluir una serie de mandatos para que el usuario pueda realizar las operaciones que desea. El estándar POSIX 1003.2, por consiguiente, no sólo trata de los aspectos relacionados con el shell, sino que también especifica qué mandatos deben existir y cuál debe ser su comportamiento. Hay que recordar en este punto que, a pesar del modelo de mandatos externos del shell, algunos mandatos se tienen que implementar como internos debido a que su efecto sólo puede lograrse si es el propio intérprete el que ejecuta el mandato. A grandes rasgos, los mandatos disponibles se pueden dividir en las siguientes categorías:

- Mandatos para manipular archivos y directorios
- Herramientas para el desarrollo de aplicaciones
- Filtros
- Administración del sistema
- Utilidades misceláneas

La mayoría de los mandatos son simples y realizan labores relativamente sencillas, pero están diseñados para poderse usar conjuntamente creando listas de mandatos que pueden llevar a cabo operaciones bastante complejas. Mención aparte merecen un tipo de mandatos a los que típicamente se les denomina filtros. Estos mandatos (como por ejemplo, `grep`, `sed`, `awk` o `sort`) leen unos datos de entrada, realizan un determinado procesamiento de los mismos (filtrado) y producen una salida. Este tipo de mandatos se usan muy frecuentemente para el desarrollo de shell scripts y, por lo tanto, los programadores de este entorno deben conocerlos a fondo.

En esta sección haremos una descripción muy breve (casi una mera enumeración) de algunos de los mandatos de uso más frecuente, tanto de los de carácter interno como de los externos. El lector se deberá remitir a las páginas correspondientes del manual o algunos de los libros incluidos en la bibliografía de la asignatura para obtener más información de los mismos.

8.12 Mandatos internos

El shell ejecuta directamente este tipo de mandatos, o sea, el propio shell incluye código para realizar la funcionalidad asociada a un mandato de este tipo sin tener que activar ningún programa externo. Como se ha comentado previamente, este tratamiento especial se debe al carácter intrínsecamente interno de estos mandatos. Sin embargo, algunos intérpretes, por motivos de eficiencia y frecuencia de uso, implementan como internos algunos mandatos que no necesitarían serlo. Así, por ejemplo, el mandato `echo`, que imprime por la salida estándar un mensaje, está implementado en muchos shells como interno a pesar de no requerirlo. A continuación, se presenta una lista de algunos de los mandatos internos más frecuentemente usados.

- `break`: Termina la ejecución de un bucle
- `cd`: Cambia el directorio de trabajo actual
- `continue`: Prosigue con la siguiente iteración de un bucle
- `echo`: Escribe sus argumentos por la salida estándar
- `eval`: Construye un mandato simple concatenando sus argumentos y hace que el shell lo ejecute
- `exec`: Reemplaza el shell por otro programa. Si no se especifica ningún programa, permite redirigir los descriptores del propio shell
- `exit`: Termina la ejecución del shell
- `export`: Establece que las variables especificadas se exportarán
- `pwd`: Imprime el directorio de trabajo actual
- `read`: Lee una línea de entrada estándar asignando a variables lo leído
- `readonly`: Establece que las variables especificadas no pueden modificarse
- `return`: Termina la ejecución de una función
- `set`: Establece valor de opciones y de parámetros posicionales
- `shift`: Desplaza a la izquierda parámetros posicionales (1, ...)
- `test`: Evalúa expresiones condicionales

- `trap`: Permite el manejo de señales
- `umask`: Establece la máscara de creación de archivos
- `unset`: Elimina una variable o función

8.13 Mandatos externos

Antes de pasar a enumerar algunos de los mandatos externos más frecuentemente usados, es preciso resaltar que algunos de estos mandatos son complejos, incluso más que el propio shell, y requieren un esfuerzo considerable para lograr conocerlos bien. Así, por ejemplo, el programa `make`, que facilita el proceso de actualización de programas, puede tener un tamaño mayor que algunos shells.

- `ar`: Construye y mantiene bibliotecas de archivos
- `awk`: Lenguaje de procesamiento y búsqueda de patrones
- `bc`: Calculadora programable
- `basename`: Imprime nombre de archivo eliminando información de directorio
- `cat`: Concatena e imprime archivos
- `cc`: Compilador del lenguaje C
- `chmod`: Cambia el modo de protección de un archivo
- `chown`: Cambia el propietario de un archivo
- `cmp`: compara dos archivos
- `comm`: Imprime las líneas comunes de dos archivos
- `cp`: Copia archivos
- `cut`: Extrae los campos seleccionados de cada línea de un archivo
- `date`: Imprime la fecha y la hora
- `dd`: Copia un archivo realizando conversiones
- `diff`: Imprime las diferencias entre dos archivos
- `dirname`: Complementario de basename ya que devuelve la información de directorio de un nombre de archivo
- `expr`: Evalúa sus argumentos como una expresión
- `false`: Devuelve un valor de falso
- `find`: Encuentra los archivos que cumplan una condición
- `grep`: Busca las líneas de un archivo que sigan un patrón
- `head`: Imprime las primeras líneas de un archivo
- `id`: Imprime la identidad de un usuario
- `kill`: Manda una señal a un proceso
- `ln`: Crea un enlace a un archivo
- `lpr`: Manda un archivo a la impresora
- `ls`: Lista el contenido de un directorio
- `make`: Mantiene, actualiza y regenera programas
- `man`: Manual del sistema
- `mkdir`: Crea un directorio
- `mkfifo`: Crea un FIFO
- `mv`: Mueve o renombra un archivo
- `od`: Muestra el contenido de un archivo en varios formatos

- `paste`: Combina varios archivos como columnas de un único archivo
- `pr`: Formatea un archivo para imprimirlo
- `printf`: Escribe con formato
- `ps`: Muestra el estado de los procesos del sistema
- `rm`: Borra un archivo
- `rmdir`: Borra un directorio
- `sed`: Editor no interactivo
- `sh`: Invoca el shell de Bourne
- `sleep`: Suspende la ejecución durante un intervalo de tiempo
- `sort`: Ordena un archivo
- `stty`: Fija las opciones de un terminal
- `tail`: Imprime las últimas líneas de un archivo
- `tee`: Copia la entrada estándar a la salida estándar y a un archivo
- `touch`: Cambia las fechas de acceso y modificación de un archivo
- `tr`: Traduce (convierte) caracteres
- `true`: Devuelve un valor de verdadero
- `tty`: Devuelve el nombre del terminal del usuario
- `uname`: Devuelve el nombre del sistema
- `uniq`: Elimina líneas adyacentes idénticas
- `wait`: Espera por la finalización de procesos
- `wc`: Cuenta el número de caracteres, palabras y líneas de un archivo

8.14 Práctica. Manejo de ficheros

Realizar un shell script (`ficheros.sh`) que permite realizar varias operaciones sobre ficheros y directorios, atendiendo a un número de operación que recibe como entrada.

- NIVEL: Intermedio
- HORAS ESTIMADAS: 6

8.14.1 Descripción de la práctica

Realizar un shell script (`ficheros.sh`) que permite realizar varias operaciones sobre ficheros y directorios, atendiendo a un número de operación que recibe como entrada.

- Operación 1: Pedir un nombre como parámetro. Si el nombre coincide con un nombre de directorio mostrará el nombre y el número de los ficheros vacíos que cuelgan directamente de ese directorio, si no es un nombre de directorio mostrará un mensaje de error.
- Operación 2: Pedir como parámetros una palabra y un nombre de fichero. Si el ficehro no existe dará error. Si existe debe añadir la palabra al principio y al final del fichero.
- Operación 3: Pedir como parámetros dos nombres de ficheros. Si alguno no existe dará un error. Si ambos existen, se concatenará el fichero 2 al final del fichero 1.
- Operación 4: Pedir como parámetro una extensión de archivo y listar todos los archivos del directorio con esa extensión.
- Operación 5: Pedir como parámetro un nombre de directorio y, si existe, comprimirlo. Si no existe se imprime un error.

8.14.2 Entrega de documentación

El alumno debe entregar los siguientes archivos:

- `memoria.txt`: memoria de la práctica.
- `ficheros.sh`: código fuente del Shell script que implementa la funcionalidad pedida.

8.14.3 Bibliografía

- F. García, J. Carretero, J. Fernández y A. Calderón, *El lenguaje de programación C: diseño e implementación de programas*, Prentice-Hall, 2002
- J. Garcés. Programación de shell scripts – LINUX. 2013. http://www.jgarces.info/programacion-de-shell-scripts-linux/
- J. Puga y G. Gómez. Programación Shell. Aprende A Programar Con Más De 100 Ejercicios Resueltos. RA-MA. 2012.

8.15 Práctica. Manejo de números.

El objetivo de esta práctica es realizar un shell script (`calculadora.sh`) que permite realizar operaciones con números, atendiendo a un número de operación que recibe como entrada.

- NIVEL: Introducción
- HORAS ESTIMADAS: 6

8.15.1 Descripción de la práctica

El objetivo de esta práctica es realizar un shell script (`calculadora.sh`) que permite realizar operaciones con números, atendiendo a un número de operación que recibe como entrada, para implementar unca claculadora con operaciones numéricas básicas. Las operaciones a implementar son las siguientes:

- Operación 1: Pedir un dos números como parámetro e imprimir por pantalla la suma de los mismos. Si algún parámetro no es un número se mostrará un mensaje de error.
- Operación 2: Pedir un dos números como parámetro e imprimir por pantalla la resta de los mismos. Si algún parámetro no es un número se mostrará un mensaje de error.
- Operación 3: Pedir un dos números como parámetro e imprimir por pantalla la multiplicación de los mismos. Si algún parámetro no es un número se mostrará un mensaje de error.
- Operación 4: Pedir un dos números como parámetro e imprimir por pantalla la división de los mismos. Si algún parámetro no es un número se mostrará un mensaje de error. Si el segundo parámetro es un cero, se indicará "División por cero".
- Operación 5: Pedir como parámetro una lista de números enteros y mostrar el máximo de todos ellos.
- Operación 6: Pedir como parámetro un número y calcular su factorial. Si el número es negativo, dar un error.

8.15.2 Entrega de documentación

El alumno debe entregar los siguientes archivos:

- `memoria.txt`: memoria de la práctica.

- `calculadora.sh`: código fuente del Shell script que implementa la funcionalidad pedida.

8.15.3 Bibliografía

- F. García, J. Carretero, J. Fernández y A. Calderón, *El lenguaje de programación C: diseño e implementación de programas*, Prentice-Hall, 2002
- J. Garcés. Programación de shell scripts – LINUX. 2013. http://www.jgarces.info/programacion-de-shell-scripts-linux/
- J. Puga y G. Gómez. Programación Shell. Aprende A Programar Con Más De 100 Ejercicios Resueltos. RA-MA. 2012.

8.16 Práctica. Gestión de listas.

El objetivo de esta práctica es trabajar con listas de números y caracteres.
- NIVEL: Introducción
- HORAS ESTIMADAS: 6

8.16.1 Descripción de la práctica

La práctica consiste en la ejecución de los dos scripts siguientes y explicar su resultado respondiendo a las preguntas adjuntas.

Script 1
Escribir y ejecutar el siguiente programa:

`./ejercicio1.sh`

```
#!/bin/bash
#Esta es la primera línea del script
VALOR=2
while [ 1 -le $VALOR ];
do
     echo "$VALOR"
     sleep $VALOR
     VALOR=`expr $VALOR + 1`
Done
```

Responda:

1. Describir el funcionamiento del programa.
2. ¿Para qué sirve la sentencia `while [ 1 -le $VALOR ];`?
3. ¿Qué ocurre si se cambia `-le` por `-gt`?
4. ¿Para qué se usa el símbolo $ en el programa? ¿y el símbolo #?

Script 2
Modificar este programa para que reciba la cadena a cambiar a través de un argumento que se le pase al programa `ejercicio2.sh`.

```
#!/bin/bash
echo "Introduce una cadena: "
read NOMBRE
LONGITUD=` echo $NOMBRE | wc -c `
while [ $LONGITUD -gt 0 ]
do
  NOMBRE2="$NOMBRE2"`echo $NOMBRE |cut -c$LONGITUD`
  LONGITUD=`expr $LONGITUD - 1`
done
echo "$NOMBRE2"
```

1. ¿Qué operación realiza el programa?
2. ¿Para qué sirve `wc -c`?¿Y `cut -c`?
3. Modifique el programa para que reciba la cadena a cambiar a través de un argumento que se le pase al programa.

8.16.2 Entrega de documentación

El alumno debe entregar los siguientes archivos:

- `memoria.txt`: memoria de la práctica incluyendo las respuestas a las preguntas realizadas.
- `ejercicio1.sh` y `ejercicio2.sh`: código fuente del Shell scripts que implementa la funcionalidad pedida.

8.16.3 Bibliografía

- F. García, J. Carretero, J. Fernández y A. Calderón, *El lenguaje de programación C: diseño e implementación de programas*, Prentice-Hall, 2002
- J. Garcés. Programación de shell scripts – LINUX. 2013. http://www.jgarces.info/programacion-de-shell-scripts-linux/
- J. Puga y G. Gómez. Programación Shell. Aprende A Programar Con Más De 100 Ejercicios Resueltos. RA-MA. 2012.

8.17 Práctica. Operaciones de filtro.

El objetivo de esta práctica es trabajar con números y expresiones regulares con ficheros.

- NIVEL: Introducción
- HORAS ESTIMADAS: 6

8.17.1 Descripción de la práctica

La práctica consiste en la ejecución de los dos scripts siguientes y explicar su resultado respondiendo a las preguntas adjuntas.

Script 1

Escribir y ejecutar el siguiente programa:

```
./ejercicio3.sh 1 2 3 4 5
```

```
#!/bin/bash

if [ $# -ne 5 ];
then
        echo "Error..."
        exit
fi

echo "Se ha introducido $@"
LISTADO="$@"

for I in $LISTADO;
do
        echo "parametro - $I"
done

RESULTADO=`echo "($1 + $2)/2"|bc`

echo "Resultado es: $RESULTADO"
```

NOTA: Tener en cuenta los espacios en la evaluación de condiciones.

1. ¿Para qué sirven `$@` y `$#`?
2. Indique que ocurre en el bucle `for I in $LISTADO;`
3. ¿Qué son `$1` y `$2`?
4. ¿Para qué sirve `bc`? ¿Qué ocurre en la operación:
   `RESULTADO=`echo "($1 + $2)/2"|bc`?
5. Modifique el programa anterior de tal manera que:
   a. Admita un número de parámetros mayor o igual a 1.
   b. `RESULTADO` almacene y muestre el sumatorio de los parámetros introducidos (suponga una secuencia de números cualquiera).

Script 2

Escribir y ejecutar el siguiente programa de la siguiente manera:

```
./ejercicio4.sh
```

```
#!/bin/bash
LS=`ls $HOME`
I=4
rm /tmp/kk &>/dev/null
echo "== PASO 1 =="
echo "$LS"
for J in $LS;
do
  echo "$J"| sed 's/a/e/g' >> /tmp/kk
done
echo "== PASO 2 =="
cat /tmp/kk
echo "== PASO 3 =="
cat /tmp/kk | head -n $I | tail -n 1
```

1. Describa el funcionamiento del código.
2. ¿Qué función tiene el mandato `sed`?
3. ¿Qué ocurre en la instrucción `LS=`ls $HOME``?
4. ¿Qué ocurre si se cambia el valor de `I`?

8.17.2 Entrega de documentación

El alumno debe entregar los siguientes archivos:

- `memoria.txt`: memoria de la práctica incluyendo las respuestas a las preguntas realizadas.
- `Ejercicio3.sh` y `ejercicio4.sh`: código fuente del Shell scripts que implementa la funcionalidad pedida.

8.17.3 Bibliografía

- F. García, J. Carretero, J. Fernández y A. Calderón, *El lenguaje de programación C: diseño e implementación de programas*, Prentice-Hall, 2002
- J. Garcés. Programación de shell scripts – LINUX. 2013. http://www.jgarces.info/programacion-de-shell-scripts-linux/
- J. Puga y G. Gómez. Programación Shell. Aprende A Programar Con Más De 100 Ejercicios Resueltos. RA-MA. 2012.

8.18 Bibliografía general de Shell scripts

- Sistemas Operativos: Una visión aplicada Jesús Carretero, Félix García, Pedro de Miguel y Fernando Pérez. McGraw-Hill, 2001.
- Learning the bash shell, Newham, Cameron. O'Reilly, 2005.
- http://www.gnu.org/software/bash/manual/bashref.html
- http://es.wikipedia.org/wiki/Bash
- http://es.wikibooks.org/wiki/El_Manual_de_BASH_Scripting_Básico_para_Principiantes
- http://doc.gulo.org/docu/bashavanzado.pdf
- http://es.wikibooks.org/wiki/El_Manual_de_BASH_Scripting_Básico_para_Principiantes/Texto_completo
- http://personales.ya.com/macprog/bash.pdf

Prácticas de Sistemas Operativos
Jesús Carretero, Félix García y Fernando Pérez.

Esta segunda edición del libro está pensada como un texto general de prácticas de las asignaturas Sistemas Operativos y Diseño de Sistemas Operativos, pudiendo cubrir tanto la parte introductoria de los aspectos de programación de sistemas como aspectos avanzados de programación y diseño de Sistemas Operativos (programación de shell scripts, programación con llamadas al sistema, programación de módulos del sistema operativo, etc.). Obviamente, este libro resulta un complemento natural a los libros de Sistemas Operativos escritos por los autores de esta propuesta. Si bien **se puede usar de forma autónoma**, complementándolo con cualquier otro libro de teoría de Sistemas Operativos.

Este libro incluye básicamente tres aspectos novedosos frente a los libros clásicos de sistemas operativos:

- Una **panoplia de prácticas** que cubren todos los temas clásicos de la teoría. Se proponen varias prácticas por tema, lo que permitirá a los profesores cambiar o elegir las prácticas de forma cíclica. Las prácticas se han clasificado en tres niveles: INTRODUCCIÓN, INTERMEDIO y DISEÑO. Cada uno de estos niveles se ajusta bien a los requisitos necesarios para los distintos cursos de Sistemas Operativos.
- **Proyectos completos** de prácticas, incluyendo enunciados, soluciones, etc. Las soluciones solamente estarán disponibles para los profesores a través de la página web del libro.
- **Descripciones de las herramientas** a usar para resolver las prácticas y enlaces web a los orígenes de las mismas.
- **Página web**. Este libro tiene asociada la página web: **http://www.sistemas-operativos.org**. A través de esta página web se puede acceder a los materiales complementarios del libro, como material de ayuda para la realización de las prácticas, prácticas propuestas, enlaces a compiladores gratuitos del lenguaje C, etc.